Florence,

je te souhaite

<u>Une vie de Pintade</u>

<u>à Berlin</u>

pour tes 41 printemps,

pleine de surprises

inattendues,

inoubliables,

palpitantes.

Je t'embrasse à le

Beatriz

16.06.12

DANS LA COLLECTION « UNE VIE DE PINTADE »
dirigée par
Layla Demay et Laure Watrin

Layla Demay et Laure Watrin
Une vie de Pintade à Paris
Calmann-Lévy, 2008 – Le Livre de Poche, 2009

Muriel Rozelier
Une vie de Pintade à Beyrouth
Calmann-Lévy, 2009 – Le Livre de Poche, 2011

Layla Demay et Laure Watrin
Les Pintades passent à la casserole
Paris & New York en cuisine
Calmann-Lévy, 2010

Hélène Kohl

Une vie de Pintade à Berlin

Illustrations de Sanaa Kassou

calmann-lévy

Maquette de couverture : Constance Clavel
Illustrations : © Sanaa Kassou

ISBN 978-2-7021-4181-6

« *Ich bin, Gott sei Dank, Berlinerin !* »
« Dieu soit loué, je suis berlinoise ! »

Marlene Dietrich

Carte de Berlin

Introduction

« Pour faire le portrait d'un oiseau, peindre d'abord une cage. » Jacques Prévert aurait eu tout faux à Berlin. C'est bien en liberté, toutes plumes au vent, qu'il faut saisir la pintade des bords de Spree. Un siècle de dictature derrière elle, alors la Berlinoise, maintenant, elle veut de l'air, de la tolérance, de la folie même.

Pour croquer la volière de Berlin, il faut de l'énergie. Ma traque dure depuis 2003 déjà. Et, pour mon plus grand bonheur, le safari sociologique se poursuit encore et toujours, dans une métropole huit fois plus vaste que Paris. Où aurai-je la meilleure prise de vue ? Sous des tonnes de débardeurs en textile synthétique, avec la basse-cour des quartiers d'immigrés, dans ces friperies bon marché où jeunes Turques, Libanaises et Iraniennes cherchent le chèche assorti à leur manucure ? Ou bien au-delà de la ligne de S-Bahn qui encercle le centre, vers le grand Est où 40 % des familles vivent en dessous du seuil de pauvreté ? Dans un café branchouille pour un brunch au mousseux avec des jeunes libérales qui méprisent les artistes paresseux du nouveau Berlin et ont bien l'intention de faire de cette cité aux 60 milliards d'euros de dettes une ville enfin rentable ? Ou dans une manifestation, avec cette faune colorée et cosmopolite – vieilles hippies, altermondialistes de 20 ans avec des dreads et des piercings, bataillons de féministes sans soutien-gorge et les cheveux en brosse – qui tente de sauver les squats, les bars illégaux et les villages de roulottes où l'on vit en communauté au cœur de la capitale du pays le plus riche d'Europe ?

Venez ! L'aventure est alléchante ! Berlin passe actuellement pour être l'eldorado des nuits sans fin, Babylone joyeuse des fêtes éternelles. Je vous promets des rencontres décoiffantes : une femme fontaine en action, une DJ à peine sortie du lit, une lesbienne reine des bigoudis… On pourrait même se prendre au jeu d'expériences extrêmes : laisser son bikini au vestiaire du sauna, croire (ne serait-ce qu'une minute) qu'on va pouvoir accoucher sans péridurale, encourager un club de foot de métallos, être prête à donner sa tunique Kaviar Gauche (celle pour laquelle on a tant compté ses sous) pour séduire un videur tatoué… Car cette saison, c'est chez lui qu'il faut danser ; demain, au gré des rachats immobiliers, des destructions d'usines, des réhabilitations d'espaces, il faudra peut-être aller danser ailleurs. Berlin est une ville mouvante qui n'en finit pas de se réorganiser, de se chercher, de redéfinir ses contours…

Introduction

Oui, dans Berlin la vibrionnante, les pintades s'amusent ! Enivrées de liberté, même ! Mais ne tentez pas de les entraver ! Alors, jabot gonflé, elles ouvriront grand leur bec pour mordre, pour piquer, pour griffer. Dans ces cas-là, les oiseaux virent bulldozers. Au fronton d'une église, j'ai récemment remarqué une devise gravée dans la pierre : « Je n'ai pas peur. » Voilà le credo des Berlinoises. Elles écrivent dans la pierre qu'elles ne freineront pas, quoi qu'on dise de leurs projets, de leurs envies, de leurs passions. Même s'il faut rebâtir Berlin brique par brique comme après les bombardements de la Seconde Guerre mondiale. Les hommes ont détruit Berlin, les femmes l'ont reconstruit. Tout le monde le sait ici. La basse-cour du XXIe siècle n'en est pas peu fière. Elle s'en vante même souvent et criaille : « Nous n'avons pas besoin des hommes ! » Est-ce pour cela qu'elle est rarement élégante ? Qu'elle évite (presque avec soin) les allures sophistiquées ? Que son pragmatisme met à mal toute velléité d'ironie ou de second degré ? Qu'elle est gouailleuse ?

Évidemment au passage, ces grandes gueules risquent bien d'écorner nos principes, de froisser nos jupes et de marcher sur nos jolies bottines. Mais rien que pour la promesse d'un barbecue entre copines improvisé au bord du Landwehrkanal, un soir d'été, l'aventure vaut le coup d'être tentée. Et vous verrez alors avec quelle générosité, quelle authenticité – la main sur le cœur, pour le meilleur et pour le pire – on vous convie à partager cette vie de pintade à Berlin.

La cage est ouverte

Faites tourner le Scotch, les filles !

Sortez les plumes !

Pour toucher du doigt la fibre de Berlin et le cœur de ses femmes, j'ai passé 35 minutes sous le casque, la tête enserrée par une trentaine de bigoudis et, aïe, ça tire sec sur les petits cheveux de la nuque. La coiffure à crans, ici, c'est le sésame des nuits les plus tendances, et même des nuits les plus berlinoises du moment ! Ces fêtes mensuelles, baptisées « Bohême sauvage », sont hébergées dans des salles ahurissantes – avec leurs coupoles, leurs miroirs et leurs boudoirs mœlleux –, dans lesquelles le temps s'est arrêté en 1933. Le grand hiver du nazisme et de la guerre suivi de l'ère glaciaire de l'occupation et du Mur avaient tout figé… Mais depuis quelques années, les Berlinois ont repris la fête là où elle avait été interrompue. Berlin revit ses années folles.

Ute Jacobs, la grande prêtresse des coupes charleston, a le coup de brosse méga-énergique. Assieds-toi ! Baisse la tête ! Retourne 10 minutes sous le casque ! On ne discute pas face à sa carrure de camionneuse et à son look de bikeuse ; de toute façon, à la moindre velléité de rébellion, la quinqua aux tresses rouges de guerrière teutonne t'envoie une taloche du bout des doigts et un « C'est moi l'artiste, OK ? ». C'est donc elle qui est censée faire la coiffure la plus glamour qu'on ait jamais portée, le truc à faire crever de jalousie Greta Garbo et Marlene Dietrich réunies ?

« Oh, ma chère, tes boucles, là, quel délice ! » Heureusement qu'il y a la grande Erna pour contrebalancer l'attitude bourrue d'Ute. Erna (« un très vieux prénom berlinois ») et son bon mètre quatre-vingt-cinq virevoltent dans le salon, et les anglaises tout juste déroulées de ses bigoudis entament un french cancan endiablé. Erna a oublié son vernis, le drame. Erna ne sera jamais prête à temps, oh lala. Mais Erna chante à tue-tête des rengaines du début du siècle dernier et tout finit dans un éclat de rire : « Maman, voilà l'homme à la jambe de bois, je veux d'la coke, tu veux d'la coke, mais nous n'avons pas d'argent, tralala... » Sans compter qu'Erna me trouve « extraordinaire » au sortir du casque, et « fabuleuse » une fois qu'Ute a fixé le bibi à voilette !

Petite précision : Erna est un homme... Mais dans le salon d'Ute, où l'air est déjà à la fête décadente du soir, est-ce bien important ? Ma voisine de casque s'appelle Mardita et elle est danseuse, un peu strip-teaseuse, et aussi productrice de spectacles pornographiques. Avec mon parcours de journaliste, j'ai un pedigree bien pâlichon. « Oh, Mardita chérie, je donnerais tellement pour avoir ton teint de porcelaine ! s'exclame Erna. – Tu parles, samedi pendant mon spectacle, trois, quatre types ont gueulé : "Hey, tu connais pas le solarium ?"... – Laisse tomber, tu es sublime, *Schatz.* » Voilà, d'un coup d'un seul, j'ai quitté 2010, la crise, le réchauffement climatique et les Berlinoises, si souvent avares de compliments, aseptisées par quarante ans de féminisme radical qui les pousse à nier leur féminité (décoiffées, pas maquillées, talons plats et vélos d'homme). J'enfile mes grands gants noirs et je plonge avec délice dans le Berlin mythique des années 20.

« Mythique ? Mythique ? Les gens avaient envie de s'amuser, c'est tout ! » Ah, Ute ne me décevra donc pas. Une vraie Berlinoise ronchon comme il faut, une de celles qu'on n'épate pas comme ça avec des formules à l'emporte-pièce, des trucs de journalistes... Spécialisée dans les coupes excentriques rococo, Belle Époque, Renaissance ou même rockabilly des années 50-60, elle voit le Tout-Berlin de la nuit défiler dans son appartement depuis 1983. Shampoing dans sa salle de bains, coupe près de la cheminée du salon, casque et papotage à l'opposé, dans le coin salle à manger. « J'ai fait une tarte aux prunes. Alors, Hélène, je te pose les bigoudis et après ça, on marque une pause. » *Jawohl, Herr Kolonel !* Encore une fois, il y a Erna pour détendre l'ambiance, ouf ! « Et si je faisais de la crème fouettée ? Oh oui ! De la crème fouettée ! » D'un bond, les anglaises sont dans la cuisine et s'agitent devant le frigo.

L'idée de déguster de la chantilly déride Ute d'un coup : « Ce qui était formidable avec cette époque, c'est que tout semblait possible. » Tiens donc, est-ce que ce n'est pas exactement ce qu'on dit du Berlin post-chute du Mur ? Ute tomberait-elle dans les clichés du moment, qui affirment que la ville vivrait actuellement son deuxième âge d'or ? « La démocratie après la dictature, celle des empereurs prussiens ou du communisme... La paix après la guerre, premier conflit mondial ou guerre froide... La crise, le sentiment de danser sur un volcan... C'est troublant, ces ressemblances ! » Oh là, voilà Ute qui devient sentimentale. Son immense poitrine tremblote sous la chemise de cow-boy à carreaux bleus. « J'ai vécu les années 70 de Berlin, les années 80, 90, 2000.

C'est aujourd'hui, et de loin, que la ville est la plus folle, la plus attrayante, la plus spectaculaire, la plus magique. Un bouillon d'énergies, de talents. Waouh ! Et tout ça parce qu'une nuit de novembre, le Mur est tombé, sans une goutte de sang. Un miracle. Berlin *est* miraculeuse ! »

Erna, fille de la nuit, pilier des cabarets et des spectacles de variété, renchérit : « Comme dans les années 20, les artistes de partout se retrouvent ici. La ville est si peu chère, et dans les arrière-cours défoncées et mal chauffées, tu trouves des lieux incroyables pour exposer ou t'exploser ! Zéro contrainte, zéro limite. Ah si, il y a un siècle, les drogues étaient légales… Morphine, coke, etc., fournies par les amputés de guerre qui ne trouvaient pas d'autre travail. L'homme à la jambe de bois, tralala ! – Tu parles, moi, je ne veux rien perdre de ça ! Alors je reste sobre, nickel, pure. Pas d'artifice. Berlin me suffit ! » Ute a repris son ton de commandante. Elle tripote mes bigoudis. « C'est sec : viens que je te fasse tes crans ! » Je n'ai pas fini mon café, mais je me tais. Ça vaut mieux.

Bohême sauvage, mais aussi Fête fatale, Salon Kokett, nuits Let's Misbehave… ou encore les innombrables milongas – après Buenos Aires, Berlin est la ville où l'on danse le plus le tango argentin. On redécouvre des dancings incroyables exhumés intacts des ruines de la guerre, à peine déblayées dans certains quartiers de l'Est. Des lieux où personne n'a mis les pieds depuis 1945, à part quelques marginaux qui entraient par les soupiraux ou les cheminées pour des orgies à la bière et à l'électro. Boum, boum… Comme un pacemaker, la techno a fait repartir le cœur de Berlin dans les années 90 ; ses raves géantes dans les coffres-forts de banques juives spoliées par les nazis ont façonné le mythe bien au-delà des frontières du pays. Et pourtant, aujourd'hui, les soirées les plus branchées, les plus décadentes, n'ont plus cette bande-son-là. Depuis cinq ans, les cours de swing, de cha-cha-cha, de charleston des écoles de danse font le plein.

« Au gramophone : Dr. Hirschfeld ! » clame l'affiche de Bohême sauvage sous un liseré Art déco. Drôle de DJ pour une nuit aux mille surprises. Poker, black jack, roulette à coups de millions de Reichsmark (inflation oblige !), whisky, absinthe, guêtres, monocles, fume-cigarettes, éventails et boas, évidemment… Des plumes, des plumes ! De la grande pintaderie, et de haut vol ! « On ne sera jamais assez habillées. Aucune tenue ne sera trop chic, aucun verre ne sera de trop ! »

Else Edelstahl a choisi pour la fête de ce mois-ci une robe noire à franges qu'illumine le blond platine de son carré cranté. Depuis quatre ans, Fraulein Else est l'organisatrice de la Bohême sauvage et règne en impératrice incontestée sur cette volière déjantée. « Nous ne voulons pas de visiteurs d'un soir. Ceci n'est pas une fête, mais un hommage vivant aux héros des nuits d'autrefois. Avant, ces soirées étaient des événements privés que j'organisais chez moi avec ma sœur. Nous avons élargi le cercle, mais l'alchimie ne se fait que si chacun se glisse dans l'esprit du temps bien avant de monter sur le parquet du dancing. » Alors que les grands clubs de la ville débordent de touristes et d'étudiants Erasmus en goguette, sous les dorures, les coupoles et les jeux de miroir des lieux sélectionnés par Fraulein Else, c'est du Berlin pur jus qu'on se prend en pleine face. Des gens du monde entier certes, mais qui habitent ici et qui aiment suffisamment cette ville pour passer 48 heures chaque mois à choisir un costume, une coiffure (et pour les messieurs, merci de penser à la forme de la moustache !), un surnom – s'inventer même une biographie. En cocotte façon *Damnés* de Visconti, je me pavane aux côtés d'un vétéran de la bataille des Flandres, médaillé je vous prie. Tandis que ma copine Louise d'Armanville, de visite de Paris, furieusement chic sous son bandeau à plume, a mis le grappin sur un certain Lantier, un docker dont la casquette insolente en dit long sur ses intentions du soir. Ute débarque un peu plus tard en smoking et chapeau claque, une Marlene Dietrich taille 52, à son bras, Mardita en robe fourreau rouge.

Ce soir, la fête bat son plein dans la salle de réception de l'ancien bâtiment des Postes impériales prussiennes. En temps ordinaire, les pénates du Rodeo Club, boîte chic de la (rare) jeunesse dorée de Berlin. Redécoré avec des clichés érotiques en noir et blanc où les femmes ont des culs XXL, un teint d'albâtre et de longs sautoirs en perles, le Rodeo Club est une coulisse fabuleuse pour le voyage dans le temps que propose la Bohême sauvage. Les premières minutes, l'effet est déroutant. On a sauté d'un siècle en arrière. Tout colle, même les odeurs… celles du parquet fraîchement ciré, du tabac brun sans filtre, du sucre qu'on enflamme au-dessus du verre d'absinthe.

Je retrouve Dörte dans un petit salon douillet, « *séparé* du cinématographe », où sont projetés des films muets de G.W. Pabst et Fritz Lang. Dörte est la seule fille à peu près « normale » que j'aie croisée l'après-midi même dans le salon d'Ute. Pas travesti, pas actrice porno, un job « ordinaire » dans une boîte de com. Ce soir, avec onze copines, elle a pris d'assaut le parquet de la Bohême sauvage dans l'espoir « de plonger dans un univers nouveau et de rencontrer des gens qui, comme moi, se sont donné du mal pour vivre un moment unique ». Et alors, déçue ? Pas une seconde ! « Je ne pensais pas qu'autant de personnes savaient danser le charleston dans cette ville. Impossible de trouver une place sur la piste de danse. C'est bondé ! » Il fait une chaleur torride. Dörte bat fort de l'éventail et ses cils charbonneux battent plus vite encore. En face d'elle, un fringant aviateur casqué de cuir et aux lunettes fièrement plantées sur le crâne semble bien déterminé à l'épater. Je les laisse et file retrouver mon rescapé des tranchées. J'ai tiré un bon numéro, il a encore ses deux bras.

La gouaille de l'Ange bleu

Notre Arletty à nous s'appelle Marlene D.
Elle repose au cimetière de Schöneberg,
et ma foi, on ne va pas lui rendre souvent visite.
Mais, sa gouaille en bandoulière, on arpente les trottoirs défoncés de sa *Heimatstadt*, sa ville natale, sa ville-maison. Une gouaille blasée. Bien montrer qu'on réserve aux touristes les cris de l'enthousiasme, de l'excitation, les « hiiii », les « coooool », etc. Rien n'épate plus la vraie Berlinoise. Et, un poil bourrue, elle chambre toutes celles qui s'emballent un peu vite, avec une préférence pour les filles de l'Ouest qui modèlent le nouveau Berlin. Comme le dit Ute, rien n'égalera cette fameuse nuit du 9 novembre 1989. Là, oui, c'était « *wahnsiiiin* », fou, dingue !
À une jeune accouchée émue devant son nouveau-né, l'infirmière puéricultrice : « Ben, oui, c'est normal que vous le trouviez beau, c'est votre bébé ! C'te bonne blague ! »
La chauffeuse de taxi : « Vous descendez là ou plus loin ? Moi, j'm'en fous, c'est vous qui payez ! »
La policière à l'automobiliste qu'elle verbalise :
« Votre date de naissance ? Et ne me regardez pas comme ça ! Vous croyez quoi ? Que je vais vous envoyer une carte pour votre anniversaire ? »

La reine de la nuit

« *Should we go home ?* » s'interroge Ellen Allien dans son dernier album, *Dust*, sorti en mai 2010. Le titre, minimaliste, donnant l'impression envoûtante d'entendre des billes d'acier couler le long d'un tube en verre, est né après une fête longue de 35 heures au Bar 25 (fermé depuis). Nuit, jour, nuit, jour. Danser. Boire. Danser. Et régulièrement, dans le groupe d'amis, quelqu'un qui demande s'il ne vaut pas mieux rentrer maintenant... La femme DJ la plus connue de la capitale (ses premiers albums s'appelaient *Stadtkind* ou *Berlinette*) colle à l'esprit de Berlin. Ici, on ne se couche pas ! Du jeudi soir au lundi matin. Berlin, capitale européenne de la fête. Selon les statistiques de l'aéroport Schönefeld, le hub des compagnies à bas prix, environ dix mille touristes débarquent chaque week-end pour écumer les clubs. Les nuits berlinoises sont devenues une curiosité, le truc à voir et à faire, comme la porte de Brandebourg ou la coupole du Reichstag.

Elles ne sont pas pour autant devenues une affaire de touristes. Les Berlinois sont là aussi. Encore et toujours. Le week-end, on danse, électro chevillée au corps. Même l'actuel ministre de la Défense, Karl-Theodor zu Guttenberg, un aristo bon ton, catho, gendre idéal et tout, a rencontré sa femme à une fête techno.

Avachie sur une chaise en résine orange sans doute chinée aux puces de Mauerpark ou de Treptow, Ellen Allien me reçoit, telle une diva, dans les locaux de son label, BPitch Control. Une star qui arrive en retard, mal peignée, sur le mode « Je me lève juste, et qu'est-ce que vous m'embêtez avec toutes vos questions », limite pas aimable au début de l'entretien – impression renforcée par une attachée de presse qui me met une pression de folie. Mais bon, après tout, Ellen Allien *est* une star. Quinze ans qu'elle donne le *la* des nuits berlinoises. DJ résidente du

Tresor dès ses débuts, chef d'entreprise, créatrice de mode… « Ouais, une femme forte, c'est clair », se la ramène la grande brune en remontant en vague chignon la tresse mal serrée qui bat sa nuque. Avec ses muscles longs et souples, on dirait une lionne en pleine chasse. Oui, il y a quelque chose d'animal, presque de dangereux en elle, qui colle parfaitement avec ce nom de « DJane » qu'on donne ici aux femmes professionnelles des platines. Dans la jungle des nuits dominée par des hommes à la courtoisie de Tarzan, il faut bien être Jane pour faire le poids. On lui pardonne volontiers ses minauderies de people quand Ellen la féline bluffe sur sa date de naissance (« Je suis née en 77, oui, c'est ça, 77 ! », alors qu'il est de notoriété publique qu'elle tourne autour des quarante piges) et brouille les pistes sur son orientation sexuelle. Trois générations de Berlinoises dans sa famille, d'oiseaux libres et fiers, il ne faut pas s'étonner si elle ne se livre pas comme ça, Ellen.

Au fait, c'est son vrai prénom. Allien (avec deux *l*, oui), c'est son identité nocturne, celle de grand manitou des clubs sombres et froids du Berlin post-chute du Mur. Tatoué sur son avant-bras gauche, face intérieure, un monstre gluant enroule ses tentacules d'extraterrestre. Elle a aussi trois points bleus derrière l'oreille gauche, deux idéogrammes chinois au poignet droit, et sans doute d'autres dessins ailleurs, mais ce jour-là, en leggings noirs, grand tee-shirt informe et baskets défraîchies, elle ne me laisse rien voir de plus de son corps mince.

Et puis… et puis… nous commençons à parler de Berlin, le son de la ville, l'énergie de ses habitants (elle dit *« input »*), son histoire… Ellen tout à coup se détend, s'enthousiasme même. Trois verres de Vittel à la suite, comme si elle s'éveillait enfin, et la voilà fraîche, loquace. Pas blasée pour deux sous, surtout ! Non, elle ne fait pas partie de ces vieux Berlinois qui se lamentent sur les touristes et la gentrification du centre. « Pour moi, c'est formidable. Je vis de ces touristes. Il y a eu une période où les clubs étaient presque vides, les Berlinois en avaient un peu assez de la techno. Et puis, Berlin est devenue à la mode. Les touristes ont sauvé cette ville ! Elle est devenue tellement attirante. Je suis ravie que les gens viennent… Après tout, Berlin n'est pas attaché à une histoire plaisante. » On sent son cœur de patriote qui bat sous le tee-shirt. Elle lui doit au moins ça, à Berlin. Elle le dit souvent d'ailleurs : cette ville l'a faite quand, juste après la chute du Mur, elle fut l'une des premières à explorer l'ancien Est, à mixer dans des lieux incroyables, des usines à l'abandon où le son électronique de Detroit résonnait à merveille.

Ne regrette-t-elle pas cette époque, cet âge d'or des pionniers ? On entend si souvent que tout était plus fou, plus libre, plus *wild*. « Les gens ont vieilli, c'est tout. Alors forcément, plus jeunes, ils faisaient des trucs plus trash… Et puis, à l'époque, tout était nouveau. Aujourd'hui, c'est plus structuré, mais cela ne veut pas dire qu'on ne peut plus jouer de cela. Au contraire. Pour moi, la meilleure période, c'est maintenant. Et tant que les gens qui arrivent ici apportent de l'énergie, alors je m'en fous qu'ils viennent de Stuttgart, d'Istanbul, d'Irak ou des USA, ou de savoir combien de temps ils resteront. S'ils viennent juste pour investir, là, oui, la ville va devenir ennuyeuse, mais ce n'est pas encore le cas. La ville est bon marché, elle attire des gens qui ont envie d'en découdre, d'aller de l'avant. »

À vingt-deux reprises, au cours de l'entretien, Ellen me parle de liberté. Pour qualifier l'incroyable appel d'air qui a suivi novembre 1989, mais aussi le souffle de la dernière décennie. « Berlin a à cœur de montrer au monde entier que c'est une ville où l'on vit libre. » Waouh ! La définition me cloue au fond du canapé sale du vieil appartement berlinois où le label d'Ellen a pris ses quartiers, au dernier étage d'un immeuble sur Oranienburgerstrasse. La DJane nonchalante a touché en plein dans le mille. C'est exactement cela. Berlin offre à ses habitants un cadre dans lequel ils décident librement de la manière dont ils veulent vivre. Ajoutez à cela un immobilier bon marché et vous attirez « tous les artistes, les originaux, les homos de la terre »… et les femmes aussi !

Ellen Allien n'a pas fait d'études, la seule formation qu'elle a achevée est un brevet d'acrobatie, mais elle connaît l'histoire des femmes de sa ville, émancipées tôt, habituées à prendre les choses en main. Sa grand-mère fut l'une de ces « femmes des ruines » qui ont rebâti Berlin. Pour elle, être femme dans un métier d'hommes, patronne d'un des labels les plus célèbres au monde, n'a donc rien d'extraordinaire. Un poil agacée même par ce sujet. Et qu'on arrête de dire qu'elle est un modèle pour les autres filles ! Ellen ne veut pas être une figure de proue. Est-ce pour cela qu'elle refuse de s'engager, de mettre sa notoriété au service de ce Berlin underground, le Berlin de la nuit, menacé par les projets immobiliers dans le centre ? « Je n'ai pas le temps pour ça, c'est tout ! » L'artiste est une femme pressée qui ne s'embarrasse pas avec ce genre d'états d'âme. Idem pour sa ligne de vêtements (« *cool, freaky, sexy* »), qui plombe le budget de son entreprise chaque année. Elle s'en balance : « Ellen Allien Fashion me coûte autant que si je devais m'acheter des fringues. »

En revanche, on la sent frémir, vibrer, quand il s'agit de défendre les règles d'or des nuits berlinoises. Plus que les lieux, les personnes, l'important, c'est la durée ! Pas d'horaires de fermeture, jamais… « Les DJ ont l'occasion de jouer des sets plus longs, d'innover, de dénicher de nouveaux espaces de liberté artistique. Parallèlement, les gens ont le temps de s'installer dans une fête. De se relaxer. De se parler les uns aux autres. En ce sens, la techno nous libère de toutes les étroitesses sociales, et les clubs deviennent des aires de jeu pour des gens qui ont au même moment le même rapport à la vie. »

Fini le réducteur diptyque piste de danse/bar, le tout sous des tonnes de décibels. Les clubs berlinois disposent tous désormais d'un espace où prendre l'air (ah, la terrasse au bord de la Spree du Watergate !), de coins de repos et souvent d'un restaurant. Le dimanche matin, au Panorama Bar, on sert du café au lait, et pour rencontrer les vrais noceurs, les piliers des nuits, la crème de la crème de la jet-set locale (et au passage Ellen Allien et ses copains), c'est à 13 heures qu'il faut venir ! *Should we go home ?* Non !

Les femmes de l'ombre

Quand Ena Schnitzelbaumer s'installe aux platines, elle enlève son tee-shirt et dénude ses petits seins ronds et fermes, tels des œufs au plat sur son torse musculeux. Elle les dissimule à peine sous une bande adhésive de quelques centimètres de large. Montée d'adrénaline garantie dans le public. Ses sessions font toujours déborder les pistes de danse. Ena est si belle avec son crâne rasé et ses grands yeux, une panthère souple et gracieuse. Reine des nuits lesbiennes de Kreuzberg à ses débuts, elle mixe maintenant un peu partout en Europe. Célèbre ? Non... Mais les professionnels reconnaissent son talent. « À Berlin, tout le monde est un peu DJ. Dans n'importe quel bar, le soir, tu as un type avec une sacoche à vinyles qui mixe. Mais beaucoup font vraiment de la merde ! Sous prétexte qu'ils vivent ici, ils s'imaginent être le nouveau génie de l'électro. » Ena a pris le parti d'être pragmatique et a toujours organisé sa vie sans attendre grand-chose de ses activités de DJ. Elle a monté son affaire, devenant agente pour d'autres DJ et organisatrice de soirées ou de festivals pour lesquels elle assure aussi le *catering*. « C'est fou le nombre de femmes dans les coulisses des nuits berlinoises ! Les hommes sont sous les projecteurs, jusqu'à s'en brûler les ailes. Et derrière, qui fait tourner la boutique ? Les filles ! » Impression confirmée par les dires de l'équipe du HBC, le nouveau lieu hybride à la mode (bar, resto, club, salle de concert, galerie…), en plein centre : « Les artistes sont souvent des mecs. Mais au bout du téléphone, pour le *booking*, la presse et même la production, ce sont toujours des nanas ! »

Décryptage avec l'une de ces grandes prêtresses, Andrea Wünsche, de Magnet Music, l'Agence (avec un grand A) de DJ la plus connue de la ville, boîte 100 % féminine, logée (ça n'est pas un hasard) à la Weiberwirtschaft, l'incubateur d'entreprises de femmes le plus important d'Europe. En gros, Mme Wünsche voit défiler dans son bureau tout le gratin de la techno berlinoise… « Il y a des femmes DJ, de plus en plus, même. Mais, à l'image d'Ellen Allien, elles sont plus dans la pérennisation de leur travail que les hommes. Elles composent des albums, elles montent des labels, ont plusieurs cordes à leur arc. » Pragmatiques jusqu'au bout de leurs ongles souvent rongés (entre deux avions, pas le temps de faire une manucure, et les griffes, ça abîme les vinyles !), ces DJanes ! De vraies Berlinoises, quoi !

La porte la plus stricte du monde

Le Tout-Berlin tremble devant lui. Sven Marquardt, ogre de contes de fée, Barbe-Bleue aux mille piercings, comte Dracula mâtiné de boxeur à la face tatouée, regard noir, bouche serrée en une moue glaciale. Le Tout-Berlin ? Que dis-je ? Le monde entier ! On estime à mille cinq cents le nombre de touristes qui parviennent chaque soir à pénétrer dans la cathédrale froide de ce qui passe pour être le meilleur club du monde. Et autant sont refoulés ! Sven n'aime pas les groupes de touristes. On entre au Berghain pour s'éclater, pas pour glaner des souvenirs de vacances qu'on racontera à maman au retour. La ville, les guides touristiques, le net bruissent de rumeurs sur les lubies du physionomiste, dont l'imposante carrure a fait autant pour la réputation planétaire du Berghain que son acoustique exceptionnelle.

Longtemps, on est parties en boîte cheveux au vent et baskets aux pieds. Ou en robe chic parce qu'on sortait juste du concert et que c'était ridicule de repasser par la maison alors que le Tresor était à cette époque à un jet de pierre de la Philharmonie. Aujourd'hui, rien n'a changé, toujours pas de dress code aux portes des clubs berlinois, mais un sentiment nouveau nous accompagne alors qu'on se rapproche, à pas rapides dans la nuit bleue, de ces temples modernes : et si on nous refusait l'entrée ? Au fur et à mesure que Berlin devenait à la mode sont apparus des êtres que nous ne connaissions pas jusqu'alors : les videurs ! Aux lendemains de la chute du Mur, les nuits de Berlin étaient légendaires parce que tout le monde y entrait, dans un grand mélange permissif, un brassage, comme une utopie, l'illusion que tout est désormais possible… Vingt ans plus tard, la légende de Berlin est toujours en marche… justement parce que, désormais, les portes ne s'ouvrent plus à tous.

« Vous parlez allemand dans la file, OK ? » Dans le ton d'Ana, pourtant une habituée, je sens une pointe de stress alors que nous nous rapprochons de l'antre de Sven. Nous sommes quatre (éviter à tout prix les groupes plus importants, qui font tout de suite excursion de tour operator), dont deux expatriés français. Ana, jean et débardeur moulants, lâche ses longs cheveux bruns, qu'elle secoue sensuellement, comme dans une pub pour un shampoing. Au moins, là, le Berghain ne fait pas exception, et c'est bien la seule règle à laquelle le club se tient : les filles y ont la cote. Ana le sait, mais il est toujours bon d'en rajouter. D'ailleurs, c'est fou le nombre de sexy ladies en minijupe que l'on croise ici. Vision surprenante pour Berlin. D'autant qu'une fois à l'intérieur, le jeu des apparences est brûlé sur l'autel de la fête éternelle : aucun miroir par exemple dans les toilettes unisexes… Impossible de se remaquiller. Visages rouges, cheveux collés par la sueur, bottes salies. Qu'importe ! Ce qui se passe entre les murs épais de l'ancienne centrale électrique n'en sortira jamais. Les appareils photo sont interdits. On vous jette dehors si vous dégainez votre portable. Quelques films circulent bien sur internet mais, prises à l'arraché, ces quelques minutes ne rendent jamais rien. Il faut entrer pour savoir – et donc passer devant Sven pour être initié au grand secret.

« Tu peux entrer un week-end et rester à la porte la semaine suivante. C'est Sven qui décide. Chaque nuit, il refait son mélange, sa fusion, sa sauce, selon son humeur du moment. Il n'y a pas de liste VIP, seuls les DJ de la nuit peuvent inviter quelques personnes, mais elles paient quand même l'entrée », raconte Bloody Mary, DJane du label Sender, qui n'a pourtant plus de comptes à rendre sur son côté hip. On est tous égaux devant la mine patibulaire de Marquardt. C'est la démocratisation ultime de la nuit. Même les people se tapent la file d'attente. Surtout, personne ne moufte quand Sven dit *NEIN*. « Il doit avoir ses raisons, c'est peut-être très gay ce soir, il y a sans doute trop de monde à cette heure, on reviendra plus tard. » Respect total pour la Bête. De toute façon, on reviendra toujours.

« Cette boîte est une drogue. Elle t'électrise. Quatorze mètres de hauteur de plafond, tu n'as ça nulle part ailleurs.

Surtout, c'est le mélange des gens qui est fascinant. Des vieux, des jeunes, beaucoup de gays, mais pas mal de minettes aussi, des Berlinois, des touristes, des stars, des paumés... C'est comme une planète à part, avec sa population, mais une planète différente chaque soir. Le reste ne compte pas. Le monde extérieur ne compte pas. Le temps ne compte pas. Une fois rentré, tu peux tout faire, personne ne te jugera ! Tu achètes tes pilules d'ecsta dans la foule des toilettes, tu sniffes tes rails de coke sur un coin du bar, tu baises dans une alcôve sombre pendant que deux-trois types vous regardent », s'emballe, avec les yeux écarquillés d'une fanatique, une copine qui y passe presque tous ses dimanches.

Ah, les dimanches au Panorama Bar, à l'étage du club ! Les touristes sont repartis, ils roupillent maintenant avachis dans les salles d'embarquement de Schönefeld ; le lendemain matin, cette « Easy jet-set » emplira les bureaux de Milan, Genève, Oslo, Paris ou Dublin. Même Sven Marquardt est parti dormir – ou danser, peut-être... Les groupes de jeunes hommes seuls se font toujours autant refouler, mais au moins, on s'épargne la file d'attente. Jusqu'à 6-7 heures du matin, il faut compter au minimum trente minutes. Et jusqu'à une heure et demie au plus fort de la fête, quand le Berghain déborde de milliers de fêtards. Le dimanche, on est cinq à six cents. Presque entre nous. Le Berghain, sans avoir baissé le niveau des décibels, devient presque confidentiel. On peut sortir manger un morceau à la gare juste à côté et revenir après. Les potes de Sven à l'entrée se souviennent. La foule est incroyablement fraîche, et malgré les excès des heures précédentes, l'air aussi – vive la hauteur de plafond, ici, on respire toujours bien. « Quand on arrive à 10 heures du matin après une bonne nuit, pas besoin de drogue pour tenir », assure ma copine, survoltée. CQFD. La plupart des sets du Berghain s'arrêtent à 20 heures. Mais parfois, l'anniversaire d'un DJ nous emmène jusqu'au lundi. Vivement la réouverture, jeudi !

Les Incas font danser Berlin…

Ne me demandez pas comment cette plante sud-américaine (le maté) s'est retrouvée un jour de 1924 dans la recette qu'un toubib allemand a élaborée pour concurrencer Coca-Cola. Toujours est-il que depuis deux-trois ans, les Berlinois redécouvrent le Club-Mate, une limonade ultra-caféinée et deux fois moins sucrée qu'un soda classique. Alors, zou, Club-Mate en before pour préparer la longue nuit, en cocktail sur la piste de danse (Rhum-Mate « Tschunk », Gin-Mate, et *le* drink du moment, Vodka-Mate), en after à la place du café du matin si on enchaîne avec une journée de taf. Bref, le Club-Mate avec ses étiquettes frappées d'un gaucho bleu (le boyfriend de la Gitane des paquets de clopes, sans doute) est en passe de concurrencer la Bionade au titre des boissons hip ! Surtout, on adoooore sa caution « nature » et « équitable », « je suis fabriqué avec des plantes et par une brasserie familiale bavaroise en plus ». C'est la mort annoncée du Red Bull, qui connaît encore quelques soubresauts dans certains cocktails mais semble définitivement moins cool qu'avant.
À part ça, que boit-on en soirée ? Une copine qui tient le bar du Watergate sert essentiellement des longdrinks, surtout aux filles, d'ailleurs : gin tonic, vodka tonic, vodka lemon…
La bière, bien plus désaltérante (et surtout deux ou trois fois moins chère), restant tout de même la star des bars berlinois.
Enfin, en dehors des clubs, caïpirinhas et mojitos ont la cote.
Surtout les pieds dans l'eau, sur les plages improvisées des rives de la Spree.

Clubbers au berceau

Dzoing ! Mon ordi me signale un nouveau mail : « Bonjour, dimanche, Frida aura un an et elle adorerait que votre fille vienne à sa petite fête. RDV 19 heures à la terrasse de la Maria. Dites-nous si vous êtes de la partie, on vous mettra sur la guest-list. » Décryptage : la Maria est l'un des grands clubs de la ville, un peu sur le déclin, certes (la concurrence est âpre par ici), mais encore un haut lieu de festivités nocturnes – et diurnes, car les afters se prolongent fort tard le dimanche. Sur le béton nu des murs de l'ancien hangar, les décibels rebondissent comme il faut, et de la terrasse ombragée, on a une chouette vue sur la Spree, ses bateaux-mouches et les touristes qui font coucou depuis le pont. Bref, ce soir, à 16 mois, ma fille va en club pour la première fois. Ça nous promet des bons moments dans quinze ans. Elle débarque direct au carré VIP, grugeant tout le monde parce que « Ouais, tu vois, on est sur la guest-list ». En approchant du videur avec mon grand bébé sur le bras, je ne fais pas la maligne – « Si on s'est plantés d'heure ou d'endroit, on va avoir l'air cons, mais cons… » Ouf, c'est bien là, et bien plus *kinderkompatibel* que nous le pensions. Je ferme les yeux sur les rambardes branlantes de la terrasse (plongeon assuré pour les gosses si on relâche une seconde son attention) et le gigantesque barbecue à hauteur de leurs mirettes (et de leurs mimines). À part ça, le DJ mixe un son presque planant et pousse à peine les enceintes. Frida, en tongs Havaianas et tee-shirt branché, a tout de même prévu son casque antibruit comme il y en a sur les chantiers, sauf que le sien est d'un joli violet, digne d'une star des platines. Certains afteriens jouent avec des bulles de savon et il y a même un gros toutou paisible, parfait pour occuper les gamins. Ma fille danse comme une folle, toute seule sur la piste désertée par les clubbeurs en cours de descente. Après ça, on la surprend en train de tremper sa paille dans la bière de son père ! Pas de doute, ma fille est une vraie Berlinoise.

Dress (dé)code

Bienheureuses, les pintades berlinoises. L'état d'esprit bohème-cool de la ville leur épargne la terrible prise de tête de la fin de semaine, ce cauchemardesque dilemme qui torture toutes les autres filles du monde quand il s'agit de sortir : Qu'est-ce que je mets ce soir ? ou sa variante : J'ai rien à me mettre ! Ici, sauf rares occasions, pas besoin de se saper pour aller s'amuser. Quoiqu'on choisisse, ce sera bien. Eh oui, chère lectrice, Berlin est un paradis, dès lors qu'on accepte quelques principes de base.

1. Tu vas finir la nuit les fesses par terre

Les Berlinois adorent faire la fête dehors. Dès les premiers beaux jours, ce peuple privé d'air frais de novembre à mars envahit les trottoirs. Toute sortie est un motif de fête : une manif qui vire en techno-parade, une expédition au stade, un barbecue entre copains… La ville répond à ce besoin de

liberté en multipliant les plans ciné en plein air, opéra en plein air, et même orgie sexuelle en plein air (où l'on s'envoie au septième ciel entre les lapins et les taupinières d'une vaste prairie). Ce n'est pas nouveau. Un *Biergarten* comme le Prater existe depuis un siècle et demi. Donc, il y a de grandes chances que tu te retrouves à refaire le monde à 4 heures du mat assise au bord de l'eau… ou à danser pieds nus sur une pelouse que la rosée commence à tremper… ou en tailleur sur le pavé devant un concert de musique classique sous les étoiles. Autant de situations propices au très peu élégant « montrage » de culotte si jamais la coquetterie l'a emporté un peu plus tôt dans la soirée, devant le miroir. La solution : customiser le jean-basket avec un maquillage soigné. Mais bon, ça fait vite bizarre, ce décalage. Donc, tu fais comme la plupart des Berlinoises, tu retapes un peu les fondamentaux (petit haut branché, deux-trois bijoux sympas, vernis sur les ongles de pieds pour faire ressortir les sandales, un coup de rouge à lèvres) et zou, tu pars batifoler.

2. Tu auras mal aux pieds

Surtout, ne pas négliger les chaussures. Les choisir avec soin. Les nuits berlinoises sont très itinérantes. Forcément, vu les prix pratiqués, on n'hésite pas à faire plusieurs boîtes à la suite. Et à Berlin, tout est loin ! Bref, si tu veux te dandiner un tant soit peu sur la piste de danse, évite de flinguer tes orteils au before en te tapant deux fois la Simon-Dach-Strasse (rue de la soif à Friedrichshain), pendant ton cabotage de bar en bar !

3. Tu vas puer

À Berlin, tout commence souvent par une saucisse ! Un cliché ? Peut-être. Mais on ne saurait s'estimer berlinoise si on fait l'impasse sur le barbec des soirs d'été. Il y a toujours quelqu'un de bien équipé dans le groupe d'amis, au pire, on achètera un grill jetable au supermarché, une coupelle en alu avec réceptacle à braises, prévu tout exprès pour les grillades improvisées et qu'on balance après. Le plan berlinois par excellence, pour tous ceux qui détestent prévoir, organiser, bref la foule adulescente du nouveau Berlin. Passez un soir sur les bords du Landwehrkanal, les rives de la Spree au Treptower Park, le nord du Tempelhofer Park, la pelouse de Bellevue : les relents de carbone te flinguent trois alvéoles pulmonaires en moins de deux. Si tu rajoutes à ça le cholestérol des saucisses, tu perds facile une année d'espérance de vie à chaque barbecue. Mais c'est pour la bonne cause, celle qui te range direct dans la catégorie des autochtones, qui savent allumer un barbec et n'ont pas peur des rats qui vont rappliquer à la nuit tombée (pour les grills au bord du *Kanal*, éviter ab-so-lu-ment le talus à côté du bateau en ruine au Urbanhafen). Marlene Dietrich, nous voilà ! Ce qui est bien, c'est que tu rapportes ensuite chez toi le souvenir olfactif de ta joyeuse soirée. Si tu as le malheur de ne pas faire tourner une machine direct, c'est tout ton panier à linge qui digère avec toi ! Et je ne parle pas de l'odeur de cendrier froid qui t'accompagne jusqu'au bout de la nuit dès lors que tu as mis les pieds dans un bar. Ici, on fume ! Donc, certes, rien ne t'interdit de sortir ta veste branchouille à 200 euros, mais tu vas te ruiner en pressing, chérie !

4. Tu devras assumer

Je ne sais pas pourquoi, mais Berlin t'incite toujours à faire des trucs qui n'étaient pas prévus au programme. Faire du ping-pong à minuit, grimper sur un toit pour voir le lever du soleil… ou (pire encore) chanter « Voyage Voyage » devant deux mille personnes à Mauerpark. En quelques années, le karaoké du dimanche dans l'amphithéâtre vaguement aménagé sur une butte de l'ancien no man's land est devenu un incontournable. Bon, ben, dans ces cas, mieux vaut ne pas regretter d'avoir justement sorti la fringue dont on n'est pas super fière, celle dont on n'assume pas complètement le décolleté plongeant ou le col petite fille. Et vlan, voilà comment on retourne aux fondamentaux, jean-basket et compagnie ! Heureusement, Berlin regorge de looks invraisemblables. On apprend vite à chanter la tête haute avec un long manteau à franges et des bottes rouges.

Fußball, mon amour

Julia en piaffe d'impatience depuis des semaines. Ce week-end, c'est la reprise de la Bundesliga, le championnat allemand de football. Julia a donc ressorti son attirail de supportrice et pris le chemin du stade olympique, au nord-ouest de la ville. Écharpe bleue, maillot frappé du nom de Arne Friedrich, son chouchou dans l'équipe du Hertha Berlin, de bonnes baskets surtout, car elle va passer l'après-midi debout. Depuis la Coupe du monde de 2006 organisée par l'Allemagne et pour laquelle elle fut bénévole, l'étudiante en physique-chimie a le démon du foot chevillé à son corps long et souple. Un week-end sur deux, les samedis où le Hertha joue à domicile, quelle que soit la météo (et Dieu sait si le vent de l'hiver s'engouffre violemment dans les tribunes !), elle est « stadière ». Son rôle ? Faciliter l'entrée et la sortie des quatre-vingt mille supporters dans le stade. Sur sa panoplie de fan de Friedrich, elle glisse un dossard flashy, façon gilet rouge de la SNCF.

Julia adore le foot, au point d'avoir redécoré entièrement sa chambre à la gloire du ballon rond. Le papier peint est vert pelouse, la guirlande lumineuse au-dessus du lit composée de petites balles noir et blanc, dans un coin trône un gigantesque haut-de-forme en peluche aux couleurs du Hertha. Un engouement d'autant plus remarquable que Julia n'est pas le genre de filles qu'on s'attend à déranger les jours de match : plutôt minette dans son style (elle fabrique ses propres boucles d'oreilles avec des perles… si ce n'est pas une preuve confondante de *girly attitude*, ça !), et même franchement cul-cul la praline quand elle commence à s'étendre sur le sort de « ces paaauuuuvres animaux sur la banquise ». Oui, Julia est du genre bébé phoque et compagnie. Pour les manifs de son association (elle milite chez BUND, le Greenpeace allemand), elle défile déguisée en pingouin géant. Donc, le foot, ça ne colle pas vraiment. Mais vu comme la sage demoiselle devient agressive, voire de mauvaise foi, quand il s'agit de défendre l'honneur de son équipe, je me suis dit que cela pouvait être intéressant d'aller faire un tour au stade avec elle. Il y a certainement là un truc à comprendre. D'autant plus que le Hertha est le premier club européen à avoir un site internet qui s'adresse uniquement aux femmes (www.herthafreudin.de) et, dans les tribunes, y apprends-je, un quart des supporters sont des supportrices ! Bref, cette ville regorge de Julia, et il ne saurait y avoir enquête exhaustive au sein de la basse-cour sans passage dans le « virage ».

J'ai donc, à mon tour, pris le S-Bahn (notre RER à nous), avec en poche mon ticket pour le virage Est, puisque c'est ainsi qu'on appelle les petits côtés courbes du stade. Il y fait un froid terrible, et même la saucisse grillée achetée à l'entrée ne réussit pas à me réchauffer. Il m'en aurait fallu au moins deux autres, mais comme ce n'est pas moi qui cours ensuite pendant quatre-vingt-dix minutes, je renonce à cette orgie calorique. Même emmitouflée, encagoulée (jamais cru que je regretterais un jour les passe-montagnes de mes classes de neige), encaleçonnée de long, je surveille ma silhouette, moi ! Sans compter que la moutarde sucrée allemande (beurk), ça colle aux gants. Le match commence, pfuiii le stade est si grand que je ne vois goutte. Et puis, il y a deux armoires à glace avec un immense drapeau trois rangs plus bas. Je suis le jeu sur les écrans géants. Bref, autant être chez moi avec un thé vert… À la mi-temps, Julia et une poignée de copines visiblement toutes aussi shootées les unes que les autres par la bise, qui doit leur geler les synapses, me soutiennent que c'est un match transcendant. Je prends la route du retour avant que mes orteils ne tombent, cisaillés par le froid, ce qui aurait été un sacrifice démesuré pour un 0-0.

Mais l'enquête n'est pas terminée. Car Berlin a une autre équipe, une autre conséquence de la partition de la ville. Si le cœur du Hertha bat à l'Ouest, l'ancien Est s'enflamme au « stade de la Vieille-Foresterie », fief du FC Union, alias « l'union de fer ». Le club des métallos, comme on dit aussi, est une grande famille. Ce sont les supporters qui s'occupent de retaper le stade pendant leurs congés. D'ailleurs, cette marque populo, on la ressent dès la station de S-Bahn. À la place de la large esplanade bien propre du stade olympique, on louvoie entre des lotissements ouvriers jusqu'aux basses tribunes de la Vieille-Foresterie. La foule drapée dans le rouge sang du maillot est plutôt grosse, mal sapée, cheveux gras. C'est le Berlin du bas, à l'opposé du Berlin dans le coup du centre. Comme pour le Hertha, les filles sont nombreuses, imposantes même, avec leurs cheveux teints en rouge et leurs grosses doudounes. Les mères de famille qui hurlent à leur marmaille de rester tranquille ont l'accent des faubourgs. Il y a aussi des minettes à la mode du Brandebourg, très maigres, jean ultra-serré et tignasse blonde platine, piercing dans la langue, ongles manucurés, bronzage aux UV. Quatre d'entre elles, élues miss Union, ont même eu le droit de représenter le club lors d'une récente campagne de pub : on les y voyait, glamour, gloss aux lèvres et maillots moulants, se préparer pour le stade. Le PSG devrait en prendre de la graine !

Le match commence et tout tremble sous les chants. « FC Union, notre club, notre fierté, notre vie ! » Les âmes débordent et le béton des tribunes en frissonne. Impossible d'avoir froid ici. À l'unisson, on suit chaque mouvement des joueurs, retenant notre souffle comme au plus fort des matchs de la Mannschaft pendant la Coupe du monde, quand l'esplanade du centre, entre la porte de Brandebourg et la colonne de la Victoire, se couvre de centaines de milliers de Berlinois en folie.

Je sais, depuis 2006 et le Mondial à domicile des Allemands, que le foot n'est pas une passion d'hommes ici. Et pas seulement parce que l'équipe féminine allemande (en grande partie composée des pintades du Turbin Potsdam, la ville qui jouxte Berlin) est championne du monde en titre depuis 2003 ! « Je ne me suis jamais autant amusée à Berlin que pendant le championnat d'Europe de 2008 », affirme une copine plus adepte du théâtre, des musées et des vernissages que des olas et des tirs au but. La ville se couvre d'écrans géants et de drapeaux multicolores. Une parenthèse dorée tous les deux ans, au rythme des grandes compétitions internationales où, pour une fois, tout Berlin fait la même chose au même moment. Ouest et Est, Turcs de Neukölln et nouvelle faune du centre, femmes et hommes, jeunes et vieux : on mate les matchs, et rien d'autre. Dans la rue, dans les bars, dans les parcs où l'on descend des télés déglinguées qui ne craignent pas la fumée du barbecue ! C'est à ces moments-là que la police enregistre le plus de cambriolages dans la ville…

No Go area

Christel est une métisse de Cayenne, père guyanais, mère berlinoise. Une Allemande, donc. Mais tout le monde ne l'entend pas de cette oreille. L'autre soir, elle allait rendre visite à une amie qui venait d'accoucher à l'hôpital de Lichtenberg. À la sortie du S-Bahn, entre les barres d'immeubles de ce quartier de l'Est, deux types l'ont suivie en imitant des cris de singe. Si le centre de Berlin est très sûr, on n'est jamais vraiment à l'abri de ce genre de rencontres désagréables dans les arrondissements périphériques, qui peuvent dégénérer (on enregistre une cinquantaine d'agressions à caractère raciste à Berlin chaque année). Si bien que pour la Coupe du monde 2006, l'Allemagne avait publié un petit manuel pour les supporters de couleur, un guide de mise en garde sur les *no go areas*, des zones où il ne valait mieux pas mettre les pieds. Il s'agissait des arrondissements de Lichtenberg, Köpenick, Schöneweide et Marzahn.

Tatort, et t'as raison

C'est la sortie du dimanche soir. Oh, pas bien loin, pas très excitant, mais tout de même un rendez-vous que de plus en plus de jeunes Berlinois ne manqueraient pour rien au monde : le rituel de la diffusion de *Tatort* sur grand écran dans un bar du quartier. « Ce n'est pas drôle de se retrouver tout seul devant sa télé le dimanche soir. Et puis, *Tatort* a toujours été un policier différent des autres. Au bar, je retrouve l'ambiance de mon adolescence, chez mes parents, quand on regardait la série tous ensemble en essayant de trouver l'assassin », me confie dans un souffle Anja, rencontrée au café Marianne. Elle parle doucement, Anja, car le générique commence, identifiable entre tous avec ses effets spéciaux des années 70 et sa musique digne d'un vieux James Bond. Quarante ans que toute l'Allemagne s'arrête à 20 h 15 le dimanche. *Tatort* rassemble en moyenne 22 % de l'audience du soir.

Alors, équipés en grand écran pour la Coupe du monde de 2006, les bars se sont mis à proposer des projections publiques de la série policière. Josef Girshovich, jeune chercheur en littérature branché (dégaine à la Jude Law), écrit des critiques des *Tatort* dans un magazine politique pour intellos pointus. Il décrypte le phénomène : « La série tourne beaucoup autour de cas psychologiques et elle reprend les grands débats du moment dans la société. Du coup, elle est très populaire chez les surdiplômés, les étudiants et les universitaires, qui sont nombreux à Berlin. » C'est d'ailleurs grâce à *Tatort* qu'Anja a rencontré ses premiers amis berlinois. Elle débarquait de Bavière, perdue dans la grande ville. Deux-trois dimanches soir au café Marianne et elle fit partie des habitués, de ceux à qui la serveuse n'a plus besoin de demander ce qu'ils veulent boire. Au début, elle s'asseyait au comptoir, maintenant, elle squatte le canapé défoncé du coin avec deux copines et un copain. « Hey, on parie sur le tueur, ce soir ? » La serveuse offre un coup aux commissaires les plus doués, à condition qu'ils aient identifié le criminel au plus tard une heure après le début du film. Ces soirs-là, le Marianne ne fait pas de très bons chiffres : « Ça tourne pas mal aux tisanes et aux chocolats chauds… comme à la maison, quoi ! » reconnaît la patronne, mais son bar gagne en convivialité, en capital sympathie. Et surtout, elle fait le plein !

Tatort, Bundesliga ou Ligue des champions, mais aussi soirées électorales américaines et autres… À Berlin, on descend beaucoup au bar pour regarder la télé. Ou pour jouer, car dans un coin il y a souvent une pile de vieux jeux de société qui n'attendent que vous, quand ce n'est pas directement le patron du lieu qui organise une soirée loto (y compris dans les bars branchés) ! Si bien que les très nombreux cafés de la ville sont pour beaucoup une annexe de leur salon. « La vie en coloc, c'est sympa, mais on n'a pas vraiment de pièce à vivre », souligne Babeth, une chômeuse d'une trentaine d'années, pilier du Kuckucksei à Schöneberg. Ce vieux troquet berlinois a bien amorcé le virage de la boboïsation de la ville : il a gardé son caractère tout en diversifiant sa clientèle. Il y a Babeth et Wolfgang, cas sociaux à la limite de l'alcoolisme, accrochés à leurs bières toute la journée, mais aussi Henriette, pimpante étudiante en droit, Lilly, institutrice en primaire, Ben, pianiste de jazz, Pawel, informaticien, Nomi, cuistot pakistanais… et moi ! J'ai beaucoup traîné là au début de mon séjour berlinois, mes répétitions de musique se tenaient à deux pas, on finissait toutes les soirées au bar. Du coup, les samedis maussades, je filais au Kuckucksei, sûre d'y trouver de la compagnie. À toute heure du jour et de la nuit (pas d'horaire de fermeture pour les bars berlinois), j'y trouvais un ami.

Magie de ces bars, des liens se tissent entre des personnes qui, sinon, ne se croiseraient jamais. Grâce au Kuckucksei, je me suis retrouvée à fêter les cinquante ans d'un chauffeur de taxi dans l'appart de sa copine factrice. Des parcours de vie différents du mien, et pourtant, nous faisions la fête ensemble. Berlin me fascine toujours pour sa capacité à braver les barrières et à tolérer les mélanges. À la sortie des collèges et des lycées, je suis souvent frappée par l'hétérogénéité des groupes d'amis : une punkette, une Turque voilée, un type en baggy et casquette, un ado-vampire gothique. Pour un reportage pour la télé française, j'ai dû un jour identifier des tribus de jeunes Berlinois. Casse-tête : le skateur aimait la techno, la DJ écoutait du rock, l'altermondialiste, du hip-hop, et les rockeurs, de la soul !

Conséquence de la modestie des loyers berlinois, les patrons de café ne salent pas l'addition : 1,20 euros le café, 1,90 euros pour un thé, 2,50 euros pour une bière, 4 euros le verre de vin, à partir de 4,50 euros les cocktails... Les prix incitent à la flânerie dans les fauteuils déglingués qui font le charme des bars de quartier. Sur un présentoir ou juste jetée sur le comptoir, la presse du jour vous attend. Dans une vitrine, quelques gâteaux parmi lesquels l'inévitable *Käsekuchen*, version allemande du cheese-cake new-yorkais. Jusqu'à 16 heures, la carte propose des petits déjeuners (de la totale « œufs brouillés, charcuterie, fromage et muesli » pour 8 euros au « déjeuner de l'artiste » pour 1,90 euros : un café + une clope). Les grands enfants qui peuplent cette capitale sans argent viennent se faire dorloter dans les cafés berlinois et y retrouver les saveurs du foyer parental, de l'« Hotel Mama » comme on dit ici. Ah, la crème fouettée sur le chocolat chaud ! L'hiver, il m'arrive d'y passer des après-midi entiers. Parfois, au Bilderbuch, sur Akazienstrasse (le café le plus confortable de la ville, avec une bibliothèque hallucinante), un pianiste vient travailler son répertoire sur le grand piano à queue de la salle du fond. Gammes, exercices d'arpèges, mélodies délicates... comme à la maison, vous dis-je !

Bref, du *Frühstück* au *Tatort* du dimanche soir, le bar accompagne les grands moments de la journée. Et si tu aimes tellement ton bar que tu voudrais qu'il se déplace chez toi, tu peux toujours demander à acheter ton fauteuil favori ! Plusieurs cafés mettent en vente leur déco, et pas seulement les tableaux de l'artiste qu'ils promeuvent à ce moment-là (certains cafés font office de galerie). Le top du top : le Kauf Dich Glücklich sur Oderbergerstrasse, et son design vintage-cosy.

Volutes rebelles

La femme allemande ne fume pas ! Ce n'est pas moi qui le dis, mais un fou furieux à petite moustache qui a conduit le monde au chaos et occasionné le pire massacre de tous les temps. Pour Hitler, l'aryenne, qui n'a qu'un but sur terre (mettre au monde de beaux enfants allemands) doit avoir un corps sain. Sauf que les Allemandes ne l'ont pas entendu de cette oreille-là, et encore moins les Berlinoises, la capitale du Reich ayant pendant longtemps été un bastion de la résistance nationale au nazisme (l'une des dernières villes à tomber dans l'escarcelle des Chemises brunes) ! Bravant l'interdiction faite aux femmes d'allumer une cigarette en public, nos pintades des années 40 se sont mises à fumer comme des pompiers.

Rébellion fine et légère comme un filet s'élevant d'un mégot de blonde, mais rébellion tout de même… Car la lutte contre le tabagisme était un thème cher aux nazis, qui ont été les premiers dans le monde à financer un institut de recherche sur les risques du tabac, à découvrir le tabagisme passif et à en utiliser l'expression, à coller des étiquettes de mises en garde sur les paquets de cigarettes distribués sur le front. Et, dès 1938, à interdire de fumer dans les lieux publics. Ça vous rappelle quelque chose ?

Cet air de révolte, Berlin le sifflote encore aujourd'hui. Barbara Palm, alias Babsy, traîne son squelette écorché de grande fumeuse de trente ans derrière son comptoir. Quand il a été question d'interdire la cigarette dans les lieux publics, la quinqua à la permanente rouge-rose a organisé la dissidence et retrouvé la sémantique d'autrefois. Il en allait de sa « dignité humaine », elle devait lutter contre un État qui cherchait à la « contrôler », à la « priver de sa liberté », à « piétiner son libre arbitre » ! Tout ça avec un fort accent populo devant le parterre des habitués de son petit café, le Heide 11. Un bouge typique des faubourgs de Berlin, aux murs faits de plaques de bois sombres, rideaux crochetés à la main dans de la laine bon marché, vitrines tapissées de velours noir dans lesquelles trônent quelques coupes qui luisent sous les néons – concours de fléchettes, de billard… Dans l'air tourne une rengaine disco ; « noing-noing-noing », fait le synthé. Ah, les années 80 !

Ici, 95 % des habitués sont des fumeurs. Les mettre à la porte ? Ça aurait été se tirer une balle dans le pied. La fin annoncée du Heide 11 ! Alors la patronne a ouvert le feu contre l'État totalitaire. Comme le dit le gros Manfred, qui prend toujours la table du coin, planqué derrière sa chope de brune : « Fumer, c'est moins mauvais que le fascisme ! » « *Jawohl* », hurle Babsy, dont la voix déraille dans le grave avant de s'étouffer.

Alors, le jour où l'interdiction de fumer dans les bars et les restaurants est entrée en vigueur, Babsy a, elle, allumé les « cigarettes de la liberté » (c'est comme ça qu'à la Libération, on appelait les clopes distribués par les GI) et, avec elles, le feu de la discorde. Elle a verrouillé la porte en verre fumé (chez Babsy, tout est « fumé » de toute façon) de son bar et y a pendu une clochette. Les habitués ont reçu des cartes de membres. Et le Heide 11 est devenu un club privé. Un fumoir.

Puis, très vite, Babsy a porté plainte devant le Tribunal constitutionnel. L'État totalitaire « organisait la discrimination » avec cette loi, une différence de traitement entre les grands et les petits. Car, à Berlin, les établissements de plus de 75 mètres carrés avaient alors le droit d'installer une salle pour les fumeurs. Les petits, eux, étaient contraints d'écraser tous les mégots, tirant un trait sur cette clientèle. Dans l'attente de la décision des juges, la loi a été suspendue et Berlin s'est remis à fumer. Et n'a plus jamais cessé ! Car le tribunal a fini par donner raison aux petits, qui ne sont donc plus concernés par l'interdiction. Dans la foulée, les grands ont pris des libertés avec le texte. C'était en 2008. Aujourd'hui, sauf dans les grands restaurants et les bâtiments publics (hôpitaux, aéroports, administration...), on fume partout à Berlin. Babsy n'est pas peu fière.

Symphonie pour poules perlées

Les Allemands font un jeu de mots qui ne me plaît guère : les dames BCBG avec perles autour du cou et aux oreilles, ils les appellent *Perlhühner*... Sauf que le mot-valise « poules à perles » (littéralement) désigne scientifiquement un tout autre volatile, à savoir nos pintades adorées ! Et même si j'aime bien l'idée d'une pintade poule à perles (un grand sautoir fantaisiste pour moi, merci !), je tique sur l'aspect réducteur de l'équation pintade = bourgeoise embagousée. N'importe quoi ! Il était temps d'écrire ce livre ! D'autant plus que ces pintades chicos, il faut les chercher à Berlin. Je ne dis pas qu'il n'y en a pas, mais la partition de la ville a clairement décimé cette classe sociale : à l'Est, le régime a étouffé la bourgeoisie et déshérité les dernières grandes familles d'aristocrates ; quant à la vie à l'Ouest, dans cette enclave menacée à tout moment d'une invasion de chars russes, les conservateurs l'ont fuie dès qu'ils ont pu. Direction Francfort et sa bourgeoisie financière, Cologne et ses BCBG des bords du Rhin et surtout la Bavière, où l'aristocratie joue encore un rôle social important.

Alors ici, dans cette capitale ancrée à gauche, au centre-ville occupé par la scène artistique, dans cette ville de pauvres dénuée de tissu économique conséquent (aucune entreprise cotée à la Bourse de Francfort n'est présente à Berlin), il faut voyager loin en direction de Potsdam, le Versailles de Berlin, pour dénicher quelques-unes de ces femmes, épouses de riches entrepreneurs, veuves de hauts fonctionnaires, ultimes héritières de vieilles familles aristocratiques prussiennes… Elles habitent dans de luxueuses villas aux grilles hautes, dans les quartiers de Dahlem, Grünewald, Zehlendorf, le long des rives du Wannsee où le week-end elles vont naviguer en voilier, en remontant bien haut le col de leur polo Ralph Lauren… Parfois, le matin, elles sortent leurs grosses berlines noires et accompagnent les enfants à l'école privée. Particulièrement prisée, la Villa Ritz, une crèche de luxe avec des poneys dans le parc, un spa au sous-sol, des éducatrices anglophones, sinophones et francophones. Les jours où vous êtes débordées, mesdames, un chauffeur vient chercher votre enfant à domicile. Le tout pour 1 000 euros par mois.

Pour entendre parler d'elles, faites jaser le petit personnel. Rendez-vous par exemple à l'église de Südstern le dimanche matin : c'est le point de ralliement des Polonaises de la ville (la frontière n'est qu'à 60 kilomètres), qui débarquent sans parler un mot d'allemand. Avant la messe dans leur langue maternelle, on s'échange les bons plans pour des jobs (ménage, garde d'enfants, ou même bricolage pour le frère ou le mari, qui est là lui aussi : que ferait Berlin sans cette main-d'œuvre au noir ?), des logements, on se file des coups de main pour les démarches administratives. Surtout, on branche « radio langue de vipère ».

Violetta, une copine, joue les traductrices pour moi : « Olga raconte qu'elle travaille chez une anorexique qui laisse traîner ses sacs de vomi dans toute la maison. Elle dit qu'il faut qu'elle garde la ligne pour faire actrice plus tard. Elle est aigrie, mais le mari laisse des bons pourboires sur la table du salon. Olga ne l'a jamais vu. Il est gros, elle le sait parce qu'elle repasse ses chemises… » Violetta a longtemps gardé les enfants d'une femme comme ça. « Une femme triste, tu sais… » Berlin aussi a ses *desperate housewives*.

Parfois, ces poules à perles débarquent dans le centre-ville. À petites doses, juste histoire de rappeler aux simples pintades que nous sommes que la basse-cour est plus grande qu'on ne le pense dans les arrondissements du centre. Elles traînent dans les cocktails des ambassades, les concerts de charité. Ah, la musique classique ! C'est leur dada ! Évidemment, comme partout à Berlin, pas besoin de se fringuer particulièrement bien pour aller écouter un opéra ou une symphonie. Mais si vous possédez une jolie robe du soir et des escarpins qui vont avec, une tenue de mariage qui vous a coûté un œil et qu'il faut rentabiliser, *go girls* ! C'est le moment ou jamais de sortir le grand jeu ! Car nos poules à perles, elles, y vont franco. Dos nus, frous-frous jusqu'aux pieds, et parfois même diadème. Ce qui fait d'autant plus chic que le gros de la foule déambule propre et soignée, certes, mais loin d'être sur son trente et un. Le dress code parfait de ces soirs de grande musique est la tenue spéciale entretien d'embauche. Mais on trouve aussi quelques représentants du grand remue-ménage à la berlinoise (couleurs, imprimés, coupes pour le moins anticonventionnelles). Surtout à l'Opéra, dont les mises en scène souvent provocantes font régulièrement le buzz dans le microcosme artistique berlinois. Et qui dit artiste berlinois dit souvent costume flashy ou coupe de cheveux audacieuse.

De toute façon, qu'on se le dise, les trois salles d'opéra et les deux grandes salles de concert de la ville ne sont pas propriétés privées des poules à perles et/ou des seniors. Étudiante, j'allais à l'Opéra de Unter den Linden environ une fois par mois : 50 % sur toutes les places ! Idem si vous achetez les tickets au dernier moment, le soir même de la représentation. Assistante de direction dans un immeuble tout de verre et d'acier construit sur Friedrichstrasse, artère économique et commerçante refaite à neuf depuis la réunification (l'un des rares quartiers de la ville où l'on voit dames en tailleur et messieurs en costume-cravate), Karolina raconte : « Entre collègues, on décide parfois spontanément de finir la journée au spectacle de 19 heures Ça change du ciné. » On croque un bretzel acheté au petit marchand ambulant qui pose son panier en osier sous l'escalier principal. Dring, dring, il hèle le client à coups de sonnette de vélo. À l'entracte, on se paie une petite bière au foyer à dorures du bâtiment vieux de trois siècles. En novembre-décembre, à la sortie, le marché de Noël bat son plein. Et il n'y a rien de meilleur qu'un vin chaud après Wagner.

J'ai testé les lunchs-concerts de la Philharmonie

La seule pauv' pomme qui donne une pièce aux ouvreuses, c'est moi ! En jupe noire et chemisier blanc, elles se tiennent à l'entrée du foyer de la Philharmonie, grand cirque doré construit par Hans Scharoun au début des années 60. (Amateurs de vintage, régalez-vous. Spéciale dédicace aux lustres ! Aujourd'hui, les designers branchés sur Invalidenstrasse font les mêmes et en exigent 3 000 euros !) À la main, elles tiennent chacune un genre de Tupperware blanc dans lequel, gling, gling, les visiteurs glissent quelque chose. Un pourboire, évidemment, me dis-je, engluée dans la pensée capitaliste. Une salle comme celle-ci, il faut la nettoyer, et aussi payer le personnel au vestiaire, les serveurs du bar… Certes, le concert est gratuit, mais c'est bien normal de demander une petite contribution ! Et voilà comment je me paie l'affiche du siècle… La gentille ouvreuse me rend mon euro. Non, non, elle ne collecte que les jetons que l'on reçoit à la porte d'entrée, une méthode pour décompter le nombre de spectateurs. Et on est souvent plus d'un millier, agglutinés sur les marches des escaliers qui montent à la grande salle, ou assis par terre le dos contre les piliers qui soutiennent le haut plafond en plan incliné. Seuls les très vieux et les handicapés – sur présentation d'une carte d'invalidité, un grand gaillard en costume sombre faisant la police devant les cordons – bénéficient de places assises, simples chaises pliantes installées devant la petite scène. Il y en a bien trois cents. D'où cette impression étrange : quand on va écouter un concert gratuit à la Philharmonie le mardi midi, on se retrouve sur la planète « canne, déambulateur et sonotone » ! Même les spectateurs assis en tailleur sur la mezzanine du bar ne sont plus de prime jeunesse : 60 ans en moyenne. Bref, une descente dans le Berlin des vieux, à mille lieues du glamour du nouveau centre ! Il y a bien quelques étudiants, qui, sandwich à la main, font une pause dans leur journée de bachotage à la Sta-Bi (la Staatsbibliothek, la Bibliothèque nationale, est juste en face), et deux-trois mamans, bambins plaqués contre elles dans une écharpe de portage. Elles ont toute mon admiration : en quarante-cinq minutes de musique de chambre (piano et violon ce jour-là), il n'y aura qu'un seul cri d'enfant. Il faut dire qu'elles sont zen, les mamans, grands vêtements amples, sacoches d'altermondialistes en bandoulière, turbans. Le genre qui collent leurs petits (en combinaison de laine bouillie, évidemment) au sein au moindre areuh. Ensuqués jusqu'aux yeux, les bébés savourent Brahms sans piper mot. Les musiciens de la Philharmonie sont évidemment excellents, et pas bégueules… Jouer gratos ne les empêche pas d'offrir un ou deux bis au public, qui n'applaudit pourtant pas très longtemps – l'arthrite, ça tire sur les poignets.

J'ai testé le Yellow Lounge

Prévoir un pull et des baskets. Ce soir, Mendelsohn au Berghain ! Sans l'excitation des décibels et le déchaînement des milliers de corps de danseurs électrisés par le DJ, je sais qu'il fait froid dans la plus grande boîte de la ville, cette sombre cathédrale sous les assemblages métalliques de laquelle le quatuor Fauré donne concert. Un gin tonic et une sonate, *bitte* ! C'est le slogan du soir. Une initiative de la maison de disques au logo jaune, Deutsche Grammophon, qui s'installe environ une fois par mois dans un club de la ville – toujours ce mélange des genres que j'affectionne. Béton brut contre arpèges et montées chromatiques. Le tout pour 5 euros. L'ancienne centrale est étrangement vide et calme. Aucune agitation près des back rooms en bas à gauche. La nuit sera singulière au Berghain. Assis par terre ou adossés aux parois glacées, les spectateurs sirotent leur bière en bavardant. Brouhaha policé seulement troublé par les tintements des bouteilles. Au-dessus du petit podium réservé habituellement aux plus célèbres DJ du monde, des installations vidéo psychédéliques aux tons jaunes captent mon regard. Aha, le Berghain hypnotise donc quelle que soit la musique ! Et le violoncelle lâche ses premières plaintes… Reprise par la sono unique du club (qui flotte dans les airs), la mélodie enfle et vibre. Frissons. Extase presque. Le Berghain tient toutes ses promesses. Malheureusement, il accueille rarement le Yellow Lounge… et les places partent à une vitesse folle. Le meilleur moyen de participer à ces happenings magiques est donc de s'inscrire sur le groupe Facebook ou de s'abonner à la newsletter. Du coup, le Yellow Lounge manque un peu sa cible : il pensait faire découvrir la musique classique à un public de novices, il se retrouve à tourner avec un groupe d'initiés. Bière à la main, certes, et bavardant pendant les solos, mais des habitués. On est loin de la spontanéité berlinoise. Mais la musique est si belle… et le mélange des genres absolument bluffant.

Peter Pan est berlinois

« Déambuler dans cette ville, c'est comme être à un goûter d'anniversaire géant ! Il suffit d'observer les lunettes des gens d'ici : plus elles sont grosses et colorées, mieux c'est ! Des trucs de gosse, de clown…, constate ma copine Clara en matant les alentours de la terrasse de Mitte où nous sommes installées pour un café frappé. Regarde-moi ça. Pas un mec en costard, et les chaussures, je n'en parle même pas : que des tennis, des sneakers, des baskets ! » Berlin refuse de grandir. La moitié de la population a moins de 35 ans, la moyenne d'âge est même de 28 ans dans le quartier hip, Prenzlauer Berg. Et puis, évidemment, il faut bien être à la hauteur de sa réputation de capitale européenne de la fête, répondre aux attentes des milliers de jeunes qui débarquent chaque week-end pour goûter aux excès de Berlin la fulminante. Ainsi qu'à celles de tous ceux qui s'installent pour plus longtemps, les étoiles plus ou moins montantes de la galaxie art et culture pour qui Dickes B (« Gros B ») est désormais *the place to be* : photographes, graphistes, sculpteurs, danseurs, musiciens, web-designers, scénaristes…

Tee-shirts Bisounours ou Mickey des starlettes du bar de plage Kiki Blofeld, qui font du cheval de bois sous la boule à facettes, au milieu des bulles de savon soufflées par leurs mecs, bandeau sur l'œil comme des pirates… Cet hédonisme poussé à l'extrême ravit les yeux et les oreilles, et puis un jour, saturation ! J'adore Berlin, pour sa tolérance, son souffle brûlant de liberté, son extravagance, sa diversité, ce nonchalant tourbillon où tout semble éphémère… Mais c'est une ville de grands enfants à l'immaturité vite pesante.

« Lire, moi ? Mon Diiiieu, nooooon ! Je veux juste danser ! » Clea Cutthroat manque de s'étrangler à ma question. Blonde platine et bouche cerise, la strip-teaseuse balaie à grands coups de faux cils mes interrogations sur ses passe-temps. La fête permanente du Berlin déjanté qu'elle fréquente suffit à la combler. Elle fait partie depuis deux ans du collectif Bonaparte, figure de proue des nuits excentriques sur les bords de Spree. Un groupe aux devises très claires : « S'il n'y a pas de solution, il n'y a pas de problème » (refrain de la chanson « Who took the pill ? »), « *You know Tolstoy, I know Playboy (…), you know politics, I know party-chicks* » (« Too Much »)… Quentin Tarantino les avait bookés pour la soirée de fin de tournage de *Inglorious Basterds*. Clea a donc montré ses petits seins ronds au Tout-Hollywood – à ses tétons, elle accroche des minuscules plumeaux qui sautillent en cadence. Chez Bonaparte, il n'y a qu'un chanteur-compositeur-guitariste qui s'autoproclame fun-dictateur, tous les autres derrière délirent sur scène, déguisés en lapin géant, en flibustier, en sergent Garcia, improvisant des happenings où ils finissent nus dans la mousse à raser ou la sauce tomate. Clea est une Dita von Teese déglinguée. Dans son dos, des anémones de mer virent orchidées qui elles-mêmes éclatent en étoiles multicolores. Un tatouage à plusieurs milliers d'euros.

La mine concentrée, Angela, 37 ans, a de la peinture plein les doigts. Du bout de l'auriculaire, elle étale sur sa feuille de la gouache rouge vif pour représenter les lourds rideaux de velours devant lesquels Clea se produit aujourd'hui, à moitié nue, pour les besoins de « l'anti-école d'art du docteur Sketchy ». Un spectacle de trois heures, une fois par mois, où le grand n'importe quoi s'allie aux canons des séances de pose à l'ancienne. Bref, ce jour-là, les tétons chapeautés de soie ne feront la joie que d'Angela et des cinquante Berlinois qui griffonnent sur leur carnet. Quand l'organisateur de docteur

Sketchy a lancé le défi du jour, ils étaient nombreux, comme Angela, à vouloir peindre le prochain nu avec les doigts, plongeant à pleines mains dans les petits pots spéciaux mis à leur disposition – « pour enfant à partir de 36 mois » ! Je pense aux réflexions de Clara sur le Berlin-goûter d'anniversaire. Angela lève les yeux de son dessin et hausse les épaules : « Devenir adulte, c'est bon pour les enfants ! » La semaine dernière, du côté de Rosa-Luxemburg-Platz, on m'a distribué le flyer d'une soirée qui portait le même slogan.

Aussi incontournable soit-elle devenue sur la scène burlesque berlinoise, Clea ne parle pas allemand. Bloody Mary non plus. Cette Française écume, elle, la scène techno, mixant depuis plusieurs années au Tresor, au Watergate ou autre Week-End, bref dans les sanctuaires des nuits électriques de la capitale. Il y a aussi Hara, une graphiste d'Athènes, qui vit et travaille dans un loft relooké en chalet suisse, avec un coin pour couper du bois à la hache et une balançoire. Ou Alexia et Nico, qui ont tout planté à Paris pour ouvrir le HBC, une galerie-resto-salle de concert-résidence d'artistes sur Karl-Liebknecht-Strasse. Ou Lucy, une Cambodgienne qui veut percer dans la mode. Tout ce beau monde communique en anglais. Le soir, dans certains bars, quasi impossible de commander une bière en allemand, les serveurs eux-mêmes ne comprennent plus l'idiome local. Au Room, en bas de chez moi, Shlomo, le serveur, est israélien, Hernan, le cuistot, argentin et Johnny, le patron, texan ! En vingt ans, la population berlinoise s'est renouvelée des deux tiers ! Et de plus en plus, ce ne sont plus des Allemands qui s'installent, mais des étrangers avides de goûter aux joies de cette ville, créatrice et ludique, et surtout encore incroyablement bon marché. Selon les statistiques de la ville, 12 % des Berlinois sont nés à l'étranger (Turquie exceptée).

C'est vrai, finalement. Pourquoi tout compliquer, à quoi bon devenir sérieux, chercher un « vrai job », quand on se loge facilement ici pour 500 euros par mois ? Je me souviens encore de cette jeune DJ qui râlait contre les 260 euros de son loyer, pour un loft de 250 mètres carrés, un ancien entrepôt industriel avec un cachet fou, sur Schlesische Strasse – l'une des artères vibrionnantes de la capitale, allée de bars qui relie les boîtes Watergate et Club des visionnaires. Dans le salon, les six colocataires organisent des spectacles de théâtre, des projections de films et des combats de boxe qui accueillent jusqu'à six cents personnes. À Berlin, chacun a son rêve en bandoulière (tenir un bar, exposer dans une galerie, créer son label, danser pour Tarantino) et les moyens d'y croire. Cecilia, une designer espagnole basée au Royaume-Uni, a fait ses calculs : « Je sous-loue mon appart de Londres pendant un an, ça me laisse environ trois ans de marge pour réussir mon coup à Berlin ! » Au pire, si les débuts sont chaotiques, on pourra toujours payer les factures en passant deux-trois nuits à ramasser les verres au *Biergarten* du Prater ou au Café Burger…

Du coup, beaucoup ont du mal à se projeter dans les couches et les biberons. Prenez mon amie Meike. Nous étions à la fac ensemble il y a douze ans. Meike, haute comme trois pommes mais montée sur ressorts, fut l'une des premières du groupe à sortir du célibat. Dix ans maintenant qu'elle est avec Matthias. Sans avoir jamais vécu avec lui ! Chacun dans leur colocation, à quelques rues d'écart. Pour se voir, ils se fixent rendez-vous. Elle ébouriffe ses cheveux coupés à la Halle Berry : « Un enfant, pourquoi pas. Mais ça veut dire déménager, adopter un rythme de vie ordinaire jour-nuit, ne plus pouvoir accepter des stages à New York à l'improviste, se soucier d'avoir des revenus réguliers… » À 31 ans, Mathilda n'est pas prête non plus à faire le grand saut. Nous arrosons son diplôme universitaire, qu'elle a enfin achevé après une dizaine d'années d'études entrecoupées de césures, de stages, de voyages en Amérique latine. Moi : « Tu penses trouver du travail rapidement à Berlin ? » Elle : « Ah non, c'est bouché, je vais faire une thèse ! » Et la voilà réembarquée pour quatre ou cinq ans. Et dire qu'elle n'a jamais cotisé de toute sa vie à la Sécurité sociale ! Récemment, elle m'a appelée car elle cherchait quelqu'un pour la seconder dans le petit job qu'elle avait dégotté parallèlement à son doctorat : « C'est pour faire de l'assistanat en math dans une école, un jour par semaine. Pour moi, aller là-bas tous les jeudis, c'est trop. Il faudrait que je puisse partager avec quelqu'un, une semaine sur deux. » La mine de sel…

À la décharge de ces grands enfants, précisons que Berlin devient vite un enfer pour qui souhaite sortir de ce schéma. Pouvoir payer un atelier dans le quartier des galeries (Linienstrasse, Auguststrasse) ne suffit pas pour percer, d'autant que la concurrence se fait de plus en plus rude. Universitaires et ingénieurs peuvent d'emblée passer leur chemin. Pas d'emplois pour eux ici. Elena a bien tenté le coup. Elle a multiplié les CDD de-ci de-là. Elle a beau parler quatre langues couramment, chou blanc. Elle quitte donc Berlin : « J'ai envie de me poser, de fonder une famille. Impossible ici. Trop de précarité. C'est génial quand tu as 20-30 ans. Après, il faut partir ! » En ligne de mire, Hambourg, Londres, Paris, New York peut-être… Le nouveau Berlin est une ville de migrants. Dans les cercles d'amis, il y en a toujours un qui part, un qui revient. À l'exception des Berlinois de souche (c'est-à-dire dans la ville depuis au moins deux générations), et ils ne sont plus que 10 %, tout le monde ici sait que rien n'est définitif. Le Mur, lui-même, est bien tombé un jour.

« J'dois être caissière »

OK, j'ai su rester très jeune (j'adore cette phrase !). Mais un soir, alors que je trace vers le métro, mon voisin Siegbert, dont l'humour m'est toujours aussi étranger après toutes ces années, m'arrête : « Hahaha, pourquoi courir si vite ? La fac est fermée à cette heure-ci ! » Moi, un brin interloquée tout de même : « Je ne vais pas en cours. Et puis de toute façon, je ne suis plus étudiante, je travaille depuis des années. » La tronche de Siegbert… Visiblement, qu'on puisse travailler depuis longtemps à mon âge le dépasse. Ou alors c'est que je n'ai pas fait d'études, que j'ai obliqué vers une formation professionnelle avant mon bac. D'ailleurs, Siegbert me l'a avoué quelque temps plus tard : cette réponse lui avait fait penser que je devais être une caissière de supermarché.

L'anti-bulle immobilière

Au lendemain de sa première nuit chez son copain du moment, Jana a passé au crible l'appartement. « Les plus, les moins. Des bibelots africains, bien. Des magazines de jeux vidéo, mal… et des photos d'une fille, mal, très mal ! Je devais tirer une tronche de 1 000 kilomètres, alors il m'a avoué qu'il sous-louait le meublé d'un pote. À 36 ans ! Ses affaires tiennent sur une moitié d'étagère Ikea ! » Une vie dans trois ou quatre cartons. Des fenêtres sans rideau, un drap ou même un vieux sommier à lattes posé contre le chambranle fera l'affaire. Des ampoules nues qui pendent du plafond. Et au mur, pas de tableau, une déco faite de cartes postales. Voilà l'intérieur de beaucoup de Berlinois. Inutile de se poser, on partira bien assez vite. Une colocation qui part en vrille, un quartier qui ne plaît plus, un proprio qui revient d'un tour du monde, une proposition de stage alléchante à Florence ou à Santa Monica… Je connais Nicole depuis dix ans, elle en a passé cinq à Berlin, dans cinq appartements différents.

Ici, 30 % du parc immobilier est vide, essentiellement dans les arrondissements périphériques du grand Est. Pas très glamour. Mais ça fait appel d'air : il y a toujours des appartements moins chers un peu plus loin. Berlin frôle la superficie de Paris et sa grande couronne pour 3,4 millions d'habitants (contre les 10 millions du Grand Paris). Plus frappante encore est la comparaison de la densité de population : 4 260 habitants au kilomètre carré à Berlin, contre 20 800 à Paris ! Ici, l'espace ne manque pas et la grande ronde des déménagements ne s'arrête jamais, au rythme des rénovations des quartiers.

Paradis underground et sauvage des années 90, Prenzlauer Berg hébergeait à l'époque les artistes les plus maudits, les étudiants, les fauchés et les marginaux. Les arrière-cours ont fait peau neuve, élargies, fleuries, dotées de verrières, d'escaliers en métal qui mènent à des lofts lumineux, hauts de plafond et garnis de moulures. C'est désormais le quartier le plus cher de la ville, le jardin secret des bobos plus bourgeois que bohèmes ; les écoles ont bonne réputation et les églises sont pleines – rien de plus tendance que de mettre Junior au caté ou à la chorale. On s'y installe quand madame est enceinte, en provenance des quartiers plus animés que sont Kreuzberg ou Friedrichshain, sympas comme tout pour les jeunes couples que les punks à chiens de Boxagener Platz ou les dealers de Hasenheide n'effraient pas. Mais l'idée que bébé fréquente une crèche de Turcs en glace plus d'un. « Le jour de l'Aïd, le local à poussettes était vide, je me suis demandé s'il n'y avait pas un exercice d'alerte à incendie ou un truc comme ça », rigole une maman, qui avoue tout de même qu'elle cherchera à déménager quand son petit Johann entrera à l'école. Direction Schöneberg, moins cher que Prenzlauer Berg, mais joliment bourgeois aussi. Les très riches partiront peut-être à Potsdam, le Versailles berlinois, avec ses jardins d'enfants de luxe.

« *Fuck the yuppies !* » « *Bonzen raus !* » « *Weg mit euch, Reichen.* » En clair : « Les bobos dehors ! » Tilla a toujours dans son sac des stickers bien tournés, à la prose pointue.

Étudiante en histoire, spécialiste de Marx, elle les claque d'un geste déterminé sur les façades des nouveaux immeubles, les vitrines des magasins de design, « qui n'ont rien à faire ici. Dans cette rue, la Oranienstrasse, cœur palpitant de l'ancien Kreuzberg déglingué des Turcs et des punks, 30 % des familles sont menacées d'expulsion. À cause de qui ? À cause de toi » ! Je suis tout ce que Tilla déteste. Après des années d'apathie, en effet, les loyers flambent à Berlin, à cause de l'arrivée massive de riches migrants. « Tous ces culturels de France, d'Israël, du Canada ou même de Stuttgart, ils ne savent pas qu'un 100 mètres carrés à 1 000 euros, c'est trop cher ! Dans certaines rues, l'an dernier, les prix ont bondi de 40 %. Les vieux Berlinois s'en vont. Eux, ils n'ont pas les revenus qui suivent. »

N'empêche, aussi mobiles que soient les Berlinois – de gré ou de force –, l'esprit Kiez les hante. Le « Kiez », le village dans la ville, quelques rues dotées d'une identité, d'une saveur, d'une patte uniques. Qu'on y demeure ou pas, on y reste fidèle. Ma copine Cordula, journaliste à la télé allemande, aurait les moyens de vivre dans le centre, mais son âme est à Steglitz, un arrondissement du sud de Berlin-Ouest, lové dans un repli du Brandebourg. Secteur américain, casernes, night-clubs, cigarettes blondes : une enfance et une adolescence au parfum de guerre froide. Elle a grandi dans la crainte des chars russes, à un jet de pierre. Le nouveau Berlin ne va jamais à Steglitz, il faut passer la ligne du périph, quelle aventure ! Cordula n'en a cure : elle est ici chez elle et en bonne pintade berlinoise, elle défend son Kiez bec et plumes.

Glandeur en free-lance

Quel labeur ! Pfouuuiii... Coincée dans un café devant un latte macchiato qui déborde de mousse, je finis mon article en gardant un œil sur mon profil Facebook, mon compte Twitter, les dernières vidéos marrantes de YouTube. À mes côtés, des brochettes de geeks penchés sur leur ordi blanc, les oreilles couvertes par de volumineux casques de DJ, suent sur leur commande du jour : finir un site internet, un projet de design, la traduction d'un scénario, le cahier des charges d'une campagne de pub...

Nous sommes tous assis, les pieds ballants, sur les hautes chaises du Sankt Oberholz, en ligne le long de la baie vitrée, face au nœud urbain, bruyant et agité, de Rosenthaler Platz. Notre bande-son à nous est aussi onctueuse que la mousse de nos boissons. Électro-cool, pulsations délicates, pas question de trop monter le son, au risque de déranger ceux qui préfèrent leur iPod. Surtout pas de stress, pas d'effervescence. Bienvenue dans le cocon de la bohème numérique !

Les Bo-Nus, comme on les appelle, ont envahi les cafés du centre et s'y amusent autant qu'ils y travaillent. « J'envoie trois-quatre emails, j'écoute un groove du DJ, je peaufine un dossier, je recommande un truc au bar... Boulot, détente ? Où est la frontière ? » s'interroge la grande rousse à ma droite. Mon café, mon bureau, ma vie... Avec l'arrivée dans la ville de ces nouveaux Berlinois, en majorité travailleurs indépendants, en mal de fric à leurs débuts, les bars à la Sankt Oberholz se multiplient à la même vitesse que les spams dans nos boîtes aux lettres, à ceci près qu'ils sont bienvenus. Clin d'œil à la boisson vedette de ces travailleurs d'un nouveau genre, sans bureau ni horaires, on appelle ça la « latte-macchiatisation » de la ville. Alors, ça bosse ou ça joue ? Un vendredi, j'ai mené l'enquête parmi les Bo-Nus…

8 h 30 : à l'allemande, je commence ma journée de travail tôt. La crèche ferme à 17 heures, il faut bien que je trouve le temps de tout caser d'ici là. Je me pointe donc comme une fleur à la porte du Studio 70, un espace de *coworking* flambant neuf au nord de Neukölln. Le site internet m'a promis une ambiance de travail chaleureuse autour d'une grande table commune, des pauses-café (gratuit) au bar privé aménagé dans le hall d'entrée. Et même une imprimante couleur ! Oui, mais voilà, je trouve porte close. Un panneau gribouillé à la main indique que le bureau est ouvert de 10 heures à 18 heures. Première observation : les Bo-Nus ne se tuent pas à la tâche.

10 heures : retour au Studio 70. Au fond de la deuxième arrière-cour, la porte est toujours fermée. Pas question cette fois de retourner à la maison, je m'installe à la boulangerie d'à côté, un bouge qui pue le pain industriel, les produits d'entretien et le mauvais café. À Berlin, les boulangeries disposent quasiment toutes d'un percolateur. Je commande un latte macchiato, histoire de me mettre dans le bain. Observation n° 2 : les Bo-Nus ne sont pas stressés.

10 h 20 : je me casse le nez une troisième fois sur la porte du Studio. Mais, haha, je remarque que sur la porte de la cour, une autre affichette mentionne un numéro de téléphone portable « au cas où la porte est fermée ». Dring dring, allô ? « Je suis en route, j'arrive tout de suite », répond une voix grave.

10 h 28 : arrivée magistrale d'un immense Berlinois en treillis et veste à capuche ornée de badges altermondialistes. Matthias est illustrateur de manuels scolaires, pilier du Studio 70, l'un des rares avec un contrat mensuel. Rapide visite des lieux. La déco est époustouflante. Les *coworkers*

ont fait d'un rez-de-chaussée industriel et gris un espace chaleureux et branché. Le café répond à toutes mes attentes, avec ses vieux fauteuils en cuir usé chinés aux puces, le poste à transistor et la machine à expresso ultra-moderne et franchement design. Un mélange très berlinois de récup chic, sous les projecteurs métalliques de l'ancien atelier de ferronnerie qu'était autrefois le Studio 70. D'ailleurs, derrière une paroi, on trouve encore un coin bricolage avec de très grosses machines pour percer, poncer, souder… Petit détail qui tue, cette paroi devient écran de ciné à la nuit tombée, quand les *coworkers* en ont assez de travailler. Dans la cuisine, il y a un lit pour les petits sommes et un baby-foot.

10 h 55 : Matthias et moi nous mettons enfin au travail, chacun à un bout de la grande table commune. Je connecte mon ordinateur au réseau internet. Mon programme du jour a pris deux bonnes heures dans la vue.

12 heures : nous ne sommes toujours que deux forçats au Studio 70. Matthias : « Oui, le vendredi, c'est souvent comme ça. On est déjà un peu en week-end ! »

12 h 40 : le portable de Matthias sonne. Il me demande la permission de prendre l'appel depuis sa place. En théorie, au Studio 70, on va passer ses coups de fil au bar ou dans la salle de réunion commune, quand celle-ci est libre. Visiblement, Matthias a un souci avec son coloc. Il doit refaire un tour chez lui. Nous nous donnons vingt minutes pour finir deux-trois trucs.

13 heures : pause ! Matthias verrouille le studio.

14 h 15 : me revoilà ! Matthias est déjà au boulot, casque sur les oreilles. Mais, oh surprise, une troisième personne est là aussi. Sur son Mac rutilant, Svenja peaufine le plan marketing de la librairie qu'elle va ouvrir dans une semaine, à quelques rues d'ici. Elle a bossé tout l'été sur son projet depuis le Studio 70, utilisant aussi la salle de réunion et même l'écran géant pour projeter ses Powerpoint aux

investisseurs. Elle vient de résilier son contrat. Après trois mois à 148 euros, elle paie désormais à la journée (10 euros), quand elle a besoin de fignoler un détail.

17 heures : OK, je révise mon jugement sur les Bo-Nus. Ici, ça bosse dur. Svenja tape à toute allure sur son clavier et Matthias le dessinateur ne joue presque pas de la gomme. Pour le reste, on entendrait une mouche voler. Nous n'avons pas échangé un mot de l'après-midi. Mais où est la chaude ambiance de franche camaraderie vantée sur le site internet ?

18 h 30 : je plie bagages. Je vais congédier la nounou qui prend le relais après la crèche et passer un peu de temps avec ma petite. Pas de chance, Matthias s'apprête à brancher le projecteur pour le match du soir. « Les autres *coworkers* vont arriver. » Ça sent l'ambiance bière-baby-foot, cette histoire. Conclusion générale : le *coworking*, c'est bien quand on est célibataire sans enfant, qu'on peut improviser des soirées avec les collègues. Quant aux Bo-Nus, ma foi, ils sont sympas, mais sans Mac, j'étais clairement à côté de la plaque !

À noter

Le programme complet des festivités berlinoises est soigneusement consigné dans les deux magazines urbains que sont *Zitty* et *Tip*, sorte d'Ancien et Nouveau Testament des noctambules.

www.zitty.de
www.tip-berlin.de

Mode d'emploi pour entrer aux soirées Bohême sauvage

Au moins, on ne nous prend pas en traître. Sur le site internet des soirées, www.boheme-sauvage.de, il est explicitement indiqué que ne participent à la fête que les personnes habillées dans le style 1880-1940. Et on nous met la pression : « Tous les détails comptent ! », « Les filles, n'oubliez pas la coiffure ! » Heureusement, les organisateurs sont aussi assez sympas pour nous donner des adresses où trouver boas, chapeaux cloches et compagnie… Voici nos conseils personnels :

Bonnie & Kleid
Gneisenaustrasse 9, Kreuzberg – 030 69509684

Admirez le jeu de mots au passage, *Kleid* signifiant « robe » en allemand… Dans cette caverne d'Ali Baba, en demi-sous-sol d'un immeuble de Kreuzberg, on peut louer la panoplie complète de Grand'Mama pour 25 euros (100 euros de caution), bibi, chaussures et sautoir en perles *inclusiv.* Les vendeurs ont l'habitude de conseiller les bohémiens sauvages et se mettront en quatre pour vous dégotter le boa de vos rêves et la cravate assortie pour le monsieur qui vous accompagne. Petit plus : ils parlent anglais !

Ute Jacobs
Eisenacher Strasse 123, Schöneberg – 030 21800232 ou 0179 6765045
www.friseurmeisterin-berlin.de

Eh oui, frisettes et crans sont de rigueur, chères pintades, vous n'échapperez donc pas à l'appel du bigoudi et du fer à friser ! Que celles qui ne savent pas manier ces engins rendent visite à Ute. Sur rendez-vous uniquement, pas forcément bon marché (entre 25 et 50 euros la coiffure, selon la longueur des tifs et la tête de la cliente – si vous venez de ma part, il y a un rabais), c'est une expérience unique pour plonger dans l'ambiance des années folles avant même de commencer la fête. En prime, Ute vous rafraîchit les bouclettes au cours de la soirée. Un charleston endiablé et toc, elle remet les tifs en place. Il n'en faut pas moins pour se sentir comme une star de ciné !

Quelques dancings

Les soirées Bohême sauvage changent de lieu chaque mois. Mais pas besoin d'attendre ces fêtes pour tester les parquets des dancings de la capitale, qui mettent régulièrement à l'honneur swing, cha-cha-cha et tango argentin (programme disponible sur leur site internet).

Ballhaus Rixdorf
Kottbusser Damm 76, Kreuzberg – 030 6916370

Une des adresses préférées des (nombreux) tangeros de la capitale, Berlin étant, après Buenos Aires, la ville du monde où l'on danse le plus le tango. Le parquet n'est pas d'origine, mais les coursives au-dessus de la piste de danse suffisent à faire le charme de la salle. La soirée du samedi fait le plein. Attention, niveau de tango très élevé ! Mais les hommes sont patients avec les débutantes : bon plan drague !

Clärchens Ballhaus
Auguststrasse 24, Mitte – 030 2829295
www.ballhaus.de

Bien plus qu'une salle de danse, puisqu'on peut aussi (relativement bien) dîner (réservation indispensable) et bruncher sur place après une nuit de folie sur le parquet ! Joli jardin avec des lampions. La « petite Claire » (Clärchen) réunit des danseurs de toutes les classes sociales et de tous les âges. Le samedi soir, orchestre live et programmation hétéroclite, de la valse au disco. Si la salle n'est pas réservée, montez à l'étage admirer la fabuleuse « salle des miroirs », au charme désuet et si berlinois.

Grüner Salon
In der Volksbühne am Rosa-Luxemburg-Platz, Mitte – 030 688332390
www.gruener-salon.de

Un divin petit salon accolé au théâtre de la Volksbühne, où le parquet en a vu des vertes et des pas mûres, depuis le temps qu'on y guinche. Si, de l'autre côté du bâtiment, le salon rouge a une programmation plus contemporaine, le salon vert, lui, nous réjouit avec ses nuits de swing et de tango, ses concerts de jazz, ses spectacles de mime.

Quelques bars typiques, pas branchés pour deux sous, mais où vibre encore l'âme du vieux Berlin

Alt Berlin
Münzstrasse 23, Mitte – 030 2819687

Un survivant du vieux Berlin au cœur d'un quartier ultra-branché.

Kuckucksei
Barbarossastrasse 5, Schöneberg – 030 21917134

Le bistro de quartier par excellence, qui a su renouveler sa clientèle.

Heide 11
Hasenheide 11, Kreuzberg – 030 6925581

Vaut le détour rien que pour la patronne, Babsy. Elle est à l'origine du mouvement qui a fait tomber la loi sur l'interdiction de fumer dans les bars.

Café Sibylle
Karl-Marx-Allee 72, Friedrichshain – 030 29352203

Le café mythique de l'ancien Berlin-Est, situé sur l'avenue qui était la plus prestigieuse de toute la petite République communiste. La déco d'origine a été en partie restaurée. La clientèle n'a pas changé. Le café abrite aussi une petite exposition sur la Karl-Marx-Allee.

Les bars « comme à la maison » où passer ses journées

Bilderbuch
Akazienstrasse 28, Schöneberg – 030 78706057

Gâteaux comme chez maman, chocolats chauds à la crème, jeux de société, grande bibliothèque, sofas mœlleux… Dans le genre, c'est le top du top.

Kauf dich glücklich

Oderberger Strasse 44, Prenzlauer Berg – 030 44352182

Tu aimes le fauteuil dans lequel tu te goinfres de gaufres depuis le début de l'après-midi ? Achète-le ! Super concept, super ambiance.

Goldapfel

Heinrich-Roller-Strasse 20, Prenzlauer Berg – 030 50560150

À l'étage, un salon aménagé tout exprès pour regarder la télé le dimanche soir entre copains (et notamment *Tatort*, la série policière de la première chaîne).

Kapelle

Zionkirchplatz 22-24, Prenzlauer Berg – 030 44341300

La presse du jour, d'énormes et délicieux gâteaux, et les gosses du quartier qui viennent y prendre leur goûter en sortant du cours de catéchisme. Tout ça sur une charmante petite place d'église.

Mano

Skalitzer Strasse 46A, Kreuzberg
www.myspace.com/mano_cafe

Une fois installées dans les profonds fauteuils des années 50, vous ne vous relèverez plus.

Heroes

Friedelstrasse 49, Neukölln – 030 37447511

À l'argus des rumeurs, c'est ici qu'on boirait les meilleurs expressos de Berlin. Bonnes tartes au citron aussi. Certains soirs de semaine, on y organise des cours de tricot collectifs !

Zebrano
Sonntagstrasse 8, Friedrichshain – 030 29365874

Fauteuils défoncés, jeux de société, *Tatort* le dimanche soir…

Où sortir ?

Schlesische Strasse
Kreuzberg

Bars, restaurants, clubs : on trouve de tout dans cette rue et dans les perpendiculaires qui y débouchent. Par exemple, le Cake au numéro 32, le Lido au coin avec Cuvrystrasse, le Fette Ecke au numéro 16…

Simon-Dach-Strasse/Wühlischstrasse/Ostkreuz
Friedrichshain

L'équivalent de la Schlesische Strasse, de l'autre côté de la rivière. Coup de cœur pour un pub installé dans une ancienne boucherie et qui brasse sa propre bière : Hops & Barley, Wühlischstrasse 29. Plus on se rapproche de Ostkreuz, plus les étudiants laissent la place aux jeunes actifs dans le vent (très forte concentration de sacs Prada).

Oranienstrasse
Kreuzberg

Cent fois on l'a dit mort, mais ce quartier grande gueule et métissé ne cesse de ressusciter. Au Bateau-Ivre (Oranienstrasse 18), on croise parfois des stars de ciné éméchées et affectueuses.

Oranienburgerstrasse
Mitte

Autour de la grande artère, de nombreuses petites rues hébergent une foule de bars et de restaurants sympas. Tant que le Tacheles existe, il faut faire un tour au café Zapata, au rez-de-chaussée de l'immense squat d'artistes.

Autour de la station d'Eberswalder Strasse
Prenzlauer Berg

Le quartier des bobos a su conserver un peu du grain de folie qui a fait ses grandes heures il y a dix ans. À la Kulturbrauerei (ancienne brasserie reconvertie en espace culturel), on boit des coups, on danse, on écoute des concerts…

D'autres lieux de perdition...

Madame Claude
Lübbenerstrasse 19, Kreuzberg – 030 84110859

La disposition des salles et la déco de cette ancienne maison close sont un happening artistique à elles seules. Par exemple, défiant les lois de la gravité, des meubles sont pendus au plafond. Blind test musical tous les mercredis soir. DJ et concerts le week-end.

White Trash
Schönhauser Allee 6/7, Mitte – 030 50348668

Restaurant (excellents burgers !!), bar, salle de concert, club, salon de tatouage : le White Trash, c'est tout ça à la fois, et bien plus encore… à commencer par la déco époustouflante, mélange d'influences country, chinoiseries, rock metal, gore…

Kaffee Burger
Torstrasse 58, Mitte – 030 28046495

Bar et club à la programmation musicale qui laisse rarement à désirer. Une à deux fois par mois, l'écrivain Wladimir Kaminer se glisse aux platines pour ses « Russendisko » endiablées. Il faut le voir pour le croire.

HBC

Karl-Liebknecht-Strasse 9, Mitte
www.hbc-berlin.de

Nouveau lieu hybride (resto, bar, galerie, salle de spectacles, résidence d'artistes…) installé dans les spectaculaires locaux de l'ancien centre culturel hongrois (vintage 60-70 assuré). Fréquenté par le microcosme archibranché et fringué pointu du Berlin des arts…

Acud

Veteranenstrasse 21, Mitte – 030 44359498

Centre culturel indépendant pour boire des coups, écouter de la musique, voir des spectacles. Ambiance très berlino-*kaputt*, ce qui est de plus en plus rare dans le centre.

Spindler & Klatt

In der Heeresbäckerei, Köpenicker Strasse 16-17,
Kreuzberg – 030 69566775

Dans une ancienne boulangerie industrielle, ce restaurant ultra-branché (cuisine world-fusion) vous accueille dans des vastes lits blancs, comme au temps de la Rome décadente. L'été, la terrasse sur la Spree se transforme en club.

Monarch

Skalitzer Strasse 134, 1er étage, Kreuzberg
pipiprinz@kottimonarch.de

Le bar qui se mérite… Il faut monter un escalier étroit qui pue l'urine, passer (parfois) devant un ou deux drogués endormis. Mais la vue imprenable sur le métro aérien et les cocktails le valent largement. L'un des bars qui contribuent au renouveau du quartier de Kottbusser Tor.

CSA
Karl-Marx-Allee 96, Friedrichshain – 030 29044741

Bar à cocktails chic hébergé dans les anciens locaux de la compagnie aérienne tchèque CSA… Ambiance très NY, avec beaux messieurs en jolie chemise et dames en stilettos. Déco à la *2001, Odyssée de l'espace*.

Bars de plage

Les pieds dans le sable, au bord de la rivière, dans des transats… le top pour sortir pendant l'été.

Yaam
Müllenstrasse, en face de la Ostbahnhof,
Friedrichshain – 030 6151354

Ambiance reggae, Afrique noire, terrains de basket et de volley…

Kiki Blofeld
Köpenicker Strasse 48/49, Mitte – 030 260731050

Dans l'ancien hangar à bateaux complètement ouvert sur la rivière, on danse jusqu'au bout de la nuit.

Insel der Jugend
Hosemannstrasse 14, Treptow – 030 4212073

Ambiance paisible, presque bucolique, au cœur de la ville.

Bundespressestrand
Kapelle-Ufer 1, Tiergarten – 030 28099119

Fréquentée par la presse internationale (elle est au pied du bâtiment qui abrite la plupart des correspondants) et quelques personnalités politiques, c'est la plage classe pour draguer haut niveau.

Boîtes de nuit

Berghain
Am Wriezener Bahnhof 1,
Friedrichshain – 030 29360210

Le club techno du moment. Mythique et mystérieux.

Watergate
Falckensteinstrasse 49, Kreuzberg – 030 61280395

Les physionomistes à l'entrée commencent à être aussi tatillons qu'au Berghain, mais rien que pour la terrasse au ras de l'eau, ça vaut le coup de tenter sa chance. C'est fabuleux de danser face au lever du soleil.

Week-End
Alexander Platz 7, Mitte – 030 24631676

Encore un site fabuleux pour un club techno : aux 12ᵉ et 15ᵉ étages, et sur le toit d'un building sur l'Alexander Platz… la tour de télé presque à hauteur d'yeux. Magique !

Golden Gate
Dircksenstrasse 77, Mitte – 030 2829295

Ne pas y aller avant 4 heures du matin. Parfait pour les afters.

Maria am Ostbahnhof
An der Schillingsbrücke 33-34, Friedrichshain –
030 21238190

Cette boîte logée dans un ancien hangar industriel a connu un coup de mou au tournant des années 2008-2010. Mais elle semble bel et bien repartie. À l'arrière, la salle qui donne sur une terrasse ombragée au bord de l'eau (ambiance bayou) est idéale pour les dimanches.

Schwuz
Mehringdamm 61, Kreuzberg – 030 6290880

Club gay et gay friendly. Très bonne ambiance.

Club der Visionäre
Am Flutgraben, Kreuzberg – 030 69518942

Sur des pontons au bord du canal, parfait pour les après-midi de fin de week-end.

SO36
Oranienstrasse 190, Kreuzberg – 030 61401306

Club mythique du Kreuzberg des années 70-80 (le club de Bowie et Iggy Pop), il continue de donner le ton des nuits les plus folles. Berceau de la scène punk allemande, à la programmation maintenant plus variée. Soirées gay-orientales, soirées danses de salon (à la sauce SO36, donc forcément un peu trash), soirées disco-roller (comme dans *La Boum* !)…

Felix
Behrenstrasse 72, Mitte – 030 301117152

Club chic pour jeunesse dorée, avec carré VIP et magnum de *champus* (voilà comment les Allemands appellent ce chef-d'œuvre du génie gastronomique français !). Afterwork party le jeudi.

Adagio
Marlene-Dietrich-Platz 1, Tiergarten – 030 2589890

Autre club chic, un poil kitch, avec ses lustres à bougies. Pour tous ceux qui en ont assez de la techno et du Berlin *underground* sale et *kaputt*. Une fois par mois, soirée « talons hauts », glamour et drague assurés. Et le vendredi, « ladies night », avec des gogo danseurs.

Fashion victim ?
Fashion coupable !

Tiens ! Mets-toi à l'aise et déchausse-toi…

Stil in Berlin

« Mocassins en peau, ciré et chèche. À première vue, rien ne va ensemble. Mais en fait, tout est étudié. Tout est look. » Mary Scherpe est la papesse de la mode made in Berlin. Même pas 30 ans, des études d'histoire de l'art, et si ce n'est son adresse à Mitte – *the* arrondissement de la mode par excellence –, elle n'a pas grand-chose à voir avec le business. Elle n'est ni créatrice ni mannequin, pas même photographe. Pourtant, son reflex numérique ne la quitte jamais. Et pour cause : depuis 2006, elle arpente Berlin en quête des dernières tendances vestimentaires, des dégaines, des tronches, qu'elle met en boîte et publie ensuite sur son blog, Stil in Berlin. Soixante-dix mille visiteurs viennent y jeter un œil chaque mois, deux mille par jour ! On ne fait pas mieux comme *trendscout*. Sa livraison journalière est attendue et scrutée par les journalistes de mode et même les créateurs.

Ce jour-là, dans les arrière-cours Art déco des Hackesche Höfe, elle est tombée sur Eleonora, prof de dessin de 28 ans, énormes lunettes, coupe au bol d'inspiration médiévale et longues jambes enserrées dans des collants improbables (léopard vert ? floraison Art déco ?). Eleonora prend la pose, sans sourire, comme une pro des shootings. La traque reprend dans les rues alentour. « La plupart des gens que je repère sont d'accord pour être pris en photo. Ils ont souvent de très fortes personnalités et cherchent à se démarquer, à se faire remarquer. » Clic-clac, une famille tout en orange ! Clic-clac, un dandy avec cape et Doc Martens ! Clic-clac, un remake de Madonna époque « Like a Virgin » emmitouflé dans une veste en fourrure !

Exégèse du look d'Eleonora dès que nous trouvons refuge dans un café pour nous réchauffer : allumage du Mac, chargement des clichés. Pour une gamine de Paris comme moi, notre Jeanne d'Arc allemande a un style, comment dire… spécial ? Pas de style tout court ? Pour l'œil acéré de Mary, au contraire, on a là la quintessence de l'allure à la Berlinoise. Elle parle même d'une « signature vestimentaire » propre à la capitale allemande : « Du confort avant tout ; ici, on retrouve ça dans le choix des chaussures, souples, plates évidemment… Du pratique aussi, comme le ciré, idéal pour la météo du jour. Mais à part ces deux totems, ici, chacun s'habille comme il veut. » Mary ne voit pas d'autres codes. Les modes ne prennent jamais sur les bords de la Spree. En ce sens, Berlin est l'anti-Paris. La ruée sur les soldes ? Connaît pas ! Le cirque pour accéder aux ventes de presse ? Mais, ma brave dame, on ne sait même pas ce que c'est ! Pourtant, ici aussi, naturellement, H & M, Zara et compagnie ajoutent des zéros à leur chiffre d'affaires. Mary elle-même avoue sa passion pour la marque suédoise « si bon marché » et, sous les photos de son blog, là où elle détaille les vêtements, les deux initiales de la marque reviennent souvent. Mais jamais seules… Le *mainstream*, la globalisation de l'apparence, d'accord, mais par petites touches. Un châle, un collier, une paire de collants, des jambières, un sous-pull. Le reste ? Des créateurs, beaucoup de vintage, pas mal de fait maison aussi… Surtout ne pas ressembler aux autres.

Moi, pour Berlin, je n'ai aucun style. Pensez-vous, je pousse le mauvais goût jusqu'à acheter des tenues complètes, assorties de haut en bas (attention, je n'ai pas dit du total look). Quelle horreur ! Souvent, dans les soirées ou les cocktails, on souligne mon élégance française, le sac, les chaussures, la robe, quel bel ensemble ! Le chic… Ce que toute Parisienne prendrait pour un compliment n'est en fait, pour une Berlinoise, que l'expression d'un manque de personnalité, de saveur presque. Rien de pire que le conformisme. À l'opposé, quand l'autre soir j'ai enfilé une robe de tango sous un pull rouge à col bateau, des collants Wolford en dentelle irrégulière et des bottes souples en cuir gris avachies sur les chevilles, la baby-sitter s'est emballée : « Quel look berlinois ! » Et ma mère ne s'est toujours pas remise de me voir assister à un mariage poitevin en Birkenstock, chapeau de paille et cabas en toile. Dans le Brandebourg, j'aurais fait fureur.

Mais je promets que je ne pousserai jamais ma berlinitude jusqu'à sortir la combi de ski, comme certains étranges oiseaux de Kreuzberg. C'est vrai, quoi, c'est idéal pour les hivers sans fin, quand il neige *tous* les jours ! Aucun risque de courant d'air sur les reins et, en cas de chute, popotin amorti ! Ambiance cours première étoile sur les trottoirs glacés : élégance maximale, grâce, légèreté, fluidité des mouvements… Martina, une de mes voisines, défile ainsi de décembre à mars. Histoire de peaufiner son look, l'an dernier, elle avait même une patte folle et une béquille. Le détail qui tue, façon « je rentre de

Garmisch[1] » ! De même, je jure que jamais je n'adopterai le sac de rando pour trimbaler mon petit bazar de pintade ! Pourtant, d'un point de vue strictement théorique, avouez-le, il n'y a pas mieux que le sac à dos pour tout garder à portée de main sans bousiller sa colonne vertébrale. On peut même loger sa bouteille d'eau minérale ou sa thermos de thé (les Berlinoises ont toujours une boisson à portée de la main) dans la poche latérale. Éminemment berlinesque ! Hier, sur le trottoir de la Bergmannstrasse, aux boutiques de plus en plus branchées (il y a de la prenzlauerisation dans l'air), ondulait une demoiselle aux longues jambes : spartiates, leggings noir, jupette, débardeur à impression rock'n'roll… et sac à dos rouge !

Et pourtant… « Berlin a beaucoup changé, oh oui ! La ville est devenue beaucoup plus *glamourös.* » Il faut croire Alexandra Fischer-Roehler, elle sait de quoi elle parle. La styliste codirige le label Kaviar Gauche, l'une des rares marques berlinoises de prêt-à-porter rentables. Avec l'irruption sur les tapis rouges des Césars allemands et même des Emmy Awards à Los Angeles (avec l'actrice Heike Makatsch) de ses vaporeuses robes de soirées, tons pastel, sable, *nude*, si légères, si aériennes, Kaviar Gauche est entrée dans la cour des grands, celle de la couture internationale. En six ans, Alexandra et son acolyte Johanna Kühl, si classes dans leurs vestes croisées, pantalons cigarettes et stilettos, ont bouleversé les canons de la mode – au moins dans le centre de Berlin ! Cela dit, en fin de fashion week, quand elles décompressent enfin, elles avouent : « Il y a quinze ans, nous évoluions en rangers et parka dans les baraques en ruine du Berlin underground. Aujourd'hui, perchées sur nos talons, nous traînons dans les restos branchés en espérant y avoir une table. Pour ce genre d'événements, il faut une garde-robe appropriée. Et pas seulement pour nous, mais pour tout ce nouveau Berlin, le Ber-

1. Garmisch-Partenkirschen : la station de ski la plus réputée d'Allemagne, dans les Alpes bavaroises.

lin international. » Un habitant sur dix travaille aujourd'hui dans le monde des arts et de la culture ; une faune joyeuse, insouciante et cosmopolite, comme celle des publicités, pour laquelle la ville, pourtant si étendue (huit fois la superficie de Paris), se limite à la zone A du S-Bahn, le RER local, voire aux seuls quatre arrondissements de Mitte, Prenzlauer Berg, Kreuzberg et Friedrichshain, où les traces de la guerre ont laissé place au verre et à l'acier. « Berlin est gigantesque, mais le Berlin qui bouge est tout petit, commente la vendeuse d'une boutique de Alte Schönhauser Strasse. Ici, c'est le cœur du système. Uniquement des gens jeunes, cool, bien sapés, beaux comme tout, qui bossent dans des secteurs de rêve, la mode, le design, le ciné, la musique, la photo, l'archi, la sculpture… » Bienvenue sur le terrain de chasse de Stil in Berlin !

Et le reste alors ? La zone B et la zone C du S-Bahn ? La majorité des Berlinois, en somme, relégués à la périphérie à mesure de l'extension du Berlin nouveau… Pas les moyens de faire du shopping dans le quartier des Hackesche Höfe. On se replie sur les galeries commerciales interminables, aux magasins tous identiques (Gesundbrunnen, Gropius Passagen, Eastgate et la flambant neuve Alexa, véritable descente aux enfers de la vie moderne !), sur les friperies, et aussi sur les discounters. Mais, zone A ou zone C, même combat. Dans le souci du détail, la volonté de ne pas céder aux codes, de s'affirmer, d'être unique, ces pintades-là rejoignent la volière de luxe de Mitte : mal sapées peut-être, fringuées à bon marché assurément, mais toujours oiseaux rares et finalement assez lookées. Vernis à ongles d'une couleur différente chaque jour pour Anna, sabots en peau de vache (avec les poils, s'il vous plaît ! j'ai vu les mêmes dans les pages must-have de *Elle*) quand arrivent les beaux jours pour madame combi-de-ski, sandales cloutées pour Neele, turban chatoyant pour Tessa… Quand je croise une femme élégante, je sais que c'est une touriste, en revanche, quand je craque pour une allure, je peux être sûre qu'elle est berlinoise.

Toquées du pratique

Un boulet… Littéralement. Dans son sac, Elisabeth cache un boulet qui gonfle à l'extrême le cabas déjà peu élégant. Théoriquement, j'aurais été prête à céder sur le principe du sac en toile. Après tout, écolo, et souvent habilement décoré par les designers qui ont récupéré le marché, il s'est hissé dans le top five des it-bags de la capitale. Même Lala Berlin, marque désormais internationalement connue, en a inclus dans sa dernière collection. Bon, visiblement, ce soir-là, celui d'Elisabeth ne sortait pas de l'atelier d'un styliste pointu de Mitte. Mais passe encore… Restait cet étrange boulet… Je hèle un taxi. « Je te rejoins au resto, moi, je suis à vélo », objecte alors Zaza (pour les intimes). Mais oui, bien sûr, le boulet, c'était un casque ! Pour une fois qu'on passe une soirée ensemble, avec au programme restaurant branché et dance-floor dans la foulée, Zaza choisit de se déplacer à vélo. Je la retrouve une vingtaine de minutes plus tard, ébouriffée, le maquillage dégoulinant. Bref, prête pour une nuit de fête ! C'est vrai, quoi ? Les bandes phosphorescentes du casque de vélo, ça peut faire stylé sous les stroboscopes…

Firmament vintage

Garder en tête que toute cette ville n'est que récup… Les briques des immeubles détruits par les bombes, déblayées et nettoyées, ont permis de reconstruire des quartiers entiers. Les Berlinoises ont toujours été des as de la débrouille, des magiciennes qui transforment du vieux en neuf. Garder cela en tête en essayant cette fabuleuse veste courte en astrakan sur les puces de Treptow ; faire abstraction de tous les endroits où elle a pu traîner depuis les années 20. Elle pue le renfermé, un charme tramé d'histoire, certes, mais qui m'assurera un look pointu pour un budget serré. « De l'astrakan pour pas un rond ! » assure le vendeur à l'accent polonais. Quatre-vingts euros tout de même. « C'est donné pour être spéciale ! »

Ici, rien ne se perd. La folie des habitants pour l'unique, l'expérimental, l'anticonformiste, a viré névrose du vintage. À moins que ce soit l'inverse. Rosemarie en a fait un business. Dans sa caverne d'Ali Baba de la Rosenthaler Strasse, depuis douze ans, elle ne vend que des chaussures des années 40 à 80, pour la plupart jamais portées. Des bottes à plate-forme des pires clips de Dalida aux escarpins de sorcière bien-aimée, orgasme podologique assuré ! J'en ai les orteils qui frémissent et je me prosterne devant Rosemarie (Yolande Moreau en plus maigre). Cette madame tout-le-monde est une vraie collectionneuse, une experte auprès de laquelle le microcosme du ciné vient chercher conseil quand il s'agit de taper dans le mille pour le costume. Voilà, j'ai la veste, j'ai les chaussures, manque la robe… Ce ne sera pas difficile, le marché d'Arkonaplatz déborde de fonds de greniers 100 % d'origine… Et pour parfaire la tenue, une paire de lunettes m'enverrait littéralement en l'air ! Du bon kiff, aïe aïe aïe… Les lunettes sont actuellement l'accessoire must have du Berlin hip (sur le marché turc de Kreuzberg, un farfelu en vend des exemplaires en carton, très gros, très colorés, sous un panneau flanqué d'un « Il n'y a pas qu'à Mitte qu'ils ont le droit d'avoir des grosses lunettes ridicules ! »). Mais là où je suis, ça devient cher, 149 euros une monture à la Marilyn dans *Comment épouser un millionnaire*. La *vintage victim* fait ses comptes et rentre chez elle.

Évidemment, moi, avec mon bagage culturel de Parisienne indécrottable, j'ai tapé dans le haut du panier. Je voulais du vintage chic. Alors que la Berlinoise, soucieuse de créer son propre style, elle veut du branchouille, du très spécial, du rien que pour elle. Et elle n'a pas de budget. Une ville de branchés-fauchés. Alors, une robe orange de la collection automne-hiver du *Sibylle* de 1978 (le *Elle* de l'Est) et, par-dessus, un tee-shirt sans manches des années 80 ? Une parfaite tenue pour le Club des visionnaires, pour une vingtaine d'euros. Ou même pour rien du tout. « Tu as trop de fringues et pourtant tu n'as rien à te mettre ? Tu fais du 38 ? » Perle, 22 ans, a la dégaine d'une princesse de *Star Wars* en stage chez un fakir (macarons sur les oreilles, une voie lactée tatouée sur les bras et des piercings partout !). Chaque mois, elle convie chez elle une poignée d'inconnues glanées sur le net pour une *Klamottentauschparty*, littéralement, une fête de troc de fringues. Cet été, elle prévoit même un week-end entier de camping à l'issue duquel chacune repartira avec la garde-robe de l'autre. « Au début, le principe était robe contre robe, ceinture contre ceinture, etc. Mais mon tee-shirt préféré du collège, je n'allais quand même pas le laisser partir contre un truc sympa, certes, mais qui ne vaut pas 9 euros chez H & M ! Je l'ai lâché contre une paire de Converse. Ah non, mais ! Ce tee-shirt, il avait une histoire, j'ai fait le concert de Pink avec ! »

Aux fêtes de Perle, on décompose et recompose, brouille les styles et les époques, boit beaucoup de bières aussi. « Hey, t'as roté sur mes bottes ! File-moi un truc en échange ! » Un tourbillon un peu trash, improvisé (quoique la jeune Jedi a sérieusement gagné en professionnalisme et en organisation en quelques mois) dans l'immeuble d'un grand ensemble de l'Est. Cela dit, son mot d'ordre (« Si tu veux des belles choses, apporte des belles choses ») n'est pas si différent des soirées Swap de la jet-set berlinoise. Eh oui, acteurs, chanteurs, DJ, designers ont cédé eux aussi à l'appel du vintage. Marre de ta veste Gucci, lassée de ton châle Kaviar Gauche ? Dépose tout dans une boutique qui se charge d'expertiser tes « fripes » et te remet des jetons en échange. Le soir du Swap Market, tu les dépenses pour d'autres vieilles fringues. Tout ce qui reste est ensuite bradé aux Berlinois de passage. Sur fond de techno pointue. Et une robe Helmut Lang, une !

Le plat soulier qui est le mien

À Berlin, on colle au plancher des vaches. L'hiver, passe encore : avec la neige et le gel, mieux vaut sortir les chaînes – comprenez, les bottes en cuir plates avec la semelle la plus épaisse possible pour garantir une bonne isolation. Pintades-amazones, vos cavalières feront l'affaire. Ouf ! Ici, les mi-saisons sont fraîches, c'est vrai. Je tolère donc aussi les bottines en cuir souple et semelles fines, façon boots à la Abba ou mocassins de squaw (très mode, le vintage seventies-eighties). Mais l'été, pourquoi tant de terre à terre ?

Ici, la star incontestée des belles saisons reste, invariablement, la tong. Très prisée évidemment : la sandale

Birkenstock. Si les dernières collections, lamées ou strassées, ont pu franchir la frontière française, Berlin vit intemporellement sous l'ère de la sandale à semelle de liège. Cool et confortable à la fois, saine et écologique (100 % recyclable !), socialement engagée (fabriquée exclusivement en Allemagne, pas de petits enfants thaïlandais derrière tout ça), les Berlinoises l'adorent. Et que les esthètes se rassurent, ici, on la porte *sans* chaussettes !

Passée la surprise, il faut admettre que la chaussure plate, finalement, convient bien aux pintades des bords de Spree. Discrète et pratique, elle colle au mode de vie et de pensée de ces oiseaux-là, qui savent toutefois sortir les centimètres quand l'occasion le nécessite (mariage, cocktail, soirée à l'Opéra). Mais la plupart du temps, l'idée de rester sur la terre ferme leur sied mieux. Les puristes de la chose vont même jusqu'à laisser leurs souliers au vestiaire. Ne soyez pas surprises si vous croisez quelques volatiles aux pieds nus. Le mouvement, né dans les années 70 pour se sentir en symbiose avec la Terre, recrute encore, notamment dans les quartiers dits alternatifs de Friedrichshain ou Kreuzberg.

Ma copine Henriette n'est pas de ce genre-là. Plutôt catégorie coquette, elle passe des heures à soigner sa coiffure à la Beauharnais. Mais elle ne jure que par ses ballerines, ses Converse ou ses bottines eighties en cuir blanc avachi. Elle m'explique : « Je peux faire du vélo, courir après mon bus, piétiner des heures dans un musée sans martyriser mes orteils. » Le monde de la techno a aussi laissé ses traces : les années 90 ont vu le règne de la basket. L'empreinte perdure. Pour rentrer au Berghain, *le* temple électro du moment, des gazelles rétro du magasin Adidas Originals de la Münzstrasse font parfaitement l'affaire. L'essentiel est d'être cool, bien dans sa peau. Le tralala d'un samedi soir new-yorkais vous fermera à coup sûr les portes de la nuit berlinoise.

En toute franchise, cette simplicité me plaît bien. Jamais l'impression d'être *underdressed*. Mais attention au travers inverse ! Ô immenses instants de solitude, quand sur le seuil de l'appartement de vos amis, on vous invite d'un simple regard à ôter vos chaussures ! On arrive à la soirée pimpante et apprêtée sur quelques centimètres soigneusement assortis à cette mignonne robette noire, et l'on se retrouve projetée au sol, en collant sur le parquet froid. C'est décidé, ce soir, j'ignore l'injonction (au nom du décalage culturel, on excusera bien la Française), et me voilà dans le salon. Point d'escarpins, point de bottines, des chaussettes, des chaussettes et encore des chaussettes. Les hôtes, eux, ont gardé leurs savates d'intérieur. C'est confortable, c'est simple, c'est Berlin ! La féministe de la soirée me lance des regards chargés de mépris. Je passe pour l'artificielle minette accrochée à ses stilettos.

Mais il y a pire. Il y a ces invitations où, d'emblée, on vous affuble d'une paire de chaussettes en grosse laine rêche. Beiges ou marron, en boule dans une caisse Ikea, elles accueillent depuis des années le ballet des visiteurs de passage. Tiens, sens-toi comme à la maison ! Un message censé vous réchauffer le cœur autant que les petons, lovés dans ces bas déformés, boulochés par les dîners de famille, les après-midi café-gâteaux, les goûters d'anniversaire, les dimanches de l'Avent dans les odeurs de cannelle… L'hospitalité allemande contre l'élégance de vos escarpins français.

Les chaussons de madame la comtesse

Madame est une vieille comtesse de l'aristocratie prussienne. Complètement ruinée certes, dépossédée par les communistes après la guerre certes, mais née Von quelque chose et ayant épousé un autre Von bidule. Forcément, elle en garde quelques bonnes manières. Quand Madame se déplace dans les cocktails en ville, elle glisse dans son sac à main un petit pochon de toile beige qui abrite une paire de ballerines noires, souples comme des chaussons, semelles légères et lisses. Comme ça, jamais Madame ne finit pieds nus sur les parquets. Toujours très digne, Madame Von machin-truc.

Ont-elles toute leur tête ?

La première fois que j'ai confié ma tête à Desiree, la rasta-punk du petit salon de coiffure du coin de ma rue, mitaines vertes et collants comme une peau de reptile, j'ai gardé les mains accrochées au siège, phalanges blanchies par l'angoisse. Et si elle appliquait ses codes d'esthétisme à ma pauvre chevelure ? Faudrait peut-être que je lui signale que je bosse parfois pour la télé française, et que le look long d'un côté, court de l'autre, ça colle moyennement avec l'esprit hertzien parisien ? Mais Desiree a cédé à tous mes désirs et, à l'exception notable de sa frange vert pomme au-dessus de sa crinière de dreadlocks ramenées à l'iroquoise sur l'arrière du crâne, on s'est découvert pas mal de points communs en papotant (OK, ça restait du bavardage de salon de coiffure, mais on était globalement d'accord).

Cela dit, je préfère quand c'est sa collègue, la danseuse étoile aux énormes lunettes papillon, qui s'occupe de moi. Elle s'appelle Antje et sa coiffure est toujours impeccable : chignon-boule planté serré sur le haut du crâne façon petit rat de l'Opéra, frange rectiligne tirée au cordeau et une couleur carotte pétante option gilet de chantier fluo qui ne semble tolérer aucun écart de racine. Je comprends mieux quand elle me parle, elle n'est pas couverte de piercings, elle ! Desiree a, entre autres, deux anneaux de chaque côté de la lèvre inférieure qui me font immanquablement penser à des dents de morse, et aussi un clou argenté dans la langue. Enfin, tant qu'elle ne me postillonne pas sur la tête… Desiree ou Antje, ou même les deux autres colibris colorés du salon (une blonde peroxydée à la Courtney Love et une brunette fanatique des extensions qui change de style toutes les semaines), c'est un peu la loterie, en fonction de leur disponibilité sur le moment. À Berlin, où la liberté et la spontanéité sont souvent érigées en style de vie, on ne prend quasiment jamais rendez-vous chez le coiffeur, on pointe son nez au salon, et advienne que pourra…

Ou bien au contraire, à l'ancienne, on est fidèle à une seule coiffeuse. « Comment crois-tu que j'entretiens ma coupe ? » C'est vrai que ma copine Katia donne toujours l'impression de sortir du salon : sa petite boule à la garçonne, déstructurée travaillée, tombe parfaitement. Eh bien maintenant, j'ai la réponse. Katia brandit son portable sous mon nez. La grande classe : dans le répertoire, le numéro perso de Christina, sa coiffeuse. Elle a refilé le tuyau à une autre de nos copines, qui appelle toutes les deux semaines pour se faire retailler la frange. Tout ça au noir, évidemment, comme ça, il n'y a pas que les tifs qui raccourcissent, les prix aussi ! Et encore, Christina leur complique la vie… Elle ne reçoit que chez elle, alors que j'en connais d'autres qui se déplacent à domicile avec leur attirail.

J'ai bien essayé de convaincre Antje de me rendre une petite visite après mon accouchement. J'ai sorti le grand jeu : « Tu vois, je ne peux pas sortir quand je veux avec le bébé, pas sûre non plus de pouvoir assurer un rendez-vous si jamais il y a vomi et/ou tétée et/ou sieste du divin enfant… » Antje n'a pas cédé. Donc je ne pourrai pas vous dire ce que ça fait de se prendre pour Marie-Antoinette, tripatouillée du cuir chevelu, les pieds sur la table basse de sa propre salle de séjour.

En enquêtant un peu sur les coiffeuses de Berlin, je me rends compte qu'Antje est une nantie. Elle travaille dans un petit salon presque familial, aux tarifs exorbitants : 35 euros la coupe/brushing, autant dire une fortune pour Berlin où, dans ce secteur aussi, fleurissent les discounters. Avec leurs noms de robots (M-Hairfactory, XL Cut, Hair Express, Hair Killer), la musique de supermarché poussée à fond, les fauteuils aux couleurs criardes sous des néons agressifs, ils ont privé le beau métier de coiffeur de toute humanité. Tu entres (pas de rendez-vous là non plus), tu patientes un peu, shampoing (odeur de fruit chimique bon marché), coupe… 20 minutes, 8-10 euros et un brushing laissé à tes soins (on te file le matériel, mais débrouille-toi) plus tard, et tu sors de cet enfer bruyant. Résultats inégaux. Forcément, salaires de misère, horaires à rallonge, apprentissage au rabais (les chefs ne sont plus des maîtres-coiffeurs censés encadrer les jeunes, mais des managers), il ne faut pas attendre des coiffeuses beaucoup d'engagement. C'est la profession la plus mal payée du pays. L'Allemagne ne disposant pas de salaire minimal, la seule loi qui s'applique est celle de la jungle. À

Berlin, selon le syndicat des coiffeurs, l'heure est payée en moyenne 3,38 euros ! Pour tirer les prix de la coupe vers le bas, les discounters n'hésitent pas à engager du personnel sans aucune formation ni expérience. Une collègue de la télé a tenté l'aventure : elle a trouvé du boulot tout de suite, rémunérée 22 euros la journée, malgré son manque flagrant de talent dans le domaine capillaire. « Oui, ce n'est pas parfait, et toute cette musique pop, ça porte un peu sur les nerfs, mais je ne trouverai nulle part ailleurs un coiffeur à ce prix : 6,50 euros, avec ma petite retraite, je ne peux pas payer plus », m'explique une mamie frisotée comme un caniche à la sortie d'un XL Cut de Neukölln.

Pour 1 600 euros par mois, Antje peut donc rester fidèle à sa patronne et prendre le temps de me proposer un massage crânien à chaque shampoing. Et avant tout, systématiquement, on se pose, thé à la main, et on discute de mes cheveux. Ai-je remarqué un changement dans leur nature ? Tombent-ils plus qu'à l'ordinaire ? Avons-nous réussi à domestiquer l'épi de ma nuque avec le dégradé essayé la dernière fois ? Antje passe sa main dans la chevelure, glisse quelques pinces de-ci de-là, simule une frange. Elle propose, je dispose et ensuite seulement, elle dégaine ses ciseaux. J'adore ! Et voilà comment Berlin se retrouve coupée en deux, entre celles qui ont le temps et l'argent de fréquenter les Antje, et toutes celles qui confient leur tignasse aux discounters.

Là où tout ce beau monde se rejoint, c'est sur le choix de la coiffure. Dans le style, évidemment, on a de la variété, mais il y a toujours un dénominateur commun : le bizarre, l'incongru, voire le franchement louche. Et nous revoilà au cœur du grand cirque, du carnaval capillaire ! Car oui, j'ose le dire, malgré toute l'affection que j'ai pour elles, les Berlinoises ont des coupes de cheveux étranges. Des exemples ? C'est parti !

Court voire rasé d'un côté tandis que l'autre reste long pour les branchés qui évoluent dans le milieu de la mode, du design, de la techno, ou encore de la danse contemporaine… Pour elles, le déstructuré est tout. Du coiffé-décoiffé qui excelle dans l'art de la feinte – tu crois que je sors du lit, erreur, j'ai passé une éternité face au miroir !

Mèches blondasses ou roses ou bleues ou vertes pour les jeunes pintades des quartiers populaires de l'Est. Pour ces fanatiques de la teinture, il faut que ça pète ! Quant à la forme même de la coupe, on reste plutôt sur du classique… À l'inverse de leurs aînées (40 ans et plus), qui vouent encore un culte immodéré à la trinité minivague/carré long/frange effilée. Ou pire, à l'innommable *vokuhila*, comme « *vorne kurz, hinten lang* » soit « court devant, long derrière », qu'affectionnaient tant les footballeurs des années 80, et qu'on espérait bien ne jamais voir franchir le seuil du XXIe siècle.

Cheveux courts, copie de coupe masculine, pour la scène féministe et lesbienne. Pas une coiffure à la garçonne, mais une coiffure *de* garçon, si possible avec du gel, et rarement bien fignolée. Je sais de source sûre que certaines se coupent les cheveux elles-mêmes, à la tondeuse.

Coques *supra*-laquées et brushing de lionnes pour les immigrées. Elles décorent aussi parfois leurs fières crinières avec de minuscules perles nacrées ou des strass éparpillés autour du visage. Ce sont les reines du lissage quand elles ont un naturel frisé, et les marquises des anglaises quand elles donnent dans le raide. Sur les boulevards de Wedding ou de Neukölln, on croise des dizaines de Beyoncé, de Shakira…

Des crêtes, des dreads et des coupes à l'iroquoise pour les punkettes et les sympathisantes d'extrême gauche. À Berlin, on croise encore souvent des crânes hérissés, à l'ancienne, c'est-à-dire collés à l'eau sucrée, et si possible teints. Le fuchsia tient le haut du pavé, avec bien sûr le noir de jais, et aussi l'effet léopard, taches sombres sur décoloration blonde là où les cheveux sont ras, par exemple sur les tempes.

Mais où vont-elles chercher tout ça ? Je me le demande souvent, circulant à travers la ville, à vélo l'été, en métro l'hiver, telle la bonne Berlinoise que je suis devenue. Évidemment, on croise aussi beaucoup de coiffures tout à fait banales, les Berlinoises sont même passées maîtresses, je trouve, dans l'art minimaliste du « un coup de peigne et c'est tout ! ». Attention, pas du décoiffé-travaillé comme les brochettes de journalistes de mode croisées à la fashion week de juillet ou les déjantées des afters du Club des visionnaires… Non, du négligé, voire du bâclé, du je-m'en-foutisme du cheveu. Comme pour tout le reste de leur allure, elles parient avant tout sur le pratique et le confortable. Heureusement, cette politique du tif en bataille est largement compensée par la tendance sus-décrite de l'étrange, portée aux nues par tant d'autres Berlinoises, à commencer par les coiffeuses elles-mêmes, qui se présentent de plus en plus sous l'appellation de « styliste ». Acrobates des ciseaux, funambules de la tondeuse… Bienvenue dans le grand cirque capillaire !

De plus en plus, l'ambiance d'un salon dans le centre branché prend des allures de happening artistique. La faune, le choix des coupes, la musique, la déco… un concentré du nouveau Berlin, un peu trash, un peu sophistiqué, mais surtout décontracté et excentrique – quitte à frôler le puéril. C'est le cas par exemple au Scratch'n cut de la Gleimstrasse, où un DJ assure des sessions électro endiablées tandis que les ciseaux de Tess et d'Akim sautillent en rythme au-dessus de votre tête. Aux murs, des guitares, des pochettes de vinyles, des affiches de concerts. En attendant son tour, on sirote de la bière. Le cocktail bar + coiffeur fonctionne très bien à Berlin. Chez Fatmas Hand, à Kreuzberg, tu peux te faire couper les cheveux le soir, entre deux tournées de vodka. Et l'hiver 2009, le salon Spliss de la Wollinerstrasse a créé le buzz en shampouinant le jour et en clubbant la nuit. Autre être hybride qui a trouvé à Berlin un terreau idéal pour se multiplier : le salon-galerie, avec vernissages jusqu'au petit matin autour des casques et de la table à coloration. Le top dans le domaine étant le Vokuhila (déco RDA pur jus) sur la Kastanienallee, coiffeur qui se veut aussi, dixit son site internet, « plate-forme de communication vivante » du quartier et « carrefour d'échange, de détente et d'infos ». Parfois, je me dis que la terminologie du nouveau Berlin, qui s'écoute souvent un peu trop parler, n'a rien à envier à celle des apparatchiks de feu l'Allemagne de l'Est.

Brushing, le bec dans l'eau…

Cut and go. J'ai bien essayé de faire les yeux doux à la coiffeuse speedée du tif-discounter dont j'ai poussé la porte, désespérée par l'absence de Antje, partie pour trois semaines. J'ai tenté aussi le coup de brosse maladroit, message subliminal envoyé à la jeune fille sur le thème de tu-devrais-quand-même-prendre-en-charge-le-brushing-parce-que-là-je-suis-en-train-de-pourrir-ta-coupe. Rien à faire, elle reste scotchée à son slogan comme la laque qu'elle aurait pu projeter sur ma chevelure, si cela avait été compris dans le forfait. Tu parles, cocotte, *cut and go* tu voulais, *cut and go* tu auras. Elle me colle le sèche-cheveux dans les mains et m'indique vaguement le petit coin où je peux m'installer pour peaufiner mon brushing… Enfin, de brushing, cela n'aura que le nom, car après deux vagues essais, je comprends vite que la brosse à rouleaux va surtout m'arracher les tifs. Ça tombe bien, j'ai les cheveux raides naturellement, alors je sèche rapido la tête à l'envers (comme quand j'avais 15 ans et que c'était la mode du grunge), histoire de donner du volume. Je passe trois coups de brosse plate (celle qui fait briller les cheveux, oh *schööön* !) et zou, je peux traverser le salon la tête haute : j'ai réussi mon brushing comme une grande, et il ne m'a pas coûté un centime. En plus je ne pue pas la laque bon marché et j'ai évité l'effet surgonflé à la Sarah Palin. Il ne sera pas dit que j'ai été broyée par le système !

Berlin sur Bosphore : les coquettes de Kotti

Évacuons d'emblée la question du bon goût… Ces pintades-là n'en ont pas toujours, frôlent parfois même les frontières du vulgaire. J'ai un petit faible pour leurs faux ongles peinturlurés, cachant sous la couche supérieure du vernis translucide de minuscules roses entrelacées d'étoiles, des dragons ou des cœurs avec des vrais diamants en toc. D'autres jours, à les voir arpenter le boulevard Kottbusser Damm dans leurs jeans slim délavés, presque blancs, et sur leurs sandales à talons pointus, mille bracelets cliquetants aux poignets, je m'étonne qu'elles portent un voile. Et pourtant, ces filles, dans leur majorité, couvrent leurs cheveux et revendiquent haut et fort leur appartenance religieuse. Ça n'empêche pas d'être à la mode, et même un poil frivole dans le choix des couleurs et des tissus. Un grand écart permanent entre culture, traditions, conventions sociales et diktat des tendances.

Berlin m'enchante toujours pour sa diversité. Les femmes ici cèdent difficilement aux sirènes fashion. Évidemment, on a toujours la couleur de l'été ou l'imprimé de l'hiver, mais qui restent des taches, çà et là, dans le paysage des rues. Pas d'uniformisation. Quand je reviens à Paris, je suis toujours frappée par les phénomènes de mode, tous ces « incontournables » des saisons que l'on voit quinze fois par rame de métro. Ne niez pas, chères Parisiennes… Combien d'entre vous ont succombé aux appels de la chemise à carreaux en 2009 ? Ou des *low boots* l'hiver précédent ? Vous êtes souvent très élégantes, mais l'audace, les filles, l'audace, bon sang ! Pourtant, une balade le long des grandes artères de Neukölln, de Kreuzberg ou de Wedding fait assez vite mentir toutes celles qui voient en Berlin un anti-Paris. Les jeunes immigrées, fringuées chez H & M et les dépôts à 5 euros, défilent comme une armée. Ici, Berlin d'ordinaire si tolérante a le regard en coin ; la basse-cour s'observe et s'épie. Gare à celles qui se seraient trompées de dressing.

« La seule solution, c'est de renouveler entièrement ton placard tous les six mois. » Sherazad, 17 ans, a l'adresse idéale pour ça : « Restpost aus London, ou bien Mode aus Paris sur le Kottbusser Damm. » Et pourquoi donc ? Réponse sans hésitation : « Prix cassés toute l'année ! » On accompagne la brunette, tout à coup minuscule face aux rayonnages interminables du magasin, des milliers de cintres serrés-serrés sur trois hauteurs – les fines barres de métal ploient légèrement en leur milieu. Presque accroupie, Sherazad furette au ras du sol. Dans le bazar des débardeurs en dentelle, elle cherche un haut fuchsia ajouré : « C'est pour porter au-dessus d'un tee-shirt à manches longues. Les superpositions, c'est in cet hiver ! » Elle a déjà des faux dos-nus bleu roi et un bustier vert anis qu'elle porte avec un sous-pull col roulé blanc. Le fuchsia ira plutôt avec le noir.

Sherazad ne doute pas un seul instant, dans le dédale mal éclairé de la boutique qu'elle connaît par cœur : elle fait son shopping fringues comme d'autres remplissent automatiquement leur chariot au supermarché. « Il me faut du beurre, du lait… » La lycéenne, elle, a besoin de leggings (noirs ou imitation jean, sombres en tout cas), de cols roulés, de gilets amples qui cachent les fesses… Voilà la seule règle immuable : rester « décente ». C'est pour ça que les débardeurs ne découvrent pas la peau mais un autre tee-shirt porté en dessous, et que les jupes, immuablement, battent les chevilles – jamais plus courtes.

Cette révolution féminine et colorée est récente. Je me souviens des oiseaux tristes, empêtrés dans des manteaux informes en toile grossière que je croisais dans ce quartier les premières années de mon séjour berlinois. À l'époque, qui adoptait un style dit « musulman » renonçait aux coquetteries vestimentaires. Le foulard osait bien quelques motifs, mais souvent démodés et surtout distordus par les plis du tissu synthétique premier prix. Pour le reste, mocassins plats, pantalons larges et grande gabardine masquant toutes les formes. La mode des Turques de Berlin de 14 à 94 ans. On en voit encore évidemment, mais chez les plus jeunes et toutes celles qui ne sont pas encore mariées, une vague pimpante a déferlé.

Le mot d'ordre semble simple : des couleurs jusque sur les voiles ! Comme le fard à paupières vert ou violet, le foulard est devenu un accessoire de mode qu'on assortit évidemment à la tenue du jour, et qu'on customise avec des brillants ou d'immenses sautoirs en perles. Le chic du chic étant de dédoubler le foulard : un premier serré sur les cheveux, généralement sobre, uni noir ou blanc, sur lequel on ajuste un carré de tulle acidulé (jaune vif, turquoise, rose qui pète…) pour un effet vaporeux, moderne et sophistiqué autour du visage.

« Mettre mon voile, c'est comme me maquiller : je souligne ma féminité ! » tranche Afsa, qui vient d'ouvrir son propre salon de coiffure et de beauté à deux pas du Petit Istanbul. Pour 2 euros, elle propose aussi l'épilation des sourcils au fil, méthode traditionnelle en Turquie. La trentenaire s'emballe, tandis que ses doigts manucurés volettent au-dessus de mon visage (bien joué, Afsa, là je ne peux ni bouger ni répliquer, concentrée à contenir les larmes que l'opération ne manque pas de me faire monter… l'épilation au fil est nette et précise, évite les poils incarnés et réduit la pilosité, mais je ne dirais pas qu'elle est indolore, ça non !). Afsa déverse son courroux contre « ces Allemandes mal fagotées » : « Elles sortent à peine coiffées, quasiment jamais maquillées, en jogging parfois ! Quelle honte pour les femmes. » J'en prends aussi pour mon grade : « Tes sourcils, c'est n'importe quoi ! Comment tu peux te regarder dans une glace ? Et puis avec ta nature de cheveux, il faut faire un brushing TOUS les jours, tu entends ? » Chaque fois que je ressors du salon Haargenau (« À un poil près »), Afsa m'a collé tellement de complexes que j'ai l'impression d'être retombée dans l'adolescence.

C'est vrai qu'elles sont jolies, les filles de Kottbusser Tor. Dans la foule d'un Berlin qui mise trop souvent sur le « pratique et confortable avant tout », leurs bijoux, leurs couleurs aux paupières et aux joues, leurs griffes impeccables, leurs petites chaussures étroites éclaboussent et surprennent. Évidemment, les sacs à main sont des contrefaçons à 20 euros, le skaï des sandales fait suer plus que de raison et la laque dans les cheveux, bombés comme des crinières, colle en paquets sur les tempes. Un look *billig*, bon marché quoi ! Mais au moins, elles sortent apprêtées. Enveloppées dans des vapeurs d'un mauvais patchouli certes, mais propres. Ce n'est pas toujours le cas des Berlinoises de la même classe sociale : dans le métro, il n'est pas rare de croiser des filles à tignasse grasse, ongles rongés, pieds sales et râpeux dans les tongs.

« Je sais que cela ne va pas durer, alors j'en profite », me confie Onur, fataliste, en farfouillant dans le stock de tee-shirts à paillettes d'un vendeur du marché turc sur les bords du Landwehrkanal. Vingt ans tout ronds, encore chez sa mère mais avec un petit job suffisamment bien payé pour se lâcher côté garde-robe, Onur résume bien la situation des jeunes Berlinoises d'origine étrangère : « Tant que tu es mineure, tu dois obéir à tes parents ou à tes frères. Bref, tu ne sors pas trop, tu ne t'habilles pas vraiment comme tu veux, tu ne fumes pas. Une fois mariée, tu écoutes ton époux, évidemment. Entre les deux, c'est toi la chef. » Onur, petit pot à tabac adepte des jeans slim bien qu'elle n'ait pas la silhouette adéquate, prévoit même de se voiler quand elle aura des enfants.

Je l'imagine dans une dizaine d'années, plus ronde encore, sur le marché mais cette fois tirant un chariot qui déborde. Cet été, elle entend bien passer ses journées à la piscine en plein air de la Prinzenstrasse, où elle se baigne en bermuda et tee-shirt pour rester « décente ». Mais bientôt, elle ne fréquentera plus les piscines de Kreuzberg ou de Neukölln qu'aux horaires réservés. Peut-être même qu'elle n'ira plus qu'au grand complexe aquatique de la Wienerstrasse, le seul dans Berlin à autoriser les burkinis.

La loi sur le voile

Pays fédéral, l'Allemagne a laissé les différentes régions trancher le brûlant débat sur le voile. Du coup, à chaque *Land* sa législation. La loi berlinoise appartient aux plus contraignantes. Elle interdit formellement le port de signes religieux dans toute l'administration publique. Pas de voile donc pour les policières, les juges, les enseignantes… En revanche, cette laïcité ne s'applique pas aux visiteuses des administrations et aux élèves des établissements scolaires. Porter le voile est donc un acte presque banal dans la capitale allemande, où vivent 220 000 musulmans. La caissière de l'épicerie est voilée, mais aussi la secrétaire de mon conseiller fiscal ou la gynéco qui a fait la visite de contrôle pour m'autoriser à rentrer chez moi après mon accouchement. Elle était d'ailleurs très chic, tout en blanc, avec des Crocs orange.
La plupart des femmes optent pour le foulard couvrant les cheveux, le cou et le haut des épaules. Tchadors, niqabs et burkas, bien que plus fréquents qu'à Paris, restent une exception. Depuis 2009, la piscine publique de Kreuzberg teste le burkini, le maillot intégral pour musulmane : pour l'instant, seules 6 femmes font leurs longueurs ainsi vêtues, indique le porte-parole de l'établissement. « Je dois dire que nous sommes très surpris de ce chiffre. Comme quoi, nous avions une vision déformée des femmes du quartier, plus libérées que nous le pensions. Le burkini semble surtout faire des vagues dans les médias, pas dans nos bassins ! »

Cindy de Marzahn

Un grand coup de pot. Alors que ça fait des mois que je la traque, et qu'à chacune de mes demandes d'interview je me prends un lapin spectaculaire, voilà que je tombe par hasard sur Annemarie Eilfeld. Et je ne peux pas rêver mieux pour aborder avec elle les sujets qui m'intéressent : nous sommes côte à côte… à un stand de vibromasseurs, présentés lors d'une soirée festive organisée aux Galeries Lafayette : 20 % sur tout le magasin, et des jolis messieurs en slip Bikkembergs qui se baladent dans les étages, autant vous dire que toute la basse-cour branchée/friquée de Berlin est là, bien occupée à dévaliser le stock Vivienne Westwood ou Boss Orange, en sirotant des Baccardi-vodka distribués gratos. Aux platines, une drag-queen répondant au doux nom de Gloria Viagra, plumes, boa, leggings fuchsia. Une belle nuit, assurément…

Donc, alors que la vendeuse de Fun Mix, les sex-toys made in Germany exposés ce soir, insiste pour qu'on glisse nos doigts dans le Cobra Libre (un vibro pour homme), ma main effleure celle de Annemarie Eilfeld. Comme pour ses apparitions à la télé, la starlette de 20 ans, découverte lors d'une émission de radio-crochet beaufissime (« You're my heart, you're my soul »… ça vous dit quelque chose ? Mais siiiii, le groupe Modern Talking des années 80 ! Eh bien, le blond du duo, Dieter Bohlen, est la figure centrale du jury de l'émission, c'est vous dire le niveau), a un look, disons, osé… Corset noir lacé rose, minishort et bas résille. Seule concession faite au bon goût : la coiffure, queue de cheval sur la nuque avec une mèche pour dissimuler l'élastique. Pas mal. Mais les ongles ! Pas possible ! Carrés, french manucurés, mais dans une version clinquante, trop lustrée, qui finit par tuer l'effet. Rien à faire, cette fille, pourtant jolie et dotée d'un corps quasi parfait (musculeux et souple à la fois, une grâce de panthère), n'a pas la classe. « La pétasse de l'émission », voilà même le surnom qu'on lui avait trouvé à l'époque de son éphémère gloire télévisée. Théoriquement, je n'aurais rien eu à rajouter à ce jugement. Mais un détail me chagrinait vraiment dans toute cette histoire : c'est qu'Annemarie était insultée à cause de son attitude et de sa dégaine qualifiées de « typiquement est-allemandes » ! Et elle m'avait bluffée, la gamine des quartiers populo qui n'a pas le bac, en répliquant du tac au tac dans la presse de boulevard, photos de nu à la clé : « Nous, les Allemands de l'Est, on n'a pas de problème avec notre corps ! Et je suis fière de ça, fière d'être de l'Est ! » Vingt ans après la réunification, une telle réflexion, de la part de surcroît d'une jeune femme née après la chute du mur de Berlin, rendait incontournable une vraie enquête sur le style des filles de l'Est.

Première étape : l'épreuve éliminatoire de la zappette. Comme dans la tragédie qui s'est nouée autour d'Annemarie, la télé allemande adore mettre en scène des Ossis[1]. Et particulièrement des femmes. Elles ont rarement la langue dans leur poche et en même temps sont toujours un peu touchantes : des clientes idéales pour les réalisateurs de la téléréalité. Mon sens du sacrifice allant jusque-là, j'ai passé l'après-midi devant RTL 2, Pro Sieben, et Sat 1, les principales chaînes privées du bouquet et championnes ex-aequo de la programmation la plus voyeuriste, avec un enchaînement de talk-shows à vous couper le souffle. Je dis ex aequo parce que franchement, au vu du contenu, je suis bien incapable de les différencier. Kevin est-il le père de Melvin, le fils de Jenny ? Ou est-ce son meilleur ami Steve ? Jeanette doit-elle se faire un « piercing intime » contre l'avis de ses parents ? Et là, le choc : toutes ses petites nanas se ressemblent. Des poupées

1. Des petits noms qui ont survécu à deux décennies de réunification… Partout dans le pays, on dit encore « Ossis » et « Wessis » pour désigner les Allemands de l'Est ou de l'Ouest.

Barbie en panne de chéquier, féminines assurément, mais à grand renfort de maquillages et de fringues bon marché, elles frisent le vulgaire. Bref, des dizaines d'Annemarie. Waouh.

À ce stade, une discussion sérieuse avec Ariane Alter s'impose. La jolie Ariane, un poil prétentieuse, toujours à la mode (elle a poussé le snobisme jusqu'à se faire tatouer dans la boutique où va Angelina Jolie), mais ô combien lucide sur les différences Est-Ouest : ancienne miss MTV, elle est l'une de mes consultantes préférées sur la jeunesse allemande d'aujourd'hui. Aller prendre un café avec elle sur la très branchée Kastanienallee vaut lecture de tous les traités de sociologie. « Quand je tombe sur une nana avec des mèches à l'eau oxygénée, hyper bronzée, en plein mois de janvier, spontanément, je ne me dis pas : "Tiens, voilà une Wessi !" mais plutôt : "Mon Dieu, une pauvre pomme d'Ossi !" Inversement, on reconnaît aussi très facilement les Wessis. Tu les grilles direct avec leur tronche petite-bourgeoise, leur air de celle qui n'a jamais vu le soleil ni profité un peu de la nuit. Tu ne penses pas : "Ah, une Ossi", mais : "Oh merde, une Wessi qui passe ses journées à travailler son Mozart sur son orgue électronique !" » Fille de la classe moyenne ouest-berlinoise, enfant de la télé, elle n'en tire pas moins à boulets rouges contre la « boîte à clichés », comme elle l'appelle. Évidemment, les jeunes femmes diplômées, ça existe aussi à Rostock ou à Dresde, et encore plus à Berlin. J'en connais un paquet, des journalistes, des politologues, des historiennes, des diplomates… Et ces Ossis-là ne sont pas psychopathes de la French manucure ! « Tu crois quoi, faut avoir du temps pour écumer les castings de la télé-trash ! » me renvoie Ariane dans les dents. « Dans mon public à MTV, pareil… que des chômeurs ou des gamins en galère d'orientation ! Pas des demoiselles en fac de médecine ! »

Deuxième étape donc : le test de la rue. Je pars ventre à terre jouer au « Ossi ou Wessi ? » dans Berlin. Surtout, garder en tête que les récentes réformes ont assaini les finances publiques au prix d'une purge sociale massive, et qu'il n'y a pas que les Ossis qui ont eu à boire de cette amère potion néolibérale. Bref, la prolétarisation, la paupérisation rampante d'une partie de la population allemande n'est plus l'apanage de l'Est depuis longtemps. Surtout à Berlin, capitale plumée depuis des décennies. N'empêche, pas difficile d'identifier les femmes de l'Est. Et aussitôt, une foule de questions m'assaille : pourquoi (mais pourquoi donc ?) s'accrochent-elles encore ainsi à la minivague ? Ou au jean neige ? Une manucure d'accord, mais faut-il que les ongles en sortent carrés au bout et surtout peinturlurés en violet ou rose fuchsia ? Et je ne parle pas de leur passion pour les tatouages dans le bas du dos, qui font comme des cornes à leur cul quand elles se penchent…

Quelques jours plus tard, encore prise par la fièvre du jeu, j'ai failli mettre en larmes une adorable brunette, maquilleuse pour la télé, rencontrée au hasard du tournage d'une émission. Jupe courte en jean, bottes, col roulé noir, Tia, si discrète, c'était pourtant l'anti-Annemarie, mais il y avait je ne sais quoi dans la coiffure qui ne laissait aucun doute sur la région d'origine de la miss. « Toi, tu as grandi à l'Est, non ? » Ma Tia, si polie, a viré pivoine, option trouvez-moi-un-trou-de-souris. Maintenant on en rigole, elle et moi, mais sur le coup elle en avait gros sur la *Kartoffel*. « Mes parents se sont forcés pendant des années à ne pas parler avec l'accent saxon à la maison, de manière à ce que mon frère et moi ne soyons pas stigmatisés dès qu'on ouvre la bouche. Et toi, tu le vois tout de suite ! » Ce jour-là, j'ai ramé comme une folle pour la rassurer : « Non, mais c'est parce que vous êtes plus directs, vous, les gens de l'Est, moins superficiels aussi, vous regardez le fond des choses… » « Plus directs ? Ça, c'est clair ! Natures comme des yaourts bulgares, oui ! » Ariane en rajoute une couche lors de notre rencontre suivante dans un salon de thé cosy de Prenzlauer Berg. « Tu me diras, nous, on se pose bien trop de questions. Regarde pour la drague… les Ossis sont plus libérées, au risque de passer pour des filles faciles. Nous, faut toujours qu'on se demande si le type est bien, d'où il vient, que font ses parents, quelle réputation il pourra nous donner, etc, etc. Des belles chieuses, quoi ! »

Troisième et ultime étape de l'enquête : l'épreuve du terrain. Je suis partie à Marzahn. Quartier du grand Est de Berlin, Marzahn est synonyme de désœuvrement, d'isolement, de dépeuplement, bref, de tous les maux qui accablent certaines régions de l'ancienne RDA depuis vingt ans. Depuis quelques années, Marzahn est inévitablement associé à Cindy. « Cindy de Marzahn », alias Ilka Bessin, une comique qui aime bien dire qu'elle souffre d'Alzheimer-boulimie : « Tu te baffres toute la journée, et le soir tu oublies de vomir ! » Pendant ses quatre années au chômage puis au RMI, elle a pris trente kilos. « Il m'arrivait de passer quarante-huit ou soixante-douze heures au lit, à regarder des talk-shows. » Et puis un jour, elle se prend en main, et fait quelque chose de fou : lassée de la regarder sans rien faire, elle décide d'entrer à la télé et postule à une émission de nouveaux talents du rire. Bingo ! Elle remporte la saison. C'était il y a quatre ans. Aujourd'hui, Ilka joue chaque soir à guichets fermés. Son spectacle raconte dans le détail le quotidien d'une trentenaire de Marzahn.

Elle reconnaît qu'au début, pour percer dans le show-biz, elle y est allée un peu fort, dans le style surtout : leggings roses, tee-shirt ventre à l'air, permanente peroxydée, savates à talons compensés et ongles écaillés. Une caricature des classes populaires ? C'est vrai, Cindy et elle sont des Ossis. La comédienne est née et a grandi dans une petite ville à une heure au sud de Berlin, dans le Brandebourg profond, frappé de plein fouet par le chômage dès le début des années 90. C'est le temps des petits boulots, des attentes interminables au « job-center » (avec son accent populo, Cindy dit « yôôôp-center »). « Mais j'aurais tout aussi bien pu appeler le personnage Kiara de Düsseldorf ! »

N'empêche, moi, j'ai fait la route jusqu'aux barres de Marzahn, au bout de l'allée des Cosmonautes, et au fil des stations de tram, les Cindy se faisaient de plus en plus nombreuses. Dans ces arrondissements, 45 % des habitants ont un problème de surpoids. Ici vivent 10 % des mères célibataires de la ville et 38 % des mères de moins de 25 ans. Pas de père, pas d'argent, c'est la double damnation des gamins de Marzahn qui jouent à la balançoire dans le vent. Le quartier a perdu presque 40 % de sa population en vingt ans, alors il a bien fallu détruire quelques immeubles, et entre ceux qui restent – parfois amputés des étages supérieurs – s'engouffrent les rafales. Au pied des cages d'escalier, les feuilles tourbillonnent, prises au piège de minitornades. Tout autour, la nature à perte de vue, le Brandebourg et ses prairies, dans le lointain, quelques forêts de conifères. Du temps du Mur, le quartier était un rêve urbanistique et idéologique, un havre de confort (salle de bains et eau chaude dans tous les appartements !) où l'ouvrier et l'ingénieur se côtoyaient. Mieux encore, ils vivaient ensemble, au rythme des heures de travail, identiques pour tous. Le chômage a tout bouleversé. Une grande partie des habitants a choisi de partir, les autres tuent leur ennui au centre commercial Eastgate, à côté de la gare de S-Bahn.

Criiii, blinguebIang, criiii... et au-dessus la voix de Rihanna. C'est la bande-son du Eastgate, de la pop grand public et des caddies vides qui grincent sur le carrelage luisant. Seules les caisses du Lidl font carton plein. Sinon, les chômeurs déambulent en poussant leur chariot, mais sans jamais rien acheter. « Le rêve capitaliste, ironise Martina. Tout est à notre portée, maintenant, il n'y a plus de pénurie, mais pas non plus d'argent pour payer ! » Elle, à 42 ans, s'estime bien lotie : elle a un petit job de secrétaire dans une auto-école. D'ailleurs, il faut qu'elle file, juste le temps pour un dernier conseil : « Parlez aux gens d'ici, ils ne sont pas si malheureux. Le quartier a une réputation terrible, mais à part qu'on s'y ennuie, ça pourrait être pire ! » Taille XXL assumée voire soulignée par le rouge pétant de la robe, mèches bleu électrique encadrant le visage bouffi, avec sa gouaille et sa joie de vivre, elle me rappelle le personnage central du dernier film de Doris Dörie, *La Coiffeuse*. L'histoire d'une mère divorcée obèse, reine de la couleur et du casque à permanente, qui décide de sortir de la spirale du chômage en créant son propre salon, au cœur du même Eastgate. Le film entier est une ode à la mode hasardeuse des femmes de Marzahn, à leur amour pour les mèches et les minivagues, les tenues criardes et les boucles d'oreilles qui brinquebalent en cliquetant. Mais surtout un chant à la gloire de ces éternelles combattantes, grandes gueules attendrissantes, tête haute malgré les soucis.

J'en étais donc là, ce soir-là, quand je suis tombée sur Annemarie Eilfeld au stand des vibros. Tout à coup, je n'avais plus de questions à lui poser. Et elle m'a semblé moins vulgaire. On a donc parlé sex-toys avec la gentille vendeuse de Fun Mix au look si ouest-allemand. Et de nous trois, c'était Annemarie la plus coincée.

Petite leçon de berlinois

Il n'est pas rare de tomber sur des Berlinois s'exprimant avec le fort accent des titis d'autrefois, voire utilisant des mots spécifiques à la région. *A fortiori* quand on s'aventure dans les quartiers populaires. Longtemps fermé sur lui-même, le grand Est parle encore beaucoup comme cela.
Il faut un peu d'entraînement pour tout comprendre, mais il est assez sympa à entendre.
1. Pour passer inaperçue dans la grande ville, oubliez les *g*. La consonne disparaît ou plutôt devient *j* ou *y*... Exemple : *gut* se prononce *jut* (« youte »).
2. Le *ch*, lui, vire au *ck* : *Ick lieb'dir* disent donc les gens d'ici (on prend aussi des libertés avec l'accusatif).
3. Le *s* se prononce *t* : *wat ?* au lieu de *was ?*
4. Une dernière pour la route : le *ei* (« aï ») se transforme en *ee* (« éééé ») comme pour « ma petite », *meene Kleene*.

Nouvelle vague

Héhé, je prépare mes heures de gloire, quand je raconterai à mes petits-enfants que j'ai eu 20 ans, puis 30 ans, dans le Berlin du tournant de ce siècle. À ce qu'il paraît, c'est la ville du moment, souvent comparée au New York des années 70. *The place to be*. D'ailleurs, toute cette jeunesse dorée qui débarque du monde entier pour en jouir le temps d'un week-end ou plus ne s'y trompe pas. Berlin rime avec extravagance, énergie, créativité. Le fantasme des artistes en tous genres. « Ouaiiis, tu vois, ici, il y a des ondes, on ressent un esprit culturel incroyable, on est là et tout de suite il se passe quelque chose en toi. C'est formidable ! » martèle, l'air sérieux, une grande photographe blonde croisée, verre à la main, dans une soirée. La ville regorge de ce genre d'oiseaux qui ne réalisent jamais rien, « mais être à Berlin, tu vois, ça suffiiiit pour nourrir ton œuvre jusqu'à ta mooort. Tu créeras plus tard. Là, mieux vaut ouvrir tes yeux… » Ouaiiis… ?! N'empêche, quand je croise Klaus, le mec de ma copine Julia, le père de son fils, pseudo-réalisateur de 50 ans, qui n'a pas tourné depuis des années et qui se tourne les pouces en attendant l'inspiration, je me dis qu'il y a des baffes qui se perdent. Si encore il s'occupait du petit…

Parmi tous ces artistes, ces créatifs, il y a de plus en plus de stylistes. En dix ans, huit cents marques ont été créées ! Berlin, nouvelle capitale de la mode ? On est loin du glamour, du raffinement, du luxe des scènes parisienne ou milanaise. Mais le « made in Berlin » fait incontestablement son chemin, label sous lequel trois cents créateurs font déjà leur promo. Par exemple, Leyla Piedayesh, à la tête de Lala Berlin : « Lala, c'est moi, mon surnom depuis toujours, explique la fille d'exilés politiques iraniens, aujourd'hui quadra rigolote, voix rauque et ton souvent ironique Et Berlin, ben, c'est Berlin… Ce que je fais, je peux le faire uniquement parce que je suis à Berlin. C'est pour cela que je reste. Il y a une incroyable liberté, ici. De l'espace physique, de la place, mais aussi de l'espace dans les têtes. »

En 2004, après des études d'économie-gestion et une première vie de journaliste musicale à MTV, elle tricote une collection de chauffe-poignets présentée par un salon de prêt-à-porter. (NB hyper important : les chauffe-poignets, tout comme les chauffe-reins, sont des éléments centraux de la garde-robe berlinoise, car si tu veux porter des manches trois-quarts en hiver, tu as intérêt à prévoir de quoi colmater les courants d'air qui rentrent par le bas des manches de ton manteau... idem pour les chauffe-reins, qui sauvent plus d'une soirée en jupe et joli gilet à trous-trous.) Six ans plus tard, Claudia Schiffer posait en cardigan Lala Berlin dans *Vogue*, et la marque vend aujourd'hui dans une soixantaine d'enseignes en Europe, aux États-Unis, au Japon, à Hongkong et en Corée. Pour que la maille nous aille, Leyla choisit les fils les plus subtils, soie, lin, cachemire et mérinos tous tricotés avec soin dans son atelier de Mulackstrasse. Sa dernière collection a fait les grandes heures et les gros titres de la fashion week : un ensemble de caftans colorés conçus comme « le voyage de Kurt Cobain en Afrique », dévoile-t-elle post-défilé. Ses copines/concurrentes de Kaviar Gauche, la marque aux robes vaporeuses, avaient opté pour le rock rugueux de Rammstein. Plus « made in Berlin », tu meurs.

Lala, Barbara en est gaga. Elle commence à la rentrée sa scolarité dans l'une des neuf écoles de mode de Berlin. Les portes des défilés de la fashion week restent encore fermées pour elle cette année. « Mais j'ai pu m'incruster à une soirée, c'est déjà bien ! » La brune en soupire d'aise, dégainant un mini-appareil photo. Les choses sérieuses commencent. Ligne 5, gare d'Alexander Platz, une cinquantaine de designers exposent leurs modèles, et c'est ouvert à tous. Le quai est comme un long podium, la musique résonne sous les arches métalliques de la station. Le flash de Barbara crépite. Évidemment, ici c'est du prêt-à-porter, et même du streetwear pour beaucoup. Ce sont les recalés qui défilent là, ceux qui n'ont pas encore été retenus par Mercedes

Benz, l'organisateur-sponsor de la fashion week. La foule se presse comme aux heures de pointe, ruée, cohue dans la sueur d'une fin d'après-midi de canicule sur Berlin. Barbara file ensuite sur Kastanienallee, rebaptisée Casting Allee pour son incessant va-et-vient de silhouettes et d'allures. « De l'inspiration pour mes créations ! » La jeune femme de 24 ans élabore des sacs et des portefeuilles en grosse toile, qu'elle vend sur le marché aux puces de Mauerpark le dimanche. Elle y croit fort. À l'écouter, la prochaine Lala s'appellera Baba. Aha (onomatopée sceptique). Un rêve qu'elle partage avec cinq cents autres Berlinois… chaque année !

Malgré l'écrémage des débuts, on estime que 60 % des diplômés des écoles de mode persistent dans le secteur, portés, grisés même peut-être, par la douceur berlinoise. Dans cette ville si bon marché, la pression de la réussite est moindre. De surcroît, entre 2005 et 2008, la capitale a investi 3 millions d'euros dans le soutien aux créateurs. Sans compter les aides indirectes, comme les utilisations d'espaces à titre gracieux – pour dynamiser certains quartiers. Même Johanna Kühl et Alexandra Fischer-Roehler de Kaviar Gauche l'avouent : à Paris ou à Londres, sans capital, elles ne seraient arrivées à rien. À Berlin, c'est envisageable.

« Envisageable. Le mot est juste. » Madame le professeur a le regard sévère, elle enseigne dans l'une des grandes écoles de mode de la ville et souhaite rester anonyme car quand elle commence, on ne l'arrête plus. Même les enseignants d'un collège de zone sensible doivent être plus sympas avec leurs élèves. « Le problème de mes étudiants, c'est qu'ils pensent qu'il est *possible* de réussir seulement avec du talent ! Leur entourage aime ce qu'ils font, alors ils croient avoir le potentiel d'un Karl Lagerfeld ! Ces jeunes sont incroyablement suffisants. Vivre à Berlin les enferme dans une “coolness” absolument destructrice. Ils nous méprisent presque quand on arrive avec des cours de marketing, de gestion de la production. Pour eux, ça briserait leurs dons de parler de ces choses terre à terre. »

Elle insulte quasiment la municipalité et sa politique « nonchalante ». On cocoone trop les créatifs, dans cette ville ! Ce n'est pas comme ça qu'on fera venir les investisseurs, et avec eux, une population à fort pouvoir d'achat. « Ben, oui, CQFD, s'il n'y a pas de businessmen, il n'y a pas d'argent, pas de bons salaires, pas de riches, pas de clients pour des robes haute couture ! » Elle n'a pas tort, madame le professeur, si glaciale malgré sa coupe branchouille (la *Pilzkopffrisur*, « coupe champignon », version moderne du bol des Beatles, est furieusement tendance dans le Berlin nouveau). D'ailleurs, la ville semble s'en rendre compte. Sous le nom prometteur de « Create your own fashion business », elle vient de créer une bourse de 25 000 euros (plus le soutien de professionnels du secteur au moment de la création de l'entreprise) récompensant à la fois le meilleur projet de collection et le meilleur business-plan.

Pulver a été pulvérisé. Unrath & Strano aussi. Tout comme Macqua ou Scherer-Gonzales. Le Tout-Berlin fashion bruisse encore de ces plantages. Droit dans le mur. Au lieu d'étoiles montantes, et Dieu sait si on leur a tressé des couronnes de laurier, à ces nouveaux noms, on a eu droit au show des étoiles filantes, au grand spectacle macabre des météorites qui s'écrasent. Berlin, si accueillante, peut aussi être cruelle. La loi implacable de la sélection naturelle. Sur Kastanienallee, dans les show-rooms, le turn-over des marques file le tournis. « Quand tu déniches un truc qui te plaît, achète ! La marque n'existera peut-être plus dans un mois ! » me conseille une amie, passionnée de fringues, experte toutes catégories du shopping dans Mitte. Quel que soit le prix ? C'est vrai, le made in Berlin a souvent la grosse tête et fait payer plus que de raison son adresse dans le centre ! Une petite robe noire taillée dans un smoking pour 500 euros ? Moi, je rebrousse chemin. Mais j'ai tort, selon ma copine : « Toujours tenter de négocier. Si le designer est au bord de la faillite, vendre une pièce même bradée peut lui sauver la mise. » Règle numéro 3, enfin : « Ne jamais céder au tout-compris. En clair, tu laisses les ensembles complets aux mannequins des vitrines. Toi, tu fais du "touche par touche". Ta robe de designer, elle sera chic, mais seulement avec une veste en jean C & A, une veste neige effet eighties serait encore mieux. »

Mais alors, quoi, même les *fashion victims* seraient gagnées, tôt ou tard, par le pragmatisme ? De vraies Berlinoises en somme, ces débarquées des quatre coins d'Allemagne ou du monde, qui gardent toujours les pieds bien sur terre ! Les filles du nouveau Berlin rêvent de fêtes sans fin, de cocktails au prosecco (le mousseux allemand, le Sekt, ça fait trop prolo), de carrières éclatantes dans les arts, mais mine de rien, la prudence chère aux femmes de Berlin depuis des siècles les habite. Même constat chez les designers. « Ce n'est pas vraiment un hasard si les marques qui marchent sont tenues par des femmes : elles commencent plus modestement, se laissent moins vite emporter par le tourbillon des premiers succès, constate Tanja Mühlhans, chargée du développement de l'économie dite "créatrice" à la mairie. Elles parlent d'elles comme des entrepreneurs et non pas comme des stylistes. » Elisabeth Schotte, Franziska Piefke et Therese Pfeil incarnent bien cet esprit rationnel jusqu'au bout des ongles. Pulver, c'était elles. Leur atelier/

studio/magasin sur Torstrasse attirait le Tout-Berlin pour des soirées intello-élégantes, autour de leurs collections aux thématiques ultra-pointues (Hélène de Troie, Marie Curie, Orlando de Virginia Woolf ou la Marguerite de Boulgakov). Du sobre, mais original dans les détails, une affirmation de la force des femmes jusqu'à les rendre sexy en diable. Pulver avait du potentiel, mais « on en a eu assez de courir les salons. Paris, Prague, Tokyo… toujours être sur la brèche, inventives, avec le risque de décevoir ! On marchait très bien à l'étranger. Nous, on voulait une vie plus calme, à Berlin. Alors on a dissous le label. Pour l'instant on souffle, mais on rouvrira bientôt une petite boutique à Kreuzberg. Un truc familial », révèle Elisabeth Schotte, brunette presque timide avec son côté *girl next door* un peu ronde. Leur consœur Constanze Gonzales, du label Scherer-Gonzales, a choisi elle une réorientation moins conventionnelle : on la disait ambassadrice du nouveau glamour à l'allemande, elle a tout lâché pour suivre une formation… de dentiste !

Choses vues au marché des designers

– des cabas en toile avec un hamster imprimé dessus ;
– des tee-shirts avec le même hamster (c'est la marque Cuy-Cuy) ;
– des chapeaux insolemment posés sur l'arrière du crâne ;
– des lunettes de soleil XXL ;
– des pantalons feu de plancher ;
– des robes en jersey à capuche ;

– encore des cabas en toile, mais avec un imprimé Fernsehturm, la tour de la télé symbole de l'ex-Berlin-Est ;
– des tee-shirts avec des slogans politiques peints à la main ;
– tiens, encore des robes en jersey à capuche ;
– des repettos Zizi Jeanmaire aux pieds d'une réplique miniature d'Agyness Deyn ;
– encore des repettos Zizi Jeanmaire aux pieds d'un grand gaillard avec un gosse sur les épaules ;
– diable, encore des robes en jersey à capuche, cette fois à imprimé liberty ;
– des jupes boules en tulle, des jupes boules en organza, des jupes boules en soie ;
– des pantalons larges, en coton bio, vendus par une quinqua à dreads ;
– des baluchons en toile hippie-chic avec – encore – la tour de télé ;
– des tee-shirts noirs avec application flashy, des robes noires avec application flashy, des pulls noirs avec application flashy, des sacs noirs (en toile !) avec application flashy ;
– des tongs, des Birkenstock, des tennis vintage, des boots avachies et des pieds nus ;
– des imprimés fleurettes sur sacs, tee-shirts, jupes et chemises ;
– et... une pintade mâtinée échassier, avec sabots vertigineux, chaussettes de footballeur et minirobe noire (sans capuche !).
Conclusion : au marché des designers de Kreuzkölln, qui se tient une fois par mois l'été, le long du canal (entre Kreuzberg et Neukölln), les filles aiment les robes jersey à capuche impression liberty qui, associées à leur cabas en toile aux applications flashy, leur font un style hip-hop baby doll. Quant aux garçons, ils ont un look de zazou. Tout ça, évidemment, au ras du sol... Une seule élégante sur talons suffit pour un happening comme celui-là. Faudrait pas faire exploser les statistiques.

Quelques designers made in Berlin

Berlin Fashion Network

Hackesche Höfe, Hof 3, Rosenthaler Strasse 40/41,
Mitte – 030 40529818

Commencez votre virée shopping dans ce concept store qui rassemble une centaine de marques 100 % berlinoises. « *Support your local hero* ! » dit le slogan de la boutique. À n'importe quel prix ? Certains designers abusent un poil de la renommée du made in Berlin. Mais au moins, ici, on peut comparer les étiquettes !

Kaviar Gauche

Linienstrasse 44, Mitte – 030 44045430

Avec un peu de chance, ce sont Johanna Kühl et Alexandra Fischer-Roehler, les deux Stella Mac Cartney de Berlin, qui vous accueilleront en personne dans la boutique.

Lala Berlin

Rückerstrasse 10, Mitte – 030 65795466

Leyla « Lala » Piedayesh, la grande prêtresse de la maille, officie ici. On se délecte de ses longs pulls en mérinos, de ses robes tuniques en soie extra-fine. Prix en nette hausse depuis deux ans. Mais on trouve aussi quelques accessoires sympas et bon marché.

Michalsky

Potsdamer Platz 4, Tiergarten – 030 26933280

Michalsky joue dans la cour bling-bling, dans la lignée de D & G ou de Christian Audigier. Pas très berlinois en soi, malgré son appellation 100 % d'origine contrôlée. Mais ses partenariats avec des marques de prêt-à-porter font toujours mouche.

Mein Laden
Böckstrasse 26, Kreuzberg

L'anti-Michalsky par excellence ! La designer a choisi des coupes simples et des tissus à imprimés naïfs pour un rendu streetwear hippie chic qui vaut le détour. Prix aussi sympathiques que la collection, sauf pour les accessoires, sur lesquels il y a vraiment de l'abus. (Je l'ai signalé plusieurs fois à la créatrice, si vous y allez vous aussi, continuez le combat, un de ces quatre, on arrivera peut-être à faire tanguer les étiquettes !)

Scherer-Gonzales
Skalitzer Strasse 62 (1er étage), Kreuzberg – 030 61789630

Le label glamour chic a fait faillite et liquide maintenant ses collections. Go, go, go ! On ne sait pendant combien de temps il restera des pièces !

Virées shopping entre copines... Quelques quartiers où chacune trouve son bonheur !

Le quartier autour des Hackesche Höfe à Mitte
(Münzstrasse, Alte Schönhauser Strasse et les petites rues de traverse)

Avec, en vrac, les boutiques : Camper, Lacoste, Comptoir des cotonniers, American Apparel, Fred Perry, Pepe Jeans, APC, Adidas Originals, EastBerlin…

Pour les nouveaux designers

Arpenter la Bürkner Strasse (Neukölln) ou la Kastanienallee (Prenzlauer Berg)

Pour le shopping chic

Descendre la Friedrichstrasse de Unter den Linden vers Checkpoint Charlie (Mitte)

Vous avez tout : Armani, Hugo Boss, Hermès, et surtout les Galeries Lafayette et la galerie « Quartier 206 » attenante, avec toutes les bonnes marques de lingerie, maroquinerie, parfumerie et prêt-à-porter qui plombent nos comptes en banque. À deux pas, le concept store The Corner vaut aussi le détour (au coin de la Französische Strasse et de la Markgrafenstrasse).

Autre artère de shopping

Le Kurfürstendamm (Wilmersdorf)

Pour les grands magasins Kadewe et Peek and Cloppenburg (choix de marques à tous les prix), mais aussi H & M, Zara, Mango…

Pour les basiques pas chers qu'on adore

Alexa, sur l'Alexander Platz (Mitte)

Un immense mall à l'américaine, hideux et dégoulinant de mauvaise musique pop, mais avec toutes les marques qui font le bonheur des pintades en ces temps de mondialisation. On rhabille la famille entière en moins de deux. À éviter absolument en fin de semaine. Ou alors vous comprendrez pourquoi Alexa est parfois surnommée « enfer sur terre ».

La Mecque du vintage

Avis à toutes les pintades ! Vos plumes vont en prendre un coup, car la règle du jeu est sans pitié : si tu veux trouver ton bonheur rétro, il va falloir plonger dans des tonnes de fripes qui puent la poussière. Mais les connaisseuses sont formelles, une fois passée la phase des éternuements, Berlin est un paradis. NB : pour ne pas vous retrouver le bec dans l'eau face à une porte close, préférez le shopping l'après-midi, toutes ces boutiques ouvrant assez tard (11 heures, voire midi).

Paul's Boutique

Oderbergerstrasse 45, Prenzlauer Berg – 030 44033737

Waouh ! Que des grandes marques internationales à prix cassés ! Miu Miu, Dior, YSL, Alexander Mc Queen, Comme des garçons… De la seconde main de première main, en quelque sorte !

VEB Orange

Oderbergerstrasse 29, Prenzlauer Berg – 030 97886886

La boutique culte de la parfaite Ostalgique est au passage un ravissement pour les yeux, avec ce plastique dégoulinant de partout, ces couleurs criardes et ces abat-jour à frange. Le bazar se veut aussi petit musée de la vie quotidienne à l'est du Mur. Amusant, et on trouve toujours une bricole à acheter !

Stiefelkombinat

Eberswalder Strasse 20-21, Prenzlauer Berg – 030 4407171

Ici, le vintage, c'est une industrie ! Énorme choix de vêtements des années 30 à 80, y compris les chaussures, répartis sur deux magasins (un troisième se trouve sur Oderbergerstrasse et est ouvert le dimanche, pratique quand on sort des puces de Mauerpark). Tout est merveilleusement bien trié, par couleur ou genre. Enfin une friperie qui ne ressemble pas à un grenier !

Flohmarkt am Mauerpark
Bernauer Strasse 63-64, Prenzlauer Berg –
0176 29250021

Les puces les plus bobos de la capitale, mais aussi les plus prometteuses : les vendeurs proposent de la qualité et beaucoup de choix. Gros stock de vintage seventies. Beaux manteaux de fourrure aussi. Tous les dimanches. En sortant, faites un tour au karaoké en plein air improvisé dans l'amphithéâtre du parc. Bondé ! Unique !

Colours
Bergmannstrasse 102, Kreuzberg – 030 6943348

La friperie peut-être la plus connue (et la plus grande ?) de Berlin. Elle se trouve dans l'arrière-cour, au premier étage. On y trouve de tout et on paie au kilo (13,99 euros). Happy hour le mardi !

Lunettes Brillenagentur
Marienburger Strasse 11, Prenzlauer Berg –
030 34082789

Pour vous allécher, je dirai simplement ceci : c'est ici que la plupart des réalisateurs qui tournent aux studios Babelsberg (Polanski, Tarantino…) se fournissent en lunettes d'époque.

Calipso Schuhe
Rosenthaler Strasse 23, Mitte – 030 28545415

Orgasme podologique assuré !

Coiffeurs à la mode de Berlin

Quelques adresses *typisch* du grand carnaval capillaire de la capitale allemande !

Scratch'n cut
Gleimstrasse 21, Prenzlauer Berg – 030 44044673

Vous pensez entrer dans un Hard Rock Café ? Raté, c'est un coiffeur !

Spliss
Wolliner Strasse 18, Mitte – 030 43200523

Coiffeur le jour, boîte la nuit…

Vokuhila
Kastanienallee 16, Prenzlauer Berg – 030 44342513

Déco RDA pur jus pour ce salon/galerie qui se la pète un peu, mais les pintades qui manient l'ironie et le second degré trouveront matière à bien rigoler !

Kiezschnitt
Dieffenbachstrasse 11, Kreuzberg – 030 66407692

Mon salon de coiffure, avec Desiree, Antje et pleins d'autres artistes farfelus mais sympas.

Et pour celles qui veulent un travail de maître, l'intervention d'un visagiste, du relookage complet en vue d'un mariage...

Udo Walz
Kempinski-Plaza, Uhlandstrasse 181-183, Wilmersdorf – 030 8827457
Ou Friedrichstrasse 185, entrée par Mohrenstrasse 14, Mitte – 030 20623994

Udo Walz est le coiffeur des stars allemandes. J'ai fait le tour de mes connaissances berlinoises : on ne connaît personne qui va se faire coiffer chez lui ! En revanche, les riches provinciales de Munich, de Francfort ou de Cologne adorent aller voir Udo lors de leurs passages à Berlin. Liste d'attente de deux mois environ pour être coiffée par le maître, mais il y a toujours la possibilité de faire confiance à ses employés, qui assurent comme il se doit. (Et cela coûte moins cher, environ 60 euros pour un shampoing-coupe-brushing. Le maître prend entre 120 et 200 euros.)

Dzwikowski
Unter den Linden 17 (entrée par la Charlottenstrasse), Mitte – 030 20674990

Autre salon de beauté/coiffure/visagiste. Très professionnel, on vous consacre le temps qu'il faut. Comptez 130-150 euros pour un relookage complet, maquillage compris.

Pintades en amazone

Les hommes ont détruit cette ville et les femmes l'ont reconstruite, alors c'est pas pour un trou dans un mur que j'ai besoin d'un mec !

Les hommes ? Pour quoi faire ?

« Bonjour, je suis une pintade, et vous, vous êtes une *Weiber*, on devrait bien s'entendre, non ? » J'aborde mon entretien avec Katja von der Bey extrêmement décontractée. *Weiber* est un vieux mot allemand, un poil péjoratif, pour désigner la femme. Par exemple, la commère de Marivaux aurait sans doute été une *Weiber* Outre-Rhin. Mais revenons à Katja. Exception faite des rides au menton dont elle est (heureusement) privée, elle ressemble étrangement à Angela Merkel : même coupe, même tailleurs colorés, pas de bijoux sauf un collier de perles.

Elle siège au directoire d'une drôle de coopérative, en plein centre de Berlin : la Weiberwirtschaft, l'économie des commères. « Nous utilisons très volontiers ce mot. Oui, nous sommes des femmes, des gonzesses, des commères... Mais qu'importe comme on nous appelle ! L'essentiel est que nous avons du potentiel, nous sommes fortes, nous sommes indépendantes. » Des femmes qui s'auto-attribuent un nom d'oiseau et qui en jouent pour mieux s'affirmer ? Je suis tombée sur un vrai nid de pintades !

Un gigantesque nid, même... Sept mille mètres carrés, trois arrière-cours en enfilade : avant la réunification, les hauts murs de briques ocre et safran abritaient une usine de cosmétique. Rouges à lèvres et fards à paupières pour toutes les camarades du bloc communiste ! Avec ce clin d'œil à la prétendue superficialité des femmes, les Weiber ne pouvaient rêver meilleur endroit pour commettre leur terrible méfait : créer la plus importante pépinière d'entreprises 100 % féminines d'Europe. « Au début des années 90, il régnait une atmosphère de tout-est-possible. Mais assez vite, les femmes ont constaté que les hommes jouaient au Monopoly dans cette ville ! Si nous n'agissions pas nous-mêmes, nous allions une fois de plus être les pintades de la farce. »

La coopérative achète donc les locaux de la Anklamer Strasse et, sous la direction d'une architecte, entreprend la rénovation de l'immense bâtiment : « Sur le chantier, évidemment, il y avait des hommes. Mais nous avons essayé de travailler avec des entreprises dirigées par des femmes. » Le coût : 18,6 millions d'euros, financés grâce à des prêts bancaires et aux aides fédérales à la réunification. La coopérative s'installe au cœur du nouveau Berlin, à une centaine de mètres de l'ancien no man's land, envahi par les herbes folles. Un peu au nord, il s'élargit et se discipline en un parc où la jeunesse branchée et les familles de bobos du quartier se retrouvent les dimanches pour flâner aux puces et s'éclater sur les balançoires pour adultes – pieds ballants et cheveux dans le vent au-dessus de la ligne du Mur ! Le bien-nommé Mauerpark (« parc du Mur ») concentre tout l'esprit de la ville : pelouses râpées mais sur lesquelles il est autorisé de faire des barbecues, graffitis et designers, coiffeurs brésiliens ambulants (5 euros la coupe improvisée sous un bouquet d'arbres, comme sur la plage de Copacabana !), acrobates, dealers et punks, grands et petits enfants, et un karaoké géant en plein air organisé par un Irlandais qui rassemble plusieurs centaines de spectateurs chaque semaine, des milliers les après-midi d'été.

À la Weiberwirtschaft, l'ambiance est plus studieuse. Ça bosse dur. La coopérative accueille soixante-dix entreprises, toutes créées et gérées par des femmes. Des avocates, des conseillères financières, des kinés, une vitrière, une agente de DJ et, au rez-de-chaussée de la première cour, une auto-école… Hé, mais là, je ne me trompe pas, c'est un homme, non ? Grande barbe à la ZZ Top sur crâne chauve à la Kojack, il trie des guides de voyage dans la grande librairie sur la rue. Explications de Katja von der Bey : « Oui, les chefs ici sont toutes des femmes, mais certaines ont des salariés et on accepte les hommes, évidemment ! » Ça la rend toute rose de fierté, cette histoire. Une qui fait la modeste, en revanche, c'est la patronne de la librairie. Une petite quinquagénaire aux pommettes rebondies qui me fait tout de suite penser aux bonnes fées de la Belle au bois dormant de Disney. À la réunification, elle s'est retrouvée sans mari et sans travail, avec deux jeunes enfants. Elle a frappé à la porte des Weiber et a monté son affaire : une seule étagère au début, « au maximum un mètre de livres sur du mobilier Ikea », précise Katja. Mais Solway Herschel, planquée derrière une pile de bouquins, minimise son succès : « Ça vaut le coup de se mettre à son compte. Quelle aventure ! Mais c'est difficile tous les jours, aujourd'hui encore. Le loyer ne nous est jamais offert ! »

Pourtant, les Weiber appliquent des tarifs préférentiels pour les créatrices d'entreprises, 50 % de remise sur le loyer les six premiers mois, 25 % le reste de la première année. Déjà qu'à Berlin, l'immobilier est bon marché… Bref, ici, on dégotte un petit bureau pour 230 euros (120 au début), un atelier de 80 mètres carré pour 1 000 euros. Quoique… dégotter n'est pas le mot, car la liste d'attente est longue. « Rien de libre avant plusieurs mois », semble s'excuser Katja. Elle m'emmène au fond de la dernière cour, nous nous faufilons à travers une porte au chambranle étroit, descendons un petit palier, nouvelle petite porte, un jardinet aux herbes hautes, et elle désigne des petits locaux sombres. « Même ici, c'est occupé. » Au retour, détour par le jardin d'enfants : soixante-neuf petits pris en charge toute la journée. Je me prends à rêver d'une crèche ouverte après 17 heures… Et si je louais un bureau ici ? « Les femmes qui travaillent chez nous ont une place garantie pour leurs enfants. Mais la plupart préfèrent les laisser dans une structure à côté de chez elles, comme ça, les papas aussi peuvent s'en occuper ! » Ah oui, pas bête, j'abandonne l'idée.

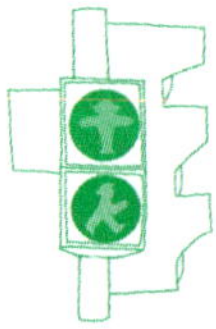

Famille et carrière : le choix cornélien des femmes allemandes. À Berlin, la situation est meilleure qu'ailleurs, car le modèle familial de l'Est où papa ET maman travaillaient a laissé des traces ; la ville est assez bien dotée en crèches, garderies et autres jardins d'enfants. Et surtout, les esprits ne s'échauffent pas (en tout cas, beaucoup moins que dans les autres grandes métropoles du pays) quand une jeune mère reprend le chemin du bureau quelques mois après avoir accouché. Le taux d'activité des femmes est de 69,8 % (64 % au niveau national), 57 % chez les mères de famille. « N'empêche, quand je suis tombée enceinte de mon deuxième enfant, j'ai préféré me mettre à mon compte plutôt que d'affronter le DRH, me raconte une des femmes de la coopérative. Je ne dis pas que c'est plus facile, mais au moins, maintenant, je m'organise comme je le souhaite. » D'une manière générale, Berlin est une ville de travailleurs indépendants ; dans mon immeuble, à chaque étage, on trouve quelqu'un qui travaille à domicile !

Katja von der Bey a bien étudié le phénomène. Elle salue cet esprit d'entreprenariat, mais elle souligne que, dans ce domaine non plus, les sexes ne sont pas égaux. « Les femmes accèdent plus difficilement au crédit, parce qu'elles ont moins de capitaux propres. Elles se tournent aussi vers des métiers plus culturels, plus sociaux. Or, en Allemagne, le système d'aide à la création d'entreprises encourage essentiellement le secteur industriel. Elles sont aussi plus âgées que les hommes quand elles montent leur affaire, souvent après avoir fait des enfants, et ne bénéficient plus des aides aux jeunes actifs. Les femmes passent donc entre les mailles des structures préexistantes et sont le plus souvent seules face à leurs idées. » Voilà pourquoi la pépinière des Weiber tourne à plein régime depuis des années maintenant ! Dans les arrière-cours de la Anklamer Strasse, on crée du lien social, un réseau d'entraide. « J'ai des collègues maintenant : on va déjeuner ensemble, on fait une pause autour d'un thé dans la cuisine commune », m'explique une graphiste-informaticienne qui occupe une place ensoleillée dans l'open space du quatrième étage.

Alors que je discute avec elle, avec Katja, avec Solway la libraire et avec toutes les autres, des images de films me reviennent, des histoires de pionniers en route vers le Nouveau Monde. Ces femmes ont une détermination de fer, et jamais elles ne semblent douter de leurs forces. Sans les hommes, on dirait qu'elles se sentent plus solides. Les deux pieds sur terre (les entreprises tenues par des femmes commencent plus modestement mais sont plus durables et résistent mieux aux crises, révèlent les statistiques de la fédération allemande des PME), elles sont les *Trümmerfrauen* des temps modernes – les « femmes des ruines », toutes ces veuves de guerre ou femmes de prisonniers qui, seules, ont déblayé et reconstruit Berlin, pierre par pierre, après la guerre.

« Oui, des femmes des ruines… Ruines des bombardements ou ruines des bouleversements économiques, comme la réunification ou la crise financière, finalement c'est la même chose, estime Katja. Pour en sortir, il faut un sacré caractère, une force formidable. Les Berlinoises d'aujourd'hui sont les héritières de cet état d'esprit, même si elles sont nées ailleurs, à Cologne comme moi ou à Liverpool, à Buenos Aires, à Barcelone ou à Dublin, comme tous ces nouveaux arrivants… Venir vivre à Berlin, rien que faire cette démarche, c'est adopter cet esprit, endosser cet héritage, consciemment ou non. » Nous n'avons pas besoin des hommes ! crie Berlin la rebelle, Berlin la belle, Berlin si femme, si forte.

Silke a la bosse des maths

Seize années passées dans son entreprise, et pour finir un poste important aux ressources humaines… Alors quand la possibilité s'est présentée de prendre la tête de l'antenne de Berlin, Silke Kühne a postulé sereinement. La quinqua au physique de matrone avait plus que le profil, elle avait la légitimité du poste. Et pourtant, c'est un collègue qui décroche la place, un homme, « compétent, certes, mais qui était là depuis bien moins longtemps que moi », m'explique Silke. L'énergique blonde n'entend pas abandonner : « J'ai mis mon nez dans les statistiques de l'entreprise et j'ai ouvert la boîte de Pandore : deux tiers des salariés étaient des femmes, mais le directoire n'en comptait pas une seule ! Vingt-sept chefs, vingt-sept hommes ! » Appuyée par son avocat de mari, elle porte plainte pour discrimination. « Pour moi, ce ne pouvait pas être un hasard qu'ils aient choisi mon collègue… mais il fallait le prouver. »

Le salut viendra des mathématiques ! Silke Kühne embauche un mathématicien spécialiste des probabilités… Résultat des calculs de ce brave homme : compte tenu du nombre de femmes dans l'entreprise, il y avait plus de 99,9 chances sur 100 pour qu'au moins une d'entre elles siège à la direction. Mais ce n'était pas le cas… Le juge, lui, n'a pas eu besoin de poser l'équation. Ni une ni deux, sans même examiner les seize autres arguments avancés par Silke et son mari, il a conclu à la discrimination sexuelle. Silke a empoché 48 000 euros de dommages et intérêts.
« J'ai subi d'énormes pressions : j'étais abattue, démoralisée. En fait, j'ai tenu seulement parce que mes collègues dans mon bureau de Berlin m'ont toujours soutenue. Mais au siège, à Munich, c'était la curée. Même aujourd'hui… »
Silke espère toujours décrocher ce poste de directrice de filiale. Elle a eu une augmentation, a désormais des fonctions plus administratives, mais de position au sommet de la hiérarchie, aucune ! Elle reconnaît aussi que ce combat de longue haleine n'a été possible que parce qu'elle n'a pas eu à payer un avocat. « Cela m'aurait mise sur la paille. Comme beaucoup d'autres femmes, je me serais peut-être alors dit : "À quoi bon ?" »
En Allemagne, seuls 5,9 % des postes au sein des comités de direction sont occupés par des femmes (on tombe même à 2,5 % pour les deux cents plus grosses sociétés), et les salariées touchent en moyenne 23 % de moins que leurs collègues masculins. Le pays a beau avoir une femme à sa tête, et examiner depuis des années la possibilité de voter une loi qui instaure un quota de femmes au sommet des entreprises, il fait partie des plus mauvais élèves de la classe européenne. « J'espère que mon exemple fera jurisprudence, soupire Silke Kühne. Finalement, j'ai écrit une page de l'histoire des femmes de ce pays, c'est déjà ça… » À 50 ans, l'ancienne DRH au placard trouve maintenant plus de temps pour s'engager. Elle a rejoint l'association

Business Professional Women. Tous les ans, ces militantes font leurs calculs et sortent de leurs ordinateurs la date du Equal Pay Day : c'est toujours vers la fin mars, le jour où le salaire des femmes rattrape celui des hommes pour l'année précédente. Par exemple, pour gagner autant que son collègue masculin en 2009, une femme allemande a dû travailler jusqu'au 26 mars 2010.

La reine des pintades

Mal attifée, talons plats, démarche bancale, il est une pintade qui ouvre la voie. Une Berlinoise lambda pourtant. Elle vit dans le centre avec son époux ; pas d'enfants chez eux, elle a fait le choix de sa carrière, comme plus de la moitié des femmes diplômées. Elle aime les roulades de chou et les saucisses grillées au barbecue, faire de la barque sur les lacs du Brandebourg et suer nue jusqu'à tout en oublier dans un sauna en bois. Crier très fort les jours de match de foot. Parfois s'échappent de sa bouche des expressions de sa jeunesse est-allemande – elle ne dit pas « supermarché » mais « halle d'achats », par exemple – et quand elle hausse les épaules en souriant, les plis de sa bouche s'effacent un instant, lui donnant furtivement une mine de gamine. « La gamine », c'est comme ça d'ailleurs qu'on la surnommait à ses débuts. On ne donnait pas cher de sa peau. Mais l'ingrate souris grise du Brandebourg n'a pas eu peur. Elle qui pose en équation tous les problèmes auxquels elle est confrontée a creusé sa voie seule, parfois même à rebours de ceux qui clament qu'ils ont une vision. Non, elle ne fait pas rêver, ne soulève pas les foules, mémère sans grand charisme, mais elle est fidèle en amitié dit-on, et sincère – au point qu'on lit un peu trop facilement sur son visage ce qu'elle cherche à taire.

Elle s'appelle Angela Merkel et depuis 2005 elle dirige l'Allemagne. On peut ne pas aimer son programme, ses idées, ses ministres. Mais personne ne pourra dire qu'elle n'est pas berlinoise.

Comme-ci quotas

À la petite annexe du Parti vert, dans la Dresdener Strasse, on rigole doucement : « Une femme à la chancellerie ? Évidemment, c'est un beau symbole… Mais nous, on n'a pas attendu Angela Merkel pour être actives ! » Anja Kofbinger, qui dirige le bureau au cœur de ce quartier populaire, pourrait tout à fait être une commère, elle aussi. Cette grande brune de 50 ans applique à la lettre la philosophie du « Aide-toi, et on verra bien si le Ciel t'aidera » ! Dans son petit local envahi d'affiches colorées, la militante féministe, également activiste des droits des lesbiennes, ne travaille qu'avec d'autres femmes. Un hasard ? Le Parti vert respecte scrupuleusement la politique de quotas qu'il s'est imposée il y a des années. Résultat, au Parlement de Berlin, sorte de conseil municipal avec plus de pouvoir, puisque la capitale a aussi le statut de région fédérale, les Verts comptent 60,9 % de femmes parmi leurs élus.

D'une manière générale, la politique est un débouché pour beaucoup de Berlinoises, qui ont l'embarras du choix, entre les instances fédérales (Bundestag, ministères...), l'administration de la ville et les mairies d'arrondissement. Trois étages de la vie politique, pour lesquels plusieurs partis ont adopté des règles strictes de parité sur les listes de candidats. Au Bundestag, les femmes représentent donc 32,8 % des élus, elles sont 39,6 % au Parlement de Berlin, 38 % dans les arrondissements. Mais surtout, elles sont présentes dans les coulisses, au point que je suis toujours un peu surprise de tomber sur un homme quand j'appelle dans les administrations, les ministères ou à l'hôtel de ville rouge (c'est comme ça qu'on surnomme la mairie de Berlin, logée dans un imposant bâtiment de brique surmonté d'un beffroi pourpre) ! C'est particulièrement flagrant pour le personnel de la ville, puisque depuis 2002 Berlin applique le principe du *Gender Mainstreaming*, qui favorise l'accès des femmes à des postes publics, en vue d'atteindre là aussi la parité. On compte donc exactement autant de femmes que d'hommes parmi les maires adjoints, et la règle prévaut pour le reste de la hiérarchie.

Autre nom barbare : le *Gender Budgeting*. Là, Berlin innove ! C'est la seule région d'Allemagne qui s'impose de respecter la répartition hommes/femmes dans son budget. En clair, elle essaie d'avoir une politique qui avantage autant les unes que les autres. Par exemple, saviez-vous que débloquer de l'argent pour refaire les chaussées favorise les hommes, car ils sont majoritaires parmi les automobilistes ? Pour contrebalancer, Berlin rallonge donc le budget des transports en commun ou celui des bibliothèques, où se rendent plus de femmes que d'hommes. Etc. Quand elle refait ses prisons (la population carcérale est essentiellement masculine), elle augmente l'aide sociale aux familles. Un projet audacieux, laborieux, qui nécessite de quantifier tous les aspects de la vie publique, mais que personne ne remet en question ici.

Imperturbables vigies

Rebelles dans l'âme, les Berlinoises ont été nombreuses à compter parmi les dissidents au régime est-allemand. Elles en ont largement fait les frais, payant leur soif de liberté par des années de prison et des traumatismes psychologiques profonds. Vingt ans après, dans le Berlin réunifié et moderne, alors que leurs camarades de lutte masculins ont souvent disparu de l'espace public, elles sont restées les vigies attentives et intransigeantes de la situation des droits de l'homme – et de la femme. Engagées et libres, toujours. Il n'est pas né celui qui les fera taire.

Tatjana Sterneberg, dans la mousse des souvenirs

« Je vais te faire un capuccino pour te réchauffer, un vrai, un bon… » Tatjana Sterneberg tutoie facilement. Elle a pris le pli pendant sa jeunesse en RDA. Entre camarades, on disait « tu », évidemment. Mais le capuccino, « le vrai, le bon », c'est un souvenir d'Antonio, l'amoureux italien… l'homme pour qui elle a passé trois ans dans les geôles est-allemandes. Simplement parce qu'elle voulait le rejoindre de l'autre côté du Mur, à l'Ouest. Le couple a été arrêté la veille de la grande évasion.

Après le capuccino fumant, j'ai droit au coup des surchaussettes bien épaisses et douillettes, « pour que tu ne prennes pas froid ». J'ai laissé mes chaussures à l'entrée du petit appartement situé dans le quartier de Charlottenburg, à l'Ouest de la ville. Un terrier rempli de coussins, de peluches, de plaids. Moquette épaisse. De la douceur, de la douceur… Tatjana en a besoin. Quarante ans après son arrestation, elle vit encore enfermée dans sa douleur : chez elle, elle a retiré toutes les portes. « J'ai trop peur des verrous. »
Chaque jour, la quinquagénaire s'expose longuement devant une lampe censée requinquer son moral.
La luminothérapie contre les cauchemars du passé.
Car Tatjana n'a rien oublié, ni les dates ni les noms, jusqu'aux numéros des immeubles ; quand elle commence à parler, on ne l'arrête plus. Parfois, elle feuillette le gros classeur violet, le dossier que la Stasi avait constitué sur elle et qui ne la quitte pratiquement jamais. « La première fois que j'ai découvert ces pages, j'ai été prise de vomissements. » Aujourd'hui, elle sait que c'est une réaction normale. Elle dirige d'ailleurs une cellule de conseil aux victimes de la police politique. Elle leur enseigne notamment comment réagir quand elles découvrent les noms de ceux qui les ont espionnées. Dans son cas, les délateurs faisaient partie de son entourage. Douze espions au total, mobilisés jour et nuit, pour une si petite bonne femme. Maintenant, c'est à son tour d'avoir besoin d'un capuccino, avec « plein de mousse », un remontant sans doute. Poupée de son au teint de cire, elle s'extirpe du canapé avachi et se dirige à petits pas vers la cuisine. Avant de la rejoindre, je jette un coup d'œil aux photos dans le classeur. Tatjana a 21 ans, une petite coupe frisée blonde sur un visage de gamine et une joie de vivre visiblement débordante : haut-de-forme de guingois sur la tête, elle prend des poses à la Marlene Dietrich derrière un orgue de Barbarie. Elle travaillait alors comme

serveuse au restaurant du grand hôtel de l'Alexander Platz où elle a rencontré Antonio. L'*amoroso* est finalement devenu son mari, à leur sortie de prison. Ils ont divorcé à la réunification. Tatjana me jette un regard par-dessus la vapeur qui sort de la machine à café, un regard triste et révolté à la fois : « Il n'a jamais voulu consulter son dossier, il disait qu'il fallait tirer un trait sur ces années noires. Moi, j'ai besoin d'y penser sans cesse pour agir, pour vivre. » Elle s'est récemment remise en couple avec un militant, comme elle.

« Les douze espions qui m'ont surveillée ont tous du travail. Mon interrogateur à la Stasi est avocat maintenant ! Et le médecin de la prison qui m'a assommée à coups de neuroleptiques a son propre cabinet. » Elle ne crie pas revanche, pas question de faire des procès, ni même de clouer « ces gens-là » au pilori de l'Histoire. « Je ne veux pas qu'on ferme le cabinet de ce médecin, mais au moins que ses patients sachent ce qu'il a cautionné autrefois. »

Militante du souvenir, Tatjana Sterneberg est systématiquement de la partie quand les victimes de la Stasi se mobilisent – pour sauver une prison (« lieu de mémoire », dit-elle), réclamer des indemnisations ou un statut pour les anciens prisonniers, témoigner devant des lycéens ou pour la presse. Un petit bout de femme avec des pulls angora pastel, du bleu sur les paupières, du rouge à lèvres fuchsia, qui croule sous les classeurs et les pancartes de la minuscule expo ambulante qu'elle a constituée sur son histoire (elle a même récupéré la clé de sa cellule).

Quand je sors de chez elle, il fait déjà nuit. Le vent s'engouffre, glacial, dans la Kantstrasse. Mais je ne me jette pas tout de suite dans une station de métro. Je marche longtemps sous la pluie.

Ines Geipel court encore

De ses années de sportive de haut niveau en RDA, Ines Geipel a gardé la hargne et l'endurance. De ses années de dépression après avoir été contrainte de ranger ses chaussures à pointes, la sprinteuse a gardé un regard et des intonations tristes. Heureusement qu'elle m'a donné rendez-vous dans un resto sympa de la Bergmannstrasse et qu'on a pris un verre de chianti, parce que pour la rigolade, il ne faut pas trop compter sur elle. Face à Ines, il n'y a pas que les nappes de la trattoria qui se tiennent à carreau.

42,20 secondes. En 1984, Ines Geipel (Ines Schmidt à l'époque, 24 ans) et ses trois coéquipières du SC Motor Iéna pulvérisent le record du monde du 4 x 100 mètres en club. Personne n'a jamais fait mieux. Un poil nerveuse, Ines, quand elle en parle. Ses longs doigts tapotent le rebord de la table ; voilà des années qu'elle se bat pour qu'on supprime son nom du tableau des records. Sa demande n'a pas encore été validée par la Fédération allemande d'athlétisme. « Pour l'instant, on a juste remplacé mon nom par une astérisque. Je veux que rien n'apparaisse. Ce record était faussé, il n'existe donc pas. » Souvent, la télé, pour des reportages, lui demande de sonner à la porte de ses anciennes équipières pour une confrontation. Hors de question. « On me présente comme la porte-parole des anciens dopés de RDA. En fait, c'est une affaire personnelle. Je fais cela pour être en paix avec ma conscience, pour prévenir les jeunes du fléau du dopage, pas pour régler mes comptes. Pour ma génération, de toute façon, il n'y a plus rien à faire. »

Il faut donc insister un peu pour qu'elle nous parle de sa trajectoire personnelle, un vrai destin de cinéma. Ines Geipel était programmée pour devenir championne olympique. Découverte à 14 ans, elle carbure aux stéroïdes

avant même la fin de l'adolescence. « On nous disait que c'étaient des vitamines. Embrigadées comme on l'était, obéissant au doigt et à l'œil aux entraîneurs et aux médecins, on n'aurait jamais eu l'idée de poser des questions. »
C'est donc jambes velues et épaules carrées qu'Ines débarque au camp d'entraînement des athlètes est-allemands, quelques mois avant les Olympiades de 1984 à Los Angeles.
« Pour nous habituer au climat, ce stage avait lieu au Mexique. Très vite, j'ai eu une histoire avec un sportif du club qui nous accueillait. Lui aussi était sélectionné pour les JO.
Nous avions prévu de nous retrouver sur le village olympique et de là, d'organiser ma disparition. En clair, je voulais profiter des Jeux pour passer à l'Ouest. » La police politique est-allemande a vent de ses projets. Le dossier d'Ines ne signale pas qui l'a trahie mais quand, quelques semaines plus tard, elle doit être opérée pour une banale crise d'appendicite, l'ordre tombe, implacable. Au crayon rouge sur le dossier médical, la Stasi ordonne au chirurgien de lui « massacrer la ceinture abdominale ».
D'un geste furtif chargé de pudeur, elle longe du doigt la cicatrice qui aujourd'hui encore lui barre le ventre de gauche à droite. Fini l'espoir des JO ! Envolé le rêve de se faire la belle avec l'amoureux mexicain ! « Je me suis longtemps demandé comment les médecins avaient pu rater l'opération à ce point. Je ne l'ai compris qu'à la réunification. Ironie de l'histoire, notre délégation n'a finalement pas participé aux JO de Los Angeles, boycottés par tout le bloc communiste… » Le corps brisé, Ines ne renonce pas pour autant à ses idées. En 1989, étudiante en germanistique à l'université de Iéna, elle organise une manifestation de soutien aux victimes chinoises de la répression de la place Tian'anmen. La Stasi ajoute encore quelques pages à son dossier.
La chute du mur de Berlin et la réunification auraient dû lui apporter l'apaisement. Au contraire, rongée par la dépression,

elle vit des années d'angoisse. On estime que, comme Ines Geipel, dix mille sportifs est-allemands ont été massivement dopés à leur insu entre 1968 et 1989. Depuis, un quart d'entre eux a développé un cancer. 92 % ont des problèmes osseux. La moitié des femmes a des problèmes gynécologiques allant jusqu'à la stérilité. À cela s'ajoutent d'énormes problèmes psychologiques : un tiers a déjà tenté de se suicider... Ines est passée par là. Le théâtre et l'écriture l'ont sauvée. Aujourd'hui professeur d'art dramatique, spécialiste de l'allemand rimé, elle a touché 10 000 euros d'indemnisation en tant que victime de la RDA. Elle les a donnés à un enfant handicapé. « Le fils d'une athlète dopée. La génération suivante n'est pour l'instant pas considérée comme victime, pourtant elle compte dix fois plus d'handicapés que le reste de la population. »
En 2008, deux mois avant les Jeux olympiques de Pékin, elle publie un pamphlet intitulé *No Limit*, une plongée dans les arcanes du sport moderne vérolé par le dopage. La Chine n'a pas apprécié. Elle n'a plus le droit de mettre un pied sur le territoire chinois. Persona non grata, la grande et belle Ines. Elle s'en moque bien et parle encore, raconte inlassablement de sa voix rauque (« la masculinisation liée aux stéroïdes commence par là ») ce qu'elle a vécu en RDA et ce qu'elle a vu lors de son enquête en Chine : « Trois décennies d'écart, et pourtant, les mêmes pratiques. »

Les seins de Vera Lengsfeld

Vera Lengsfeld a donné rendez-vous à quelques fidèles dans un café de l'ancien Berlin-Est.
La RDA reste sa patrie ; qu'elle en ait été l'une des

dissidentes les plus connues ne change rien à son attachement à ce coin d'Allemagne où elle a grandi. Et le café Sibylle, sur la Karl-Marx-Allee, est parfait pour les gens comme elle, ceux qui ne sont pas nostalgiques mais qui aiment se souvenir. Le Milk-Bar n'a rien changé à sa déco. Sur le mur récemment repeint, on a laissé apparaître la fresque originale en quelques endroits. Moi aussi, j'aime le café Sibylle. Il est toujours un peu vide, modeste, mais ô combien authentique ! Attention, pas dans le genre de ceux qui te ressortent des affiches de propagande ou mettent des portraits de Honecker au mur pour attirer les touristes et vendre des cartes postales avec des étoiles rouges. Ici, c'est toujours paisible, désuet. Les clients sont âgés et habitent tous le quartier.
Assise sur la petite estrade en bois, Vera Lengsfeld s'apprête à lire des passages de son autobiographie. Elle a pris un coup de vieux depuis l'époque où elle était une star de l'opposition est-allemande. Le corps et le visage se sont empâtés, les cheveux ont blanchi. En revanche, le décolleté attire toujours l'œil : il a pris de l'ampleur, un peu mou évidemment, mais pas flasque. Un gros oreiller lisse et gonflé, assez accueillant en fait. En 2009, pour les législatives, elle en a fait un argument politique : sur ses affiches, aux côtés d'une photo de la chancelière en robe du soir pigeonnante, la candidate CDU Vera Lengsfeld exposait largement sa poitrine. Slogan : « Nous avons plus à vous proposer. » L'équipe de campagne de la candidate n'a consulté personne pour s'autoriser cette légèreté, ni la chancellerie ni le parti conservateur, qui a crié au scandale.
Vera Lengsfeld a toujours été comme ça, à n'en faire qu'à sa tête. Du genre à sortir avec une pancarte portant l'inscription « Chaque citoyen a le droit d'exprimer publiquement et librement ses pensées » en plein Berlin-Est, en 1988. Prison ferme.
La militante pacifiste et pro-environnementale rejoint assez logiquement le Parti vert à la réunification. Mais, là encore,

c'est pour jouer les francs-tireurs. En 1991, dans le cadre d'un débat sur la guerre du Golfe, elle demande à faire un discours à la tribune du Parlement : elle utilisera tout son temps de parole à se taire, placide sous les quolibets de la Chambre. « Ça a toujours été comme ça… des insultes, des bâtons dans les roues… notamment pendant la RDA. Mais c'est de là que je tire ma force. » Il en faut plus pour effrayer cette rebelle, qui a grandi dans l'ombre d'un père officier de la Stasi et qui a été trahie par son propre mari. Une seule chose la glace : la compromission avec les anciens hommes forts de la dictature est-allemande. Depuis 1996, elle milite à droite, douchée par le rapprochement des Verts avec les néocommunistes, « ces descendants du parti unique de RDA ». Ce jour-là, au café Sibylle, son public se compose de messieurs aux cols bien repassés, de dames bien peignées. Des chrétiens-démocrates pur jus, au style plus sage que le sien. Elle, elle a sorti le décolleté. Évidemment. Elle sait que cela leur déplaît. Évidemment. Elle s'en fiche. Évidemment.

Féministes, tendance émasculatrices

À trop clamer qu'elles se passent aisément des hommes, ces grandes indépendantes que sont les Berlinoises me fichent parfois la trouille. Il faut les voir se crisper quand un distrait monsieur ose franchir la porte d'un *Frauencafé* (« café pour femmes »). Ne serait-ce qu'un pauvre livreur… J'en ai déjà vu emprunter la porte de service, par crainte de finir sous le mortier à mojito !

Mon ami Matthias, qui plane souvent à dix mille lieues, se souvient encore du sale quart d'heure qui a suivi son entrée intempestive dans la salle de réunion des féministes de la fac : « Elles ne disaient rien. Silence pesant. Mais aux regards qu'elles me jetaient, j'ai bien vu qu'elles fulminaient. Elles passaient par toutes les couleurs ! Moi, je ne comprenais rien, je croyais que le cours avait déjà commencé. Je me suis excusé tout en déballant mes affaires. Et là, elles ont dégainé, je m'en suis pris plein la figure. J'ai payé pour tous les hommes de la fac ! » N'allez pas croire que Matthias troublait une cellule de crise, un meeting organisé dans l'urgence après l'agression d'une étudiante ou que sais-je... Ne vous laissez pas duper par cette ambiance de conspiration des sexes... La dizaine de militantes se retrouvait juste pour profiter du bonheur d'être ensemble, sans homme. Matthias ne pouvait tomber plus mal. Surtout à la Freie Universität, bastion libertaire depuis toujours. Dans les deux autres facs, la Humboldt et la Technische Universitäten, les étudiants sont moins engagés – même si dans les amphis surpeuplés et mal chauffés, on trouve toujours quelques volontaires pour soulever les questions qui fâchent.

Les bars pour femmes sont loin d'être une exception à Berlin. Presque banal, vous dirais-je même. Même topo pour les centres de femmes. Si chaque arrondissement de la ville en dénombre au moins un, c'est évidemment dans les quartiers écolos et babas cool de l'ancien Berlin-Ouest qu'ils ont pignon sur rue. À l'image de la Schokofabrik de la Mariannenstrasse à Kreuzberg, une ancienne chocolaterie reconvertie en bastion du féminisme allemand depuis un quart de siècle. Ici, être femme, c'est avant tout être anti-hommes (pas très pintade, tout ça...). À l'atelier de bricolage des lundis et jeudis, entre les hululements des perceuses, on lâche son fiel contre la gente masculine. Penchée sur une commode qu'elle s'applique à vernir, Maria m'explique que son mari lui a ouvert son sous-sol : « Mais j'ai préféré venir ici, car à la maison, je n'aurais rien fait de correct à ses yeux. Fais pas comme ça, fais comme ci, attends, c'est trop lourd, je vais t'aider… Je ne supporte pas cette attitude paternaliste ! » La menuisière qui gère l'atelier, Rosi Klein, poils sous les bras et fils d'argent dans des cheveux mal peignés, renchérit : « Ici, les femmes s'épanouissent. Entre nous, on réalise plus de belles choses. On réalise aussi que c'est un mythe de dire qu'il faut de la force physique pour faire du bricolage. Un mythe véhiculé par les hommes pour nous cantonner à d'autres tâches ! »

Rosi conseille souvent à ses élèves de hurler quand elles poncent ou attaquent à la perceuse les murs des vieux immeubles berlinois, incroyablement durs (ils ont résisté aux bombardements, c'est dire !). Une variante des fameux cours de cris qui ont fait les grandes heures de la Schokofabrik à ses débuts : une dizaine de bonnes femmes, en cercle, se tenant par la main, et qui laissaient jaillir leur agressivité, voire leur haine des hommes.

Le féminisme est un combat ; en Allemagne, et particulièrement à Berlin-Ouest, terre de militantisme s'il en est, on a longtemps pris cela au pied de la lettre, quitte à virer amazone castratrice. De pintade, alors, point de plumes ! Poils sous les bras et aux mollets, cheveux gras et lèvre duveteuse, on avait plutôt droit à des spécimens velus gommant toute féminité. Fort heureusement, les temps changent. L'enceinte carrelée de la Schokofabrik s'ouvre (un peu) aux hommes, comme le bar Marianne, ouvert en 2008, qui propose chaque dimanche des projections quasi familiales de la série policière *Tatort*, avec paris sur l'identité du tueur (voir plus haut)… Autre évolution notable : la féminisation des habituées. Il suffit de se poser quelques heures dans la moiteur du hammam, au sous-sol. Onguents et savonnades parfumées, peelings interminables, massages, soins du visage, c'est le royaume des Shéhérazades, qui restent tatouées, piercées jusqu'aux replis les plus intimes de leur corps, punk parfois. Mais dans les vapeurs d'eau, je constate qu'elles sont toutes épilées. Face à moi, une grosse rasta est si soigneusement rasée que le dragon bleu sur son mont de Vénus donne l'impression d'être tout juste sorti de son œuf. Une certaine vision de la coquetterie, mais de la coquetterie tout de même.

Femmes fortes ou hommes mous ?

En fait, les amazones ont déménagé. Tout simplement. Si la Schokofabrik n'est plus tout à fait le ghetto castrateur des débuts, les guerrières de la lutte des sexes ont encore des ressources. Elles ont par exemple investi un vaste terrain sur Erkelenzdamm, artère verte qui relie le canal à l'Oranienplatz, au cœur de Kreuzberg. Aux numéros 51-57, elles ont bâti leur palais : une résidence réservée aux femmes, sur le modèle des « béguinages » du Moyen Âge, des communautés de veuves et de célibataires qui ne souhaitaient dépendre ni des hommes ni de l'Église. Une aventure féministe radicale qui remonte à la Hollande du XIIe siècle. Autant dire une vision extrêmement moderne des choses… Mais à Berlin, où vivent six cent mille femmes célibataires, l'idée semble taper en plein dans le mille : elles sont deux mille à avoir postulé pour acheter un appartement dans l'immeuble d'Erkelenzdamm, au point qu'un projet similaire est actuellement en construction dans le quartier voisin de Friedrichshain.

« Construire pour les femmes, vivre entre femmes. » L'immense calicot qui recouvre une partie de la façade ne saurait être plus clair – ou plus dissuasif. Je pousse timidement la porte. Heureusement, Jutta Kämper, la fondatrice, est plutôt du genre affable. Elle dégage un dynamisme surprenant pour ses 75 ans. À la mort de son mari et après le départ de ses enfants, elle a traversé une crise existentielle. Pour elle, le béguinage est un salut ; au milieu de ses « sœurs », elle se sent bien. « Chacune fait attention aux autres, on a toutes un jeu de clés des appartements voisins et toutes les portes s'ouvrent de l'extérieur. On prend le thé l'après-midi dans la salle commune. » Soit. En Allemagne, l'habitat collectif a le vent en poupe depuis quelques années et j'ai fait de nombreux reportages dans des colocations de seniors, dont je suis ressortie assez convaincue d'ailleurs – si ça peut éviter une hécatombe à chaque canicule ! Mais ici, il y a comme un malaise… On est passé du collectif au communautaire, voire à la ghettoïsation. Jutta me révèle que les « sœurs » organisent des rondes pour assurer la sécurité le soir. Une sentinelle ! De temps en temps, un homme parvient quand même à pénétrer dans le sérail – un fils, un frère… « La preuve que nous n'avons rien contre les hommes ! Mais nous voulons vivre entre nous, sans crainte d'être jugées et stigmatisées par l'autre sexe. » Jutta n'a pas l'air de noter la contradiction.

Pas étonnant que le féminisme ait si mauvaise presse en Allemagne. À trop se proclamer libres et se revendiquer indépendantes, ces militantes ont tué le combat dans l'œuf. Elles passent pour des frustrées, des mégères détestant les hommes, des femmes déconnectées de la réalité moderne. Depuis quelques années, même la presse de gauche, à l'instar du *Spiegel*, estime qu'elles ont raté le coche, en furies d'une « idéologie autoritaire qui contraignait dès l'enfance les petits garçons à faire en permanence l'autocritique de leur propre sexe » !

Un ami philosophe, la quarantaine, électeur des Verts et « tout à la cause des femmes » comme il l'avoue lui-même, tente de faire le point à l'issue d'un dîner : « Nous avons grandi dans l'ombre de nos mères. Si fortes. Et pourtant si soumises. On les a vues souffrir du modèle traditionnel, de l'absence de leur mari accablé de travail pour nourrir toute la famille. Et elles nous ont élevés pour que ce soit différent. Résultat : les hommes de ma génération sont incapables de faire face aux femmes, de peur de passer pour d'horribles machos. Une génération d'assistés, incapables de prendre des décisions seuls. Et même de choisir une femme, forcément moins parfaite que nos mères. » *Weiche Männer*, des hommes « mous », dit l'expression désormais consacrée. À Berlin, ville hédoniste où l'enfance semble se prolonger éternellement, ils sont partout. Ma copine Lisa s'en énerve régulièrement : « Quelle galère d'être célibataire ici. Bienvenue dans la capitale des grands bébés ! Trouver un mec pour une nuit, OK… mais quelqu'un de responsable pour envisager l'avenir ? Impossible ! » Quand une autre copine m'a expliqué que désormais, elle ne sortirait plus qu'avec des étrangers, je n'ai pas été surprise.

Lesbian Pride

« Je ne devais rester qu'un week-end à Berlin, et puis là, il y avait toutes ces filles disponibles, partout, qui s'embrassaient en public, qui jouissaient d'une liberté que je n'avais jamais connue dans le Sud. Je ne suis plus jamais repartie. » Lena a débarqué à 19 ans de sa Bavière natale, silhouette androgyne, piercing au sourcil, look de skateur.

Dix ans plus tard, elle n'en a pas fini de savourer cette liberté : DJ le soir, serveuse le jour, co-organisatrice de festivals lesbiens et porno-lesbiens, elle gagne autour de 2 600 euros par mois pour une vie qu'elle qualifie elle-même de « érotico-ordinaire ». Dans la chambre qu'elle occupe dans un ancien atelier industriel reconverti en loft, des affichettes de soirées la montrent en combinaison de latex, perlant de sueur, jambes écartées ou glace au chocolat glissant sur ses petites fesses de garçon. « Ça se voit que je suis lesbienne. Dans la rue, il est facile de m'identifier comme telle. Et je ne cache à personne mes activités sur la scène homosexuelle. Mais ici, c'est un job comme un autre. À Berlin, c'est normal. »

Berlin, capitale des homosexuelles ? Après-midi de fin de printemps, météo ensoleillée, encore plus de monde que d'ordinaire sur la Hermannplatz, des Berlinois pressés, chargés de sacs, car c'est l'un des carrefours commerçants de la ville. Et moi au milieu, sur mon Peugeot rouillé, à slalomer entre les cabas. Soudain, les mains serrées sur les deux freins, je pile ! Dans la vitrine du Karstadt, il y a une immense affiche en noir et blanc avec deux femmes enlacées. Le grand magasin y annonce une semaine Gay Pride. Ainsi donc, après Halloween, la Saint-Valentin, la fête des Mères et j'en passe, le calendrier des marketeurs s'est enrichi d'un nouveau moment fort.

À vrai dire, dans une capitale dirigée par un gay (« et c'est très bien ainsi », a clamé Klaus Wowereit en 2001, au moment de son coming-out médiatique, quatre mois avant d'être élu), où l'on estime que 10 % de la population est homo, voilà bien longtemps que la scène gay et lesbienne est une cible de choix pour les publicitaires. Ces *DINK* ou *Double Income No Kid* (double revenu, pas d'enfant) se battent pour des penthouses flambant neufs à Prenzlauer Berg (on bâtit même le long de l'ancien no man's land maintenant, tellement le quartier a la cote) et une table au brunch dominical du Hyatt… Mais ce jour-là, si je manque de renverser une mamie turque et son chariot, et que le livreur à vélo très pressé derrière moi me gratifie d'un splendide doigt d'honneur, c'est que, dans l'étreinte de ces deux lesbiennes, je saisis quelque chose de nouveau. Pour s'adresser aux homosexuels en général, on a choisi des femmes. Jusqu'à présent, les flyers des soirées homos ou de la Gay Pride privilégiaient les messieurs à biscotos luisants, les trans exubérants… Les filles désormais font la tête d'affiche. Berlin renoue avec les grandes heures de la république de Weimar, les furieuses années 20, parenthèse dorée avant le grand hiver nazi, quand la scène lesbienne semblait incontournable et imprimait sa marque extravagante sur le monde de la nuit et des arts.

« À Berlin, on est devenu plus tolérant par rapport à ces choses qui existent une fois pour toutes et qu'on ne saurait nier. (…) Alors qu'autrefois on n'osait émettre que murmures et allusions pleines de mystère, on en parle aujourd'hui comme d'une réalité allant de soi », écrivait Ruth Margarete Roellig en 1928, dans *Les Lesbiennes de Berlin*.

À Berlin au XXIe siècle, les femmes s'embrassent sur les pelouses du Tiergarten, les banquettes du métro… À mon école de tango, les plus sensuelles sur la piste sont Doris et Wiebke, deux clones aux larges pantalons de flanelle, bretelles et petite moustache, qui s'enlacent fougueusement entre les couples de petits vieux. J'adore qu'on ne les regarde pas plus que ça, même ce macho de Norbert, le prof, qui ne fait rire personne avec ses blagues sexistes.

Postiche, dessinée au marqueur, ou résultat d'une pilosité naturellement drue comme c'est le cas pour mes deux sulfureuses tangueras, la « moustache pour dame » comme on dit en allemand pourrait presque servir de signe de ralliement aux lesbiennes berlinoises. À tel point qu'un collectif, à cheval entre militantisme et organisation de soirée, a choisi d'en porter le nom, et en français s'il vous plaît… Donc, évidemment, aux fêtes de « La Moustache », toute ombre sur la lèvre supérieure est la bienvenue, tout comme rouflaquettes et autre petit bouc ! Limite si on ne vient pas aussi avec du poil aux dents… Pensée émue pour cette prof d'allemand qui s'évertuait à expliquer que dans la langue de Gœthe, *Haare auf den Zähnen haben*[1] signifie « être une femme virile ». La classe hilare avait compris autre chose.

Mais ça joue du fer à friser les moustaches également avant la sortie au café Fatal, thé dansant homo-chic du dimanche au club SO36, ou à la Gayhane du même SO36, tous les derniers samedis du mois, quand la scène homo turque vient se tortiller sur de l'électro orientale, dans une chaleur torride (aux sens propre et figuré…). Aux platines, DJ Ipek. Mais elle, elle passe son tour sur la moustache, pas besoin d'en rajouter quand on a la musculature longue de ses bras, sous le tee-shirt découpé aux aisselles façon débardeur de bad boy.

Elle me rappelle la serveuse de ce café de Kreuzberg qui m'a éhontément draguée quelques mois après mon arrivée à Berlin. Elle voulait voir ma poitrine, m'avait annoncé la couleur direct. Du coup, à chaque commande, elle doublait la mise – deux mojitos, deux vodkas, etc., dans l'espoir d'arriver à ses fins, et à mes seins ! À mon départ, dépitée par mes refus en cascade, elle a tout de même insisté pour me faire un cadeau. J'ai accepté de partir avec un gros cendrier de comptoir en mélamine rouge. Il trône depuis sur mon balcon. Petit souvenir de mon Berlin lesbien à moi !

1. Littéralement, « avoir du poil sur les dents ».

La candidate

Mâchoire carrée, épaules carrées noyées dans des vestes austères, coupe de cheveux carrée qu'accentue une frange à la Playmobil : Renate Künast ne joue pas sur son physique pour remporter les élections. À 54 ans, elle n'est pas du genre à prévoir un budget Botox dans ses comptes de campagne. La candidate des Verts à la mairie de Berlin se méfie comme de la peste de tout ce qui n'est pas 100 % *natürlich*. De toute façon, même sans maquillage, l'écolo fait la course en tête. Depuis des mois, les sondages l'annoncent grande gagnante du scrutin du 18 septembre 2011. Elle détrônerait donc le charismatique Klaus Wowereit, maire depuis 2001. Homo assumé, grand fêtard, proche de ses administrés au point d'aller lui-même prévenir du danger les habitants de son immeuble un soir où un incendie s'était déclaré chez lui, il semblait jusqu'à présent incarner parfaitement le nouveau Berlin. Et puis Renate, ancienne ministre de l'Agriculture, a débarqué avec sa démarche de cow-boy et est venue marcher sur ses plates-bandes. À vrai dire, n'importe quel candidat des *Grünen* aurait un boulevard dans cette cité, où l'*ökologisch* et le *biologisch* sont portés aux nues et où les bobos sont chaque mois plus nombreux. Mais Frau Künast, avocate de formation, présidente du groupe parlementaire des Verts au Bundestag depuis des années, militante de la première heure dans son parti, n'a rien d'une parachutée. Sa légitimité tout comme son franc-parler plaisent aux Berlinois. Ce serait la première femme à diriger Berlin.

Déchets triés sur le volet

J'adore ma proprio. J'ai bien conscience que je choque toutes les Parisiennes avec cette phrase. Mais, quoi, c'est vrai : sous-location, colocation, il est très facile de se loger à Berlin et les propriétaires sont généralement conciliants. À 80 ans passés, Ursula Hübner possède plusieurs immeubles dans l'ancien Berlin-Ouest, héritage qu'elle a reçu de son père (le vieux Max, qui encaissait les loyers en liquide chaque mois et servait un schnaps en échange), lui-même ayant acquis ces biens pour une bouchée de pain dans les années 30 (hum, hum… un jour, je suis tombée sur une photo de ma rue en 1938, et l'immeuble le plus pavoisé, bingo, c'était le mien !). Un poil snob, elle fait tout pour me garder dans son immeuble de Kreuzberg ; voyez-vous, une Française, c'est chic… En dix ans, j'ai donc habité dans trois appartements différents à la même adresse. Frau Hübner a le bon goût de ne pas augmenter mes loyers et, en cas de problème, elle m'envoie toujours le plombier dans la demi-journée. Une seule fois, nous nous sommes accrochées. J'avais daigné jeter quelques cartons dans la poubelle des papiers, mais entiers, les cartons, pas déchiquetés en tout petits morceaux. Malheur ! Ah, j'aurais dû, pauvre de moi, passer quelques heures à user les cartilages de mes poignets dans le mouvement cent fois répété du carton à déchirer ! « Cela prenait tant de place que les autres habitants n'ont pas pu jeter leurs poubelles de papier pendant dix jours ! » Frau Hübner a le ton sec d'une institutrice des temps anciens. Elle ne m'a jamais demandé de caution pour le troisième appart, mais il ne faut pas prendre à la légère le tri des déchets !

adresses

Nous n'avons pas besoin des hommes !

Weiberwirtschaft
Anklamer Strasse 38, Mitte – 030 44022311
www.weiberwirtschaft.de

Le plus grand incubateur d'entreprises de femmes d'Europe ! Pas forcément besoin d'avoir envie de monter son affaire pour y faire un tour : on peut aller boire un thé au jasmin au restaurant asiatique du coin, prendre un cours de moto à l'auto-école, se faire décoincer les vertèbres chez les kiné/masseuses du premier étage…

Der Beginenhof
Erkelenzdamm 51-57, Kreuzberg – 030 6159177

Projet immobilier réservé aux femmes. La liste d'attente est longue, mais se renseigner ne coûte rien.

Schokofabrik
Mariannenstrasse 6, Kreuzberg – 030 6151464

Espace culturel et sportif pour les femmes uniquement. Le programme est disponible sur le site internet.

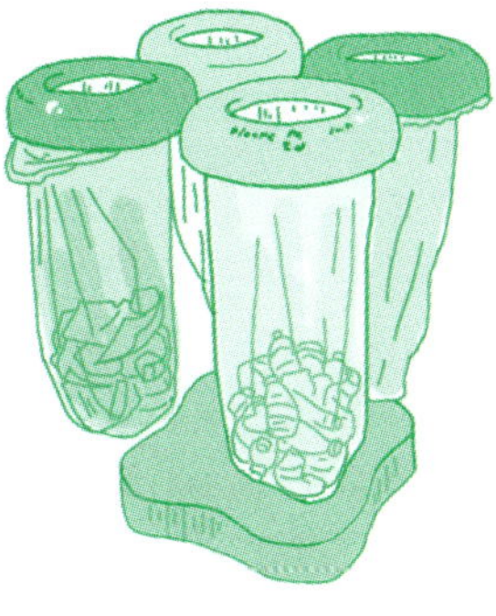

Quelques *Frauencafés*, cafés pour femmes

Marianne
Mariannenstrasse 6, Kreuzberg – 030 69814521

Le café de la Schokofabrik est l'un des rares espaces du lieu où les hommes peuvent entrer. Mais il faut généralement attendre la tombée de la nuit pour que le bar soit vraiment mixte. Sinon, c'est *girl power* ! Les groupes qui s'y produisent sont par exemple 100 % féminins. Une bonne adresse pour regarder la série policière *Tatort* le dimanche soir (avec organisation d'un concours pour identifier le tueur !).

Sofia
Wrangelstrasse 93, Kreuzberg

Bonne adresse pour un déjeuner entre copines, au cœur du Wrangelkiez, l'un des quartiers les plus métissés de la ville.

Queens
Pappelallee 65, Prenzlauer Berg – 030 44716785

Haut lieu du militantisme féministe virulent, fréquenté essentiellement par des lesbiennes. Excellente adresse pour rencontrer des militants de la cause, prendre contact avec des associations. Une fois par mois, le café organise un brunch pour familles homoparentales.

Madame sans-gêne

AUSGEGLICHENHEIT
PROUT
BRAVO! Tous les muscles doivent être détendus!

Zones humides

« Est-ce que quelqu'un est en phase de menstruation ? » Voilà, la phrase est lâchée, et moi, instinctivement, je rentre la tête dans les épaules. Pas vraiment envie de savoir laquelle de mes acolytes de yoga reçoit actuellement la visite de sa « tante de Rotenburg » (petite ville de Basse-Saxe, dont le nom signifie *grosso modo* « le bourg rouge » – pas la peine de vous faire un dessin, vous saisissez l'image). Ainsi commencent immuablement tous les cours de ma prof, Petra, avec la « phase de menstruation ». Immuablement, je pose mon tapis au premier rang, pas pour faire la fayote, non, juste pour ne pas voir laquelle lèvera le bras à l'énoncé de la question fatidique. Et je plonge le regard, on ne sait jamais, des ombres sur le mur d'en face pourraient trahir l'intimité d'une telle ou d'une autre.

« Mais enfin, c'est naturel, nous sommes toutes concernées, et il vaut mieux le signaler plutôt que de faire des postures inappropriées, je prévois toujours des exercices de remplacement », proteste Petra un jour où je la préviens de mon absence la semaine suivante. Mais moi, je préfère sécher un cours plutôt que lever le bras. Petra ne comprend pas. Au contraire, cela pourrait m'aider à traverser ces quelques jours, elle connaît des séquences qui soulagent les tensions dans le ventre. Mouiii, évidemment, mais comment te dire, Petra… Surtout que, tenez-vous bien, le cours est mixte. Nikki, elle, n'a visiblement aucune difficulté avec la chose. Cette grande brune n'hésite pas à demander bien fort à Petra comment elle peut améliorer son Viparita Karani alors qu'on est tous en chandelle. « Et avec un rouleau sous le bassin, c'est trop haut pour mon utérus, ou bien je peux le faire sans problème ? » Les Berlinoises sont d'un naturel déroutant. Ici, on appelle un chat un chat, et bite-couille-poil de la manière la plus normale du monde, en utilisant les mots exacts s'il vous plaît : pénis, testicule, poils pubiens… Entendu au square par exemple, une petite fille, tirant sur sa jupe : « Maman, ça me gratte le vagin ! » La mère : « Non, ma souris, ça te gratte plutôt la vulve. »

Les Berlinoises sont passées maîtresses dans l'art de remettre au cœur du débat les choses du corps. Et quand elles couchent leurs propos noir sur blanc, l'opération devient best-seller en moins de deux. Voyez Charlotte Roche, 33 ans, ancienne présentatrice trash d'une émission de rock underground sur une chaîne musicale indépendante. En 2008, elle a vendu un million d'exemplaires de son premier roman fort elliptiquement nommé *Feuchtgebiete*, *Zones humides* en français[1]. C'était bien la seule métaphore du bouquin… qui débutait en fanfare avec la phrase : « Du plus loin que je m'en souvienne, j'ai toujours eu des hémorroïdes. » Suivait une lon-

1. *Zones humides* est publié en français aux éditions Anabet.

gue réflexion de la jeune narratrice sur son corps, formidable machine à sécréter, à jouir, à puer. 70 % autobiographique, répétait Charlotte Roche pendant la campagne de promotion. Aujourd'hui encore, la brune est intarissable sur les fissures annales, les blessures péniennes liées à la masturbation par aspirateur, les poils sous les aisselles ou les serviettes hygiéniques parfumées : « Quelle négation de la féminité ! La pub t'envoie en pleine face un message terrible… Tu pues ! Le soir, si tu n'as pas porté ta serviette parfumée, tu pues ! Tu es repoussante ! Stop ! Rappelons-le, c'est normal de sentir de la vulve le soir ! Comment veux-tu après que la femme s'épanouisse sexuellement si, en plein cunni, elle complexe parce qu'elle n'a pas utilisé la serviette truc au parfum machin ! »

Elle se tient bien droite sur sa chaise, Charlotte, passe de temps en temps la main dans ses cheveux remontés en nattes de part et d'autre d'un visage à la Blanche-Neige. Presque BCBG dans son genre. Mais le côté sage s'arrête là. L'aseptisé, le propret, elle déteste ! « J'ai récemment appris que certaines personnes se font désormais teindre l'anus en rose. La couleur naturelle tend vers le marron, mais ça ne fait pas clean, tu vois. Alors zou, on peinturlure ! Et quand j'entends que des femmes mariées n'osent plus avoir de rapports sexuels avec leur propre mari les jours où elles n'ont pas eu le temps de se raser les jambes, ça me rend folle ! » Du temps où elle était animatrice pour Viva 2, elle menait ses interviews en débardeur, tous poils sortis. « Ce sont des poils, seulement des poils ! »

À sa sortie, *Zones humides* a immédiatement fait scandale. L'Allemagne de Heidi Klum (la belle et lisse Heidi anime une émission de téléréalité où l'on tyrannise des troupeaux d'adolescentes en vue d'en faire une armée de mannequins clonés), de Nivea et de la Bavière catholique a crié à la pornographie. Charlotte Roche hausse les épaules, et Berlin avec elle. Ici, je n'ai rencontré personne que ces histoires de prurit vaginal, d'odeurs intimes, de godemichets faits maison avec des noyaux d'avocats aient choqué. Le Berlin intello s'indignait tout au plus qu'on fasse de ce catalogue d'aventures corporelles un chef-d'œuvre de littérature. La forme dérangeait, pas le fond. Au cours de yoga de Petra, on applaudit les ventres qui gargouillent (« Preuve que le corps se détend », dixit Petra), et même le pet chuintant de Margrita, la plus âgée du studio, une septuagénaire toute fripée qui réussissait ce jour-là pour la première fois à monter en poirier. Alors se formaliser pour un livre qui n'est finalement rien d'autre qu'un guide pour apprendre à s'assumer…

La culotte reste au vestiaire !

Oups, la grosse dame a fait tomber le maillot. Avec de tels bourrelets, au moins, la question de la pudeur est tranchée : son sexe est dissimulé par un repli ventru qui pend jusqu'à l'aine. Son compagnon de baignade, lui, m'expose un derrière étrangement blanc pour un adepte du naturisme. Scène ordinaire de la vie berlinoise, autour de l'un des nombreux lacs de la ville (Berlin est la capitale européenne qui compte le plus de kilomètres de plage). On a pédalé une petite heure depuis le centre et, déjà, la Spree s'élargit, des criques ensablées apparaissent dans les méandres, un peu plus loin, voilà le Müggelsee, le lac de Müggel. À l'opposé, ce sont le Wannsee et le Tegeler See qui ceinturent la ville. Il y a même des plans d'eau ouverts à la baignade à l'intérieur des quartiers, au cœur des parcs. Sans compter les milliers de lacs du Brandebourg. Bref, quand l'été arrive, les Berlinois se jettent à l'eau… tout nus et tout bronzés !

Mais reprenons notre récit, et notre étude sociologique du jour, car madame gros bidon et monsieur blanc du cul sortent en s'ébrouant de la rivière. Ça ballotte du haut jusqu'en bas. Coup d'œil à gauche, coup d'œil à droite : mais, ma parole, je suis la seule à mater ou quoi ? Eh oui ! Ici, le FKK (*Freikörperkultur*, « culture du corps libre ») est bien plus qu'une lubie de vieux libidineux, « c'est une phi-lo-so-phie ! » m'apprend une voisine sociologue. Pour la faire rapide, tout a commencé à la fin du XIXe siècle, avec le désir franchement révolutionnaire à l'époque d'envoyer au tapis la morale judéo-chrétienne. De ton corps, tu n'auras pas honte, libre enfin tu vivras ! Selon de doctes savants, il y aurait aussi un peu de romantisme prônant un retour à la Nature, principe si cher au peuple allemand… en gros, désape-toi et tu finiras comme Heinrich Heine ! Moi je dis, si tu veux garder ta poitrine de Germania, si ferme et si haute, mieux vaut ne pas enlever le bikini, mais bon… Enfin, et ma voisine finit là son exposé, « le FKK a prospéré dans les milieux ouvriers car il flattait l'idée d'une égalité entre les classes. À poil, pas de différence ! ». En RDA, le mouvement avait conquis les masses, ravies de faire la nique (sans mauvais jeu de mot, vous gardez pour vous vos allusions, *danke*) tout sexe à l'air aux apparatchiks du régime, au point qu'il a été question de l'interdire. Trop libertaire, tout ça !

Bref, le FKK, c'est politique, c'est philosophique, c'est idéologique. Et surtout pas érotique ! « Tu n'as pas peur de te faire draguer ou embêter ? » Il faut voir la tête de Katrin quand j'arrive, gros sabots aux pieds (et soigneusement enroulée dans mon paréo), avec ma question. Elle étale son corps huilé sur l'une des pelouses du Tiergarten, le Central Park berlinois. « Comme si les gens n'avaient jamais vu une paire de fesses ou une paire de seins… Non, on me fout la paix. C'est naturel. On ne me regarde même pas. » C'est vrai que Katrin n'est pas la plus remarquable du parc. Un peu plus loin, deux étudiantes potassent un manuel de droit en peaufinant le bronzage de leur raie des fesses. Un couple de trentenaires à piercing bien placés échange quelques passes de volley. Et une famille sort le pique-nique – scène incroyable où les sandwichs sont les mieux emballés du groupe !

Rassurez-vous, Berlin n'est pas un Woodstock géant. On trouve certes des nudistes un peu partout dès que le soleil réapparaît, fin avril, mais les mères de famille peuvent emmener leurs gosses faire trempette sans que l'après-midi se termine en leçon d'anatomie. Suffit d'obliquer à gauche tout de suite en entrant sur la grande plage de sable du Wannsee – le secteur FKK est à l'opposé. D'une manière générale, les périmètres FKK sont bien délimités. À la très familiale piscine en plein air de la Prinzenstrasse, les zizis nus se terrent pudiquement (si j'ose dire) derrière de hautes canisses. À l'abri des autres baigneurs, oui, mais pas du tout des promeneurs le long du canal, en bordure de la piscine, qui peuvent donc se faire des travellings longs de cent mètres au pays d'Adam et Ève. Ma copine Suse, qui habite juste en face, préfère les plans en plongée : un vrai spot de paparazzis, son appart, une plate-forme pour prédateur à la recherche de chair fraîche. Si cet étalage d'attributs plus ou moins fermes juste sous ses fenêtres la dérange ? « Ah, tu sais, je ne fais pas attention. Et puis ils sont moins bruyants que les familles. Ça piaille moins. » Du coup, Suse, toujours très rationnelle, fait des économies sur les rideaux. Sûre et certaine que personne n'ira la mater quand elle se balade à poil dans son appartement. De l'autre côté de ma cour, une charmante pintade d'à peine 20 ans a dû aboutir à la même conclusion (même si, je le jure, mon immeuble n'est pas FKK), car tous les matins, elle enchaîne séries de step et petits moulinets sur son vélo d'intérieur, en chantant à tue-tête… toute nue ! Trois étages plus haut, j'ai droit au spécimen « Australien de Dim », qui joue de la guitare toute anatomie sortie. « Et encore, tu habites dans l'ancien Berlin-Ouest. Moi, à Pankow, je connais les parties intimes de tous mes voisins ! On se croise dans l'escalier et on se retrouve plus tard dans la soirée, face à face, sur nos balcons respectifs, tout l'attirail à l'air ! » s'esclaffe une amie. Au début, ça la gênait un peu, maintenant elle est entrée dans le jeu.

Je n'en suis pas encore là. Mais après presque dix ans à Berlin, je me dévêts plus facilement. Maintenant, je ne réfléchis même plus, et c'est entièrement nue que je me savonne sous la douche de la piscine. Mieux vaut choisir cette option si on ne veut pas être dévisagée. Renversez vos valeurs ! La fille en maillot, quelle farfelue, quelle extravagante, c'est elle qu'on mate ! Et n'essayez même pas de pénétrer dans un sauna sans vous être délestée de tout centimètre carré de tissu. Ah, le sauna… La version hivernale du bronzage intégral des beaux jours : le corps exulte, libre, il a laissé au vestiaire toutes ses entraves ; oubliés les collants en laine sous le jean, les bottes qui serrent les mollets, les gants, les bonnets… Nue, allégée, purifiée, il te semble qu'enfin tu pourras survivre à l'interminable hiver prussien. Comment faire sans ces stages express dans la touffeur, qui te rappellent soudain que d'autres saisons existent ? Ravivent l'espoir que les grosses chaleurs reviendront ? C'est salutaire, parole de pintade ! Alors arrête de te plaindre et fonce suer un peu !

Sauna à 60 °C, sauna dit finlandais à 90 °C, sauna humide (comme un hammam), sauna avec aromathérapie… Le choix est vaste, mais le principe identique : on commence doucement ! La première fois que j'ai « sauné » (du verbe allemand *saunieren*, évidemment), j'ai voulu jouer les matadors ; ma copine à côté avait viré écrevisse, sa peau de blonde ruisselait, mais elle continuait de sourire, moi je serrais les dents, les yeux rivés sur le petit sablier fixé au mur. J'ai craqué avant la chute des derniers grains. Quand Nicole m'a rejointe dans le coin transats, elle m'a avoué : « Moi, je tiens quinze-vingt minutes, mais c'est parce que j'ai commencé toute petite. Il y a un sauna chez mes parents. » Alors, comme je ne souhaite pas avoir des évanouissements de lectrices sur la conscience, je vous en conjure, ne faites pas comme moi ! Mais je vous le promets, la phase d'entraînement est de courte durée. C'est fou comme le corps accepte vite d'avoir chaud !

En revanche, la phase d'adaptation culturelle au « sans maillot » est nettement plus longue. « Pour moi, deux ans et demi n'ont pas suffi ! » reconnaît une copine française. Quand les Allemandes s'étirent, alanguies sur les petits bancs de bois chauffés à blanc, exhibant au moindre souffle d'air brûlant leur entrejambe plus ou moins touffu, les touristes hésitent devant la porte. « Je crois que la question de la nudité est l'une de ces frontières civilisationnelles qui sépareront à jamais l'Allemagne du reste du monde », souligne, pince-sans-rire, un copain journaliste, longtemps en poste dans les pays anglo-saxons. Évidemment, il y a toujours l'option médiane, que j'ai longtemps privilégiée et qui consiste à y aller avec une serviette autour de la taille. Mais cela ne vous protège nullement du manque de pudeur de vos compagnons de sauna. Le sauna étant mixte la plupart du temps, les face-à-face pénis mous/seins flasques (ben oui, par 60°-90°, il ne faut pas s'attendre à être au top de sa forme) sont inévitables. Mais là encore, personne ne regarde, personne ne parle, drague impossible (sauf dans les saunas pour hommes de la scène gay, mais là n'est pas notre propos). Sauna rime avec détente, « on est cool, on se délasse, on laisse tomber tout le stress », m'explique une grande habituée croisée au Badeschiff, le sauna tendance du moment, sorte de bulle qui flotte sur la rivière. Elle, elle y va même avec ses collègues en sortant du boulot et a déjà fêté son anniversaire dans la moiteur des lieux. Tout ça à poil, évidemment ! « C'est anti-hygiénique de garder son maillot. La transpiration dans le synthétique peut te donner des mycoses. Tu peux les refiler aux autres, et puis c'est inconfortable. À quoi bon se faire un sauna si c'est pour ne pas être à l'aise ou en sortir avec des maladies ? » La simplicité et le pragmatisme des Berlinoises m'épateront toujours.

Badeschiff désapée

Des transats en bois qui basculent doucement d'avant en arrière, comme de grands berceaux, des matelas recouverts de lin, des plaids en polaire ; près du bar, un DJ mixe de l'électro-cool presque langoureux. Ici, tout semble fonctionner au ralenti, à l'unisson des savates des visiteurs qui traînent en chuintant sur le sol. Le Badeschiff (« bateau-baignade ») est incontestablement le sauna le plus branché de la ville. La piscine à moitié découverte flotte sur la Spree, parfois il neige sur nos têtes et la glace tout

autour craque, décuplant ce plaisir presque fœtal qui nous assaille quand on plonge nue dans l'eau tiède. Car, si dans les lounges de repos, tu gardes ton peignoir, pour la piscine, c'est à poil, s'il te plaît. Idem pour la cabine à sauna, évidemment. Et tout ceci embarrasse terriblement ce couple d'étudiants américains, en bermuda de bain et sage bikini, qui aimeraient bien profiter de la hype du lieu, mais qui tournent en rond comme des lions en cage, de la piscine au sauna. Ils ont bien tenté d'y entrer en maillot, mais ils se sont fait rabrouer par le personnel et chasser du chaud paradis comme des Adam et Ève trop pudiques. Maintenant, c'est séance de contorsion pour se déshabiller tout en restant cachés dans la serviette, surtout ne pas la lâcher, la garder serrée-serrée contre la poitrine. Il n'y a que sur les brochures publicitaires que le public du sauna est emballé comme ça. Vlan, l'un des deux rouleaux de printemps vient de glisser sur l'humidité du parquet ! Terrorisée, elle plaque son bras entre ses jambes, sait-on jamais, dans sa chute, on pourrait avoir aperçu quelques poils… Ils font un tel boucan que tout le monde les regarde maintenant ; ils auraient traversé le lounge nus comme des vers que personne n'aurait rien remarqué. Mais là, on se pince les lèvres. Dommage, les voilà qui pénètrent dans la cabine, on va être privés de spectacle. Mais non !
Ils ressortent illico et commentent en chuchotant l'outrage qui leur a été infligé : un face-à-face avec un couple d'homos rasés de près. « *His balls seem really huge like that.* » Eh oui, un pénis glabre, ça fait grand, tout à coup. Mademoiselle, quant à elle, semble faire une fixette sur le prépuce non circoncis de l'autre type. Trop, c'est trop ! C'est décidé, ils attendront que le sauna soit vide. Mission impossible. 15 heures, c'est l'heure de pointe au Badeschiff. Le grand défilé des sexes libérés, tout le monde est de sortie ! Vive Berlin !
NB : l'été, le Badeschiff devient une piscine en plein air avec show-case le soir et cours de yoga tous les vendredis.

Mamelles au vent

Mamelles au vent, j'allaite, tu allaites, elle allaite en plein air ! La philosophie du FKK libère les corps et les âmes ? Dit-on… Une chose est sûre, elle facilite considérablement la vie des jeunes mères. Pas étonnant qu'on allaite si longtemps ici, six mois minimum. Bébé chouine dans les allées du Ikea de Tempelhof ? Paf, le sein saute du corsage et on n'en parle plus. On allaite même dans les allées du Parlement municipal, et récemment, une députée du Bundestag a obtenu le droit de nourrir sa petite fille dans l'enceinte la plus solennelle de la démocratie allemande, pendant une séance plénière. Le Code du travail contraint même les employeurs à aménager des pauses allaitement pour les mamans qui ont repris le boulot : soit la nounou amène le bébé directement à la source pour une tétée entre machine à café et photocopieuse, soit maman s'en va aux toilettes tirer son lait, qu'elle stockera soigneusement pour le lendemain. « Comme ça, le rythme des tétées n'est pas brisé, ta production reste optimale, ton bébé ne se rendra compte de rien quand tu reprendras l'allaitement complet le week-end », m'avait conseillé ma sage-femme, qui pensait qu'ainsi je pourrais jouer conjointement les reines de l'info ET les déesses du téton. C'te bonne blague ! N'empêche, le dévouement des mères allemandes va souvent jusque-là. Complexée d'avoir repris le travail si tôt (son fils avait six mois), ma copine Valentina a enchaîné les allers-retours bureau-domicile pendant toute l'année suivante pour assouvir les besoins primaires de son goulu bébé.

Berlino de Janeiro

Comment gagner sa vie quand on est une Brésilienne à Berlin ? Revendiquer une formation de *depiladora* au pays et ouvrir un studio d'épilation dans le centre. Depuis deux-trois ans, ils poussent aussi vite que les poils de nos gambettes. Business florissant aux noms exotiques : Rio-Waxing, Bella Brasil, Copacabana… Une révolution est en marche : les Berlinoises se sont mises à l'épilation. Loin de moi l'idée de conforter le cliché des Allemandes velues, car voilà plusieurs décennies qu'elles utilisent le rasoir, oui, oui. Mais aujourd'hui, le tout-nu/tout-lisse est à la mode. *Brasilian style in Berlino de Janeiro.*

Dalva Costa, la pimpante propriétaire de la Waxing Company, ne chôme pas. Chaque jour, elle accueille avec son équipe 100 % brésilienne une soixantaine de clientes qui viennent de leur plein gré se faire torturer sur un air de samba. « Mais vous n'avez pas de quoi rougir ! Chez nous, c'est tout ce qu'il y a de plus normal ! » Elle chahute une quadragénaire qui demande à mi-voix une épilation totale du pubis. « Et le derrière ? » La dame hésite. Dalva désigne un éphèbe androgyne au tablier vert et jaune. « Quand tu lui as confié une fois ta raie des fesses, tu y reviens toujours ! » Outre sa visiblement célèbre dextérité dans l'art de manier la cire chaude dans nos recoins les plus intimes, Antonio, ancien gogo danseur, a l'accent roucoulant et sa propre théorie sur le boom du *brasilian waxing* : « Les hommes ont lancé la tendance. Être glabre du torse, des aisselles et des parties génitales, c'est ça, le truc en ce moment ! Regarde les pubs ! Alors leurs partenaires veulent à leur tour tester le nu intégral. En plus, pour le sexe, ça transcende ! Une révélation ! » D'après Tereza Paula Coelho Bastos, *depiladora* chez Queen of Wax (nom anglo-saxon, méthodes toutes brésiliennes), l'argument sexuel revient sans cesse quand il s'agit de tenter l'expérience radicale : « Mes clientes évoquent des questions d'hygiène et leur volonté de pimenter leurs rapports sexuels. » Peau contre peau, on appelle ça le « sexe sans barrière ».

« Tu connais quelqu'un qui aime avoir des poils sur la langue ? » demande ingénument Nina, mère de famille de 34 ans, qui se rase le pubis depuis quinze ans. Que son sexe ressemble maintenant à celui de sa fille de 4 ans ne la dérange en rien. « Les féministes stigmatisent cette pratique, qui trahirait un manque d'émancipation. Vouloir un sexe d'enfant révélerait notre désir de revenir à un modèle de domination parental, patriarcal même. Tu parles ! Pour moi, être émancipée, c'est justement pouvoir faire ce dont j'ai envie ! » Et elle a envie de monter à cru, Nina.

Pourtant, Ulrike Brandeburg, directrice de la Deutsche Gesellschaft für Sexualforschung, sorte de CNRS de l'orgasme, est formelle : l'absence de poils n'influe en rien sur le plaisir. Sur le désir, peut-être : « On a une meilleure vision des parties génitales. Surtout des siennes. Cette mise en scène de son propre corps flatte les ego et renforce l'impression d'attractivité. » Au cours des cinq dernières années, son institut a mené plusieurs enquêtes sur le rapport des Allemandes à leur pubis. Verdict sans appel : 36 % des femmes de ce pays se rasent ou s'épilent totalement le sexe, 69 % des 14-29 ans, et ce chiffre passe à 81 % dans les grandes villes, Berlin en tête ! Waouh ! J'en ai le tournis, et pas seulement à cause des senteurs de monoï de la Waxing Company. Je serre les cuisses, la trouille au ventre que les yeux de Dalva aient je ne sais quel pouvoir infrarouge et découvrent l'atroce vérité de mon entrejambe. Car avec mon épilation bikini, on peut me ranger dans la catégorie yéti. Et histoire que vous mesuriez l'ampleur de cette révolution, sachez que 67 % des Allemands de moins de 30 ans dénudent régulièrement (et complètement) leur pénis et leurs testicules !

Les temps ont donc bien changé depuis l'époque où ma correspondante s'étonnait de me voir utiliser un épilateur – jamais vu cette machine-là, et j'ai encore dans l'oreille les cris sauvages qui accompagnèrent son premier test. Elle, c'était la reine du coup de rasoir rapide sous la douche. Toujours nickel, Saskia, malgré son physique de Méditerranéenne, peau mate et poils foncés. Assez fière d'ailleurs de jouer les précurseuses dans son bahut. Pour beaucoup de ses copines, tout ça restait incontestablement un truc de midinette, d'une futilité tellement ridicule ! À l'est du Mur, l'idéologie ouvrière flattait les femmes aux muscles forts. Citoyenne, tu es l'égale du camarade homme, jusque sous tes bras. Le mouvement nudiste n'a pas contribué non plus à l'hyperféminisation des corps : dans une société où être nu semblait une évidence, céder aux sirènes d'un esthétisme hollywoodien était suspect en soi, c'était le premier pas vers la pornographie, maladie propre à l'Occident dégénéré. À l'opposé, le fantasme s'appelait Nina Hagen, avec ses aisselles hirsutes ! Et quand la punkette de Berlin-Est s'est retrouvée à l'Ouest, les longues touffes jaillissant de ses débardeurs fluo n'ont aucunement entravé sa carrière. Là, c'étaient les féministes et les écolos qui vouaient l'épilation aux gémonies. Quoi ? Céder au désir des hommes, devenir des poupées, des objets, mais vous n'y pensez pas ! Et puis mère Nature nous a conçues ainsi. Dans la même veine, elles jetaient leurs soutiens-gorge aux orties.

C'en est donc maintenant terminé. L'Allemagne n'est plus la patrie des femmes velues. Et dans sa radicalité, ce changement me laisserait presque penser que c'est nous, les Françaises, qui sommes désormais à la traîne. Pas bon pour l'estime, ça. Alors je fonce à la piscine de Kreuzberg, le bastion des vieilles féministes ouest-berlinoises, des écolos, des lesbiennes… Le lundi, entre midi et deux, les hommes restent à la porte du grand bâtiment bleu et vert. Dans ma tête, les paroles de Dalva la *depiladora* résonnent encore : « Il n'y a pas de saison pour l'épilation. On n'est jamais à l'abri d'une rencontre qui finit au lit, ou d'une séance de piscine impromptue ! » Mouaaaiiiis… Visiblement, les femmes ici l'entendent autrement : « Je me sens plus à l'aise. Je suis sûre qu'on ne va pas me juger. Je me jette à l'eau comme je suis », m'explique une grande brune, masculine des poils à la carrure des épaules. Avec quelques copines, elle a créé un groupe de natation qui s'entraîne là toutes les semaines. Les mollets velus s'agitent en petits battements et pendant les longueurs de crawl, on voit comme des têtes de nouveau-nés collées sous les aisselles. J'en soupire d'aise. Et j'en profite, toutes mirettes sorties. Autant de confiance en soi, de symbiose avec son corps, de liberté face aux conventions, ça mérite le respect et toute ma reconnaissance de pintade ! C'est presque émouvant de savoir qu'elles sont en voie de disparition, ces Berlinoises-là. Quand le dernier des Mohicans débarque sur la planète des singes…

La crème de la crème

Qui a dit que les Allemands n'ont pas le sens du service ? Cette personne à coup sûr est un individu de la pire espèce, et un mâle assurément… Car jamais, ô grand jamais, vous ne trouverez une pintade pour critiquer le peuple qui a inventé ce joyau de la vie consumériste moderne, ce paradis sur terre, cette caverne aux mille délices : le supermarché à produits de beauté et d'hygiène ! Schlecker, Rossmann, DM, Drospa : qu'importe le flacon (on dénombre une demi-douzaine de ces chaînes, à mi-chemin entre la parfumerie et la droguerie, à Berlin), pourvu qu'on ait l'ivresse... L'extase même, face à ces rayonnages qui débordent de shampoings L'Oréal, Schwarzkopf et compagnie, souvent en promotion ! L'orgasme enfin, qui secoue tout ton corps, quand tu découvres le stock de crèmes pour le visage, pour le corps, pour les pieds, pour les mains, pour ton bide de femme enceinte, pour tes petits recoins secrets, puisque c'est là, et pas ailleurs, que tu vas acheter ton lubrifiant et ton savon intime en toute discrétion. Ici, pas de pharmacienne pour lever les sourcils quand cela fait trois mois de suite que tu te jettes sur les tests de grossesse... Au pire, il y aura le regard de la caissière, mais elle t'aura oubliée depuis longtemps quand tu reviendras pour ta prochaine razzia... une semaine plus tard !

Ce n'est pas un hasard si ces magasins s'appellent droguerie : on en est totalement accro ! L'éventail de produits couvre absolument tous nos besoins et les prix sont bas (dieux du discount qui menez la danse de la concurrence dans la distribution allemande, merci et reconnaissance éternelle !). En plus, la qualité est au rendez-vous... Que demander de plus ? Certes, on reste dans du moyenne gamme (pour les produits de luxe, il faut chercher du côté des grands magasins type Kaufhof ou Karstadt), mais on trouve le Tout-Nivea, Dove, Garnier, Olaz, Neutrogena et la ligne grand public de L'Oréal. Et aussi les gammes 100 % bio de Weleda ou Dr. Hauschka. Le rayon à côté déborde lui de tisanes drainantes, ventre plat, ou encore du spectaculaire « thé anti prout » comme dit une de mes copines, l'infusion de cumin. Tout est à portée de main sur une surface qui reste à taille de pintade, et surtout, on trouve ces magasins absolument partout dans la ville – il y en a parfois plusieurs fois dans une rue. Si t'as oublié le vernis chez DM, tu t'arrêteras au prochain Rossmann. Ah, qu'il est simple d'être berlinoise ! Je connais des Parisiennes qui font le plein à chaque passage sur cette terre sainte.

Moins glamour, notons que c'est aussi ici qu'on se ravitaille en papier toilette, éponges, serpillières et autres produits anticalcaire pour les cabinets. Là pour le coup, les expatriées qui font la nique à leur copines rentrées à Paris (qui les supplient de leur envoyer un nécessaire de survie par la poste, histoire de tenir jusqu'à leur prochain séjour berlinois…) s'en mordent les doigts : ici, impossible de faire toutes ses courses au même endroit… Le supermarché n'a pas tout à offrir. Pour les produits d'entretien, ravalement de façade au sens propre ou figuré, il faut faire un détour à la droguerie. Inévitablement, on s'égare au rayon des teintures capillaires. Économie de temps et d'argent ? Nulle !

Mais on y retourne toujours. Devant ces rayonnages de bonheur en tube, la basse-cour berlinoise est même très unie. Le culte de la droguerie dépasse les clivages sociaux. Certes, vous trouverez bien quelques poules pour vouloir ab-so-lument le dernier soin au riz de Shiseido et dévaliser systématiquement le rachitique duty-free de l'aéroport de Tegel (vivement le grand Berlin-Brandebourg-International, qu'il y ait enfin de la place pour nos onguents !). Mais la plupart des femmes de la ville se contentent, à 20, 30, 40 et même 60 ans, d'une bonne crème hydratante, au plus d'un léger antiride. Dans ce cas, la droguerie fera mille fois l'affaire. Résultat, le Tout-Berlin à plume s'équipe ici, en gloussant de dédain pour ces Américaines aux traits si lisses, et en caquetant dans les dos des Européennes qui cèdent à cette mode siiiiii artificielle venue d'Outre-Atlantique. « Ségolène Royal, elle carbure au Botox, non ? me demandait une collègue de la télé allemande en 2007. C'est drôle de se dire qu'elle a un an de plus qu'Angela Merkel ! » Je n'ai pas saisi si son ton ironique égratignait l'Allemande ou la Française. Sans doute un peu les deux. Toujours est-il qu'en presque dix ans de vie à Berlin, je n'ai *jamais* vu ou reçu de publicité pour un institut pratiquant des liftings ou des injections de Botox.

Car oui, la Berlinoise, femme forte, fière, confiante en elle (et un poil castratrice, donc ces messieurs n'y trouvent – comme c'est étrange – rien à redire), assume son âge. Surtout, elle se méfie comme de la peste des produits chimiques. À côté de ce rejet, la croisade anti-BPA dans les biberons français tenait de la guéguerre de récréation. Ici, on a atteint depuis longtemps le stade de la névrose phobique. Mettre des trucs avec des molécules à nom barbare sur ma tronche ? Plutôt mourir ! Les magazines féminins relaient scrupuleusement les rapports de la Stiftung Warentest, le *60 millions de consommateurs* allemand, qui colle des notes à tous les produits du quotidien. Et du côté des cosmétiques, ça épingle sec. À part le tout-bio, rares sont les gammes qui passent le cap de la moyenne. Il y a quelques années, la Bardot de nos bords de Rhin, une starlette bavaroise des années 60 répondant au nom si seyant d'Uschi Glas, a bien tenté de lancer sa propre ligne de soins du visage, forte de son image de femme éternellement jeune. Ah ça, les rides disparaissaient bien, mais sous les rougeurs et les boutons ! Les Berlinoises se délectent encore de l'affaire, quand elles filent à la droguerie faire le plein de crème hydratante à 10 euros. En revanche, pas question de lésiner côté budget pour acheter des yaourts à l'aloe vera, des extraits d'huile de lin, des graines de je-ne-sais-quoi-qui-mettent-ton-corps-en-balance-selon-les-préceptes-de-la-médecine-traditionnelle-indienne. En gros, lifting de l'intérieur. Depuis quelques années, les restaurants ayurvédiques se multiplient et la mode est aux régimes détox.

Couleur *Kaffee*

Michaela ne veut pas aller en détox, non, non, non… À part ça, Amy Winehouse et elle n'ont pas grand-chose en commun. À commencer par la couleur de la peau : à l'opposé de la pâleur presque maladive de la chanteuse, Michaela arbore un bronzage caramel cramé… de janvier à décembre ! Séance d'UV tous les deux-trois jours. Dans ses poches tintent les pièces de 2 euros : la garantie qu'elle aura sa dose aujourd'hui – huit minutes dans la chaleur artificielle d'un caisson bleu. On glisse la monnaie directement dans l'appareil, on choisit le programme musical, et psssshhhh, la cuisson commence. Il y a quatre ans, l'employée de mairie a tenté de décrocher. Elle n'a pas tenu une semaine. Sevrée de soleil, la quadragénaire a perdu appétit et joie de vivre : « J'étais crevée, nauséeuse, susceptible, agressive. J'avais même mal partout, des courbatures, comme pour une grippe. »

Un sondage s'impose. Direction le Solarent le plus proche. Avec trente-deux studios à Berlin depuis 1972, Solarent et son logo plein de promesses, « Vacances express à petit prix », est numéro 1 des solariums en Allemagne. Ses enseignes font le plein du soir au matin ; il y a toujours du monde dans les grands halls carrelés, bordés de plantes en plastique. Et un avis presque unanime : ici, on ne soigne pas seulement son aspect physique, on entretient son humeur. « Je sors de là détendue, positive. Comme après quelques verres de vin ou un petit joint », m'affirme une blonde d'une vingtaine d'années. Bref, là, juste derrière la porte vitrée, il y aurait un nirvana légal et à bas prix. Je passe la tête. Hum, l'alignement des portes en aggloméré blanc tient plus des sanitaires d'un camping que du jardin d'Eden. J'en pousse une et découvre le saint des saints, un sarcophage gluant (visiblement, l'utilisateur précédent n'a pas utilisé de serviette) dans lequel repose une brochette de néons froids. Je regrette tout à coup d'avoir eu un jour 18 ans. Car depuis 2009, les solariums sont interdits aux mineurs, et un autocollant de mise en garde contre les méfaits des rayons est apposé sur le couvercle de l'appareil. Je n'ai pas dû insérer assez de jetons, ou je n'ai pas tenu assez longtemps sous les rayons brûlants : l'ivresse ne m'a pas assaillie. J'ai raté l'extase, mais quel soulagement : il y a donc des limites à ma germanisation… Michaela, elle, carbure à coups de séances de 20 minutes. Au coin des yeux, les rides creusent des sillons profonds où les UV ne s'enfoncent pas – elle corrige ça à l'autobronzant. Au fil du temps, son visage a pris une teinte carotte. Elle adore.

Douze millions d'Allemands se paient une séance d'UV au moins une fois par semaine. Champions du monde ! La mode frappe surtout les milieux populaires, à Berlin, les filles de l'Est et les immigrées. Les grandes gueules de Neukölln, Wedding, Marzahn, Lichtenberg… Bref, le même cœur de cible que celui des vacances au forfait dans les hôtels bondés de Majorque ou de Tenerife. Après une semaine à jouer à la crêpe sur le bord de la piscine, on entretient la couleur à domicile, chez Solarent ou toute autre chaîne d'UV en boîte. Le choix ne manque pas, d'autant plus qu'à Berlin la plupart des piscines et des salles de sport disposent aussi de bancs de bronzage en self-service : deux pièces dans la fente et zou, 30 minutes d'Ibiza !

Clivage social ? Sans doute. Mais quand vient l'été, les pelouses du centre se couvrent aussi de bronzeurs invétérés, peau huilée sous le cagnard. Curieuse habitude pour un peuple d'ordinaire si sensibilisé aux questions environnementales : je suis incollable sur le trou de la couche d'ozone, et pourtant je cultive mon mélanome au solarium ! Je défile en tête des manifs antinucléaire (aaargh les radiations !), mais mon gamin galope à poil sur les pelouses du Tiergarten ! Quand en plus, on sait que seuls 14 % des studios UV du pays répondent aux critères de qualité fixés par l'Office fédéral de santé publique, on se dit que c'est bien la peine de nous gonfler en permanence avec les normes de sécurité. Vivez quelques mois en Allemagne et vous verrez le lobby en marche : « Mettez 200 euros de plus dans votre lave-vaisselle, vous aurez du *Made in Germany* », « Seuls les sièges vélo Römer garantiront une sécurité optimale pour votre enfant », ou pire encore, du conducteur de la voiture d'à côté, au feu rouge : « Madame, sur Unter den Linden [donc, notez bien, au moins un kilomètre plus tôt], vous avez roulé sur la voie de bus, c'est dangereux ! » Je l'aurai bouffé, ce *Besserwisser* qui sait tout mieux que les autres.

Alors quand je lis dans les journaux des articles sur la nécessité de préparer sa peau au soleil de l'été, la quasi-obligation de fréquenter régulièrement les solariums, l'impératif catégorique de l'UV, je manque de m'étouffer avec mon bretzel. Hommage tout particulier au *BZ* (torchon berlinois qui n'a même pas la force de frappe et la puissance investigatrice d'un *Bild Zeitung*), qui ose recommander les solariums aux dépressifs : « La chaleur et la lumière réveilleront vos endomorphines, les hormones du bonheur. » Et à coup sûr aussi votre cancer de la peau. « Je sais bien que je risque gros, reconnaît Michaela face-de-carotte. Mais les fumeurs le savent aussi. »

T'as ton *tattoo* ?

Berit a 49 ans. Ça se voit à ses yeux, paupières un peu tombantes, tempes striées de rides. Les grosses lunettes de myope accentuent l'effet « regard de tortue des Galapagos ». À part ça, Berit a un corps parfait, *durchtrainiert* comme on dit ici, « entraîné » : comprenez fin, ferme, sportif sans être trop musclé. À l'âge où ses congénères luttent contre les biceps aile de Batman, qui font floc floc quand elles écartent les bras, et mènent la guerre à la varice, Berit, elle, expose encore ses longs membres avec une coquetterie d'adolescente, dans des jupes courtes et des robes sans manches. Manières de gamine, certes, mais vrai chic de dame. La première fois que je l'ai vue, elle arborait un ensemble turquoise du plus bel effet, qui lui faisait une silhouette Chanel. Elle lui avait assorti les collants d'un bleu similaire, pimpant sans être racoleur, le tout avec des dessins au trait fin. On y voyait une sirène et un bouquet d'iris que Van Gogh n'aurait pas renié, la queue d'un dragon, une déesse grecque à moitié nue… La semaine suivante (Berit participe à mon cours de danse), la jupe en maillage lilas découvrait des bas ton sur ton… avec les mêmes imprimés ! Le chef-d'œuvre, en fait, est tatoué sur ses jambes ! Et puis l'été est arrivé, et Berit s'est débarrassée de ses amples gilets : sur les bras, à l'encre indélébile, les mêmes arabesques formant des personnages improbables, poésie aquatique et florale, rouge, vert, bleu, jaune, comme une estampe japonaise.

Il fallait que je lui parle. On prend un verre à la sortie du cours. Et Berit se présente : Berit Uhlhorn… Berit Uhlhorn, de Tatau Obscur !? *Jawohl, Fraulein* ! Voilà des années que je fréquente sans le savoir l'une des plus grandes stars féminines du monde du tatouage berlinois ! « J'ai commencé assez tard, en fait, presque par hasard. Dans le Berlin du début des années 90, lors d'une séance de nu à l'Académie des arts, le type à côté me demande si je peux lui filer des cours de dessin ; en échange, il m'a appris à tatouer. » En 1994, elle ouvre Tatau Obscur. Aujourd'hui, le salon est l'un des rares lieux pour lesquels les bobos sortent du centre. Pensez-vous, il faut passer au sud de Potsdamer Platz, franchir le canal, s'aventurer dans l'ancien Berlin-Ouest sans âme, celui reconstruit à la va-vite dans les années 50-60. Mais c'est le prix à payer pour entrer au « firmament du tatouage moderne », dixit une journaliste spécialisée. Pour vous la faire courte, Berit et ses trois acolytes (toutes des femmes) ont révolutionné cet art. Finis les têtes de mort, les roses et les cœurs de bikers, ou même les entrelacements ethniques. « Je conçois le tatouage comme un collage, à la manière de Man Ray ou de John Heartfield. J'y intègre du graphisme de publicités des années 50, d'affiches de propagande maoïste, des animaux toujours... » Désormais, j'ouvre les yeux dans la ville et quand je croise une épaule qui déborde, à la Frida Kahlo, je sais que Berit y a laissé sa patte. Elle ne tatoue que sur rendez-vous. Un à deux ans d'attente !

4,2 millions d'Allemands portent un tatouage. 26 % des femmes de 14-24 ans ! « Pour la génération réunification, le tatouage n'a jamais été vulgaire ou un truc de marginaux, de rockers, de punk... », m'explique Ariane, une brunette survitaminée de 26 ans et ma consultante préférée pour tout ce qui concerne les jeunes de ce pays. Elle-même a une petite constellation bleutée sur le poignet. « J'ai lutté quasiment une année pour avoir une place chez Blut und Eisen, c'est Yvonne qui l'a dessinée. La même Yvonne qui a fait le seizième tatouage d'Angelina Jolie ! » Blut und Eisen (« du sang et de l'acier », et non pas « des germes et des bactéries » ou « de l'encre et une infection » ; ici comme partout à Berlin, on est très à cheval sur les normes d'hygiène) et son style médiéval donjons et dragon, c'est le studio concurrent de celui de Berit. Le frère ennemi ouvert la même année, dans la même frénésie créatrice qui a suivi la chute du Mur. Les spécialistes sont divisés : lequel des deux représente le mieux l'école berlinoise du tatouage ? Je suis bien incapable de répondre, évidemment, mais un coup d'œil à la ronde suffit à convaincre de l'importance du marquage des corps dans la culture de la ville. Les profils à la Berit, tatoués des pieds à la tête, ne sont pas si rares. La mode est clairement aux gros dessins : un combat de panthères entre les omoplates, une tempête de mer sur la courbe des reins, des plantes grimpantes sur les mollets et d'étranges êtres hybrides qui sortent du col de la chemise…

Dégaine un peu écorchée, épaules voutées dégageant un grand cou sec, Franzi, chanteuse de rock à ses heures perdues, a choisi un design presque manga pour les étoiles qui recouvrent ses deux bras. Sur la nuque et derrière les oreilles, des naines noires épousent si bien le relief de la peau qu'on dirait qu'elles scintillent d'un sombre éclat. « Les vieux de la maison de santé me demandent de leur montrer aussi les planètes que j'ai sur le ventre. Ils sont intrigués, mais pas choqués. Souvent d'ailleurs, au bout d'un moment, ils trouvent ça joli, témoigne la mince fille de l'Est rencontrée lors d'un reportage sur le milieu paramédical. Je sais que dans certaines villes, avoir un tatouage est un handicap pour décrocher un boulot. Je n'ai jamais eu de problèmes ici, même en travaillant dans le secteur médical. »

Être tatoué est devenu ordinaire à Berlin. Dans toutes les classes sociales. Même Bettina Wulff, la nouvelle first lady du pays[1], conservatrice bon ton, arbore une flamme sur l'épaule droite. « Comme la mode est aux dessins fins et délicats, le phénomène se féminise à grande vitesse, analyse Berit. Les femmes rattrapent les hommes. Elles sont majoritaires chez mes

1. À ne pas confondre avec la chancelière ! La first lady est la femme du président de la République, un homme à la fonction avant tout honorifique, mais qui s'installe dans un joli castelet blanc à l'orée du Tiergarten. Mme Wulff, quoique fraîchement arrivée sur les bords de la Spree, est donc une pintade 100 % berlinoise.

nouveaux clients. » Mais sa clientèle n'est pas représentative : il faut beaucoup d'argent pour confier son corps à la grande prêtresse de Tatau Obscur. Dans les quartiers plus populaires, notamment dans le grand Est, la mode du tatouage tribal fait encore fureur. Comme le très redoutable *Arschgeweih*, la « ramure de cul », deux cornes qui jaillissent de la culotte (ou du string en viscose) pour un effet… spécial, dirons-nous. Je ne vais pas mettre en l'air quarante ans de relations franco-allemandes par un jugement trop personnel.

Body Art

Le mouvement de renouvellement du tatouage, initié par Berit, met les femmes à l'honneur. Leur sensibilité en fait les tatoueurs les plus recherchés du moment. À Tatau Obscur, avec Berit, travaillent Zoe Thorne, Sara Rosenbaum et Julia Toebel. Chez All-Style Tattoo, la star, c'est Miss Nico, en passe d'ailleurs de détrôner Berit. Elle, elle n'accepte les rendez-vous (deux ans d'attente !) que sur la base d'un échange de mails fournis, avec explications et/ou croquis du tatouage unique qu'elle créera. Aucune copie, surtout pas de reproduction de ses précédents travaux. Pour celles qui seraient tentées de conserver de leur séjour dans le Berlin des années 2010 un souvenir indélébile, je conseille fortement les studios moins recherchés, comme le Berlinink, où Jessi et Niki, pour être moins divas, n'en sont pas moins douées. Et l'avenir du tatouage reste tout aussi féminin : une étudiante tchèque de l'Université des arts vient d'inventer le braille-tattoo : de minuscules implants en silicone glissés sous la peau forment un texte que seuls ceux qui lisent le braille peuvent décrypter. Mystère et sensualité assurés. Le piercing, lui, est entré dans les mœurs. Plus encore que le tatouage, puisqu'on peut l'enlever facilement. Nez, lèvres, langue, menton, sourcils, nombril, tétons et partout ailleurs… Parfois, on croise dans le métro une femme passoire, trouée de toutes parts, les bras cloutés et la lèvre inférieure alourdie par quatre ou cinq anneaux – moi, la Française, ça m'intrigue toujours. Mais ici, on la regarde à peine. « Ma fille veut un piercing, ouf ! j'ai cru qu'elle demanderait un tatouage pour ses 16 ans. » Voilà comment les mamans berlinoises soupirent de soulagement !

Ich véliebe dich

Avec tous ces vélos un peu partout, Berlin fait du « développement désirable » : je reprends avec délice l'expression d'un collègue masculin, fraîchement débarqué sur les rives de la Spree, quand il a découvert, aux premiers jours du printemps, le corps musculeux des pintades sur deux-roues. Ben oui, circuler dix mois sur douze dans une ville huit fois plus vaste que Paris te garantit le cuissot fuselé en deux coups de pédalier. Mais jamais de mollets à la Jeannie Longo, car (chère Berlin, tu as vraiment tout prévu) la ville est pratiquement toute plate. Il ne faut pas s'étonner, après, que les Berlinoises n'aient aucun scrupule à s'étaler nues au soleil dans les parcs ou à porter des minishorts pour filer le long des rues, couchées sur le cadre de leur monture, offrant aux automobilistes une vue imprenable sur leurs fesses rebondies.

Le vélo est un accessoire indispensable à la vie de toute Berlinoise qui se respecte. Preuve ultime s'il en est : ce sont les organisateurs de la fashion week qui s'occupent aussi du Salon du vélo ! Meilleure amie, compagnon fidèle, monture rassurante, la bicyclette est bien plus qu'un moyen de transport. Souvent, elle écope d'un surnom : « Sissi » (à cause des paillettes sur le cadre, explique Judith), « Hans » (pour son côté rustique, décrypte Inna). Les plus accros lui paient même régulièrement des relookages : cadre enguirlandé en période de fête, collier de fleurs en tissu aux beaux jours, fanions les mois de foot. « J'étais tellement triste quand j'ai dû me séparer de mon vieux biclou que j'avais emporté dans mes cartons en déménageant à Berlin à 22 ans. Il a fait mes années d'étudiante, quand j'économisais sur le ticket mensuel de métro en me coltinant mes quinze bornes quotidiennes jusqu'à la fac. Ensuite, du temps de ma peine de cœur carabinée, avec lui, je roulais à fond face au vent de la Karl-Marx-Allee, pour que l'air assèche mes yeux une fois pour toutes. Enceinte jusqu'aux yeux, j'ai pédalé comme une folle sur les pavés pour déclencher enfin ces foutues contractions ! Mais il était trop vieux, trop rouillé, pas assez sûr pour transporter mon enfant derrière. J'ai dû investir dans une monture plus lourde, plus costaud. J'en aurais pleuré dans le magasin. »

Comme je comprends cette jeune mère de Kreuzberg ! On a toutes au cœur une vieille monture avec laquelle on a fait les sorties de boîtes (peur de rentrer seule en S-Bahn, dont certaines lignes filant vers la grande périphérie peuvent être dangereuses le soir), des virées entre copines jusqu'au lac avec la réserve de bière calée sur le porte-bagages, et même des déménagements (aaaah, la plante verte en équilibre sur le guidon). Un truc acheté d'occasion sur les puces de Mauerpark – le cadenas valait plus cher que la bécane – mais dont la disparition un jour devant le ciné en plein air nous a laissées si démunies et si abasourdies. Mais pourquoi,

pourquoi ? Il y avait pourtant tellement de vélos plus beaux et plus modernes à côté… Même Derrick en perdrait son accent bavarois.

Et nous revoilà piétonnes ! Quelle horreur ! Car à Berlin, tout est loin. Multipliez par deux ou trois les distances parisiennes. Rater sa station de métro met donc facilement dix à quinze minutes dans la vue. Comme, en plus, les trottoirs sont défoncés (par le froid et le manque structurel d'argent public dans cette ville), ne comptez pas courir pour rattraper le retard. Surtout si vous portez des talons.

Alors qu'elles sont agaçantes ces amazones sur roues ! Il y a même une certaine arrogance dans le maniement du guidon ici : le cycliste est roi, et il vous le rappelle violemment si par mégarde vous osez poser pied sur son espace de jeu. Les pistes cyclables sont souvent aménagées directement sur les larges trottoirs. Et n'allez pas croire que les insultes aux piétons ne sont que l'apanage des messieurs… Les pintades à vélo, juchées sur leurs hauts cadres d'homme, pinces pour protéger le pantalon de la chaîne bien huilée quand elles n'ont pas carrément roulé le jean jusqu'au genou, lien du casque serré sous le menton, ont le coup de pouce leste pour faire tinter les sonnettes. Généralement, ce geste subtil s'accompagne d'une vocifération bien moins délicate (« *Verdammt ! Fahrradweg, du Hexe*[1] *!* »), mais qui fort heureusement se perd dans le passage du bolide, la vitesse emportant tout – les doux noms d'oiseaux dont elles nous affublent et le risque qu'elles tombent à jamais de leur piédestal, ces nymphes du bitume si fières et si belles. Surtout, ne cassez pas le mythe, ne répondez jamais à une cycliste en colère, ce sont des êtres qu'on n'approche pas comme ça. Profil bas, reprenez votre souffle le plus loin possible de la piste (car l'attaque de la Walkyrie entravée dans sa course fout un gros coup de sang, je vous assure). Et

1. « C'est la piste cyclable, vieille peau ! »

foncez vous racheter un biclou, pour de nouveau jouer aux filles du vent, jambes fermes et bronzées, cheveux lâchés, à toute allure le long de l'ancien no man's land. La fille saine et bien dans son corps, c'est vous. La fille cool et respectueuse de l'environnement, c'est vous aussi. Décontractée, engagée, sportive et forcément toujours un peu mystérieuse (une aura qui s'entretient grâce aux quatre règles suivantes : pédaler vite, essayer de ne pas s'arrêter au feu, franchir les bordures des trottoirs en faisant sauter le vélo d'un coup de rein, user et abuser de la sonnette)… Voilà, désormais, vous pouvez crier « *Ich bin ein Berliner !* ». *Eine Berlinerin*, en l'occurrence.

Pédale dure

À vélo, il faut savoir tenir son titre ! Une Berlinoise digne de ce nom ne recule ni devant la pluie ni devant le froid. Seul le dégel calme ses ardeurs, car sous les flaques on ne voit pas les plaques de glace qui subsistent çà et là. En revanche, si la neige fraîche est un obstacle évident, une fois déblayée des chaussées ou correctement damée, elle n'effraie plus. La Berlinoise s'équipe et voilà tout. Son harnachement participe d'ailleurs grandement à l'élaboration du monument vivant qu'elle devient dès qu'elle s'installe au guidon. Cape de pluie avec petit pare-brise sur les côtés de la capuche pour voir encore quand on tourne la tête, pantalon en toile cirée et les inévitables sacoches imperméables de coursier. Une vraie armure. Quand je vous parlais de Walkyrie…

Surtout, la pintade à vélo n'a pas peur des distances. Vingt à trente minutes le matin et idem le soir tiennent du parcours de santé, auxquelles on ajoute le détour au supermarché ou au jardin d'enfants (Junior bien calé dans son siège plombe le véhicule d'une bonne quinzaine de kilos, idéal pour faire bosser les fessiers, et on garde le sourire, hop hop hop). L'été, on enchaîne les virées de 40-50 bornes jusqu'aux grands lacs de la périphérie. Cent quatre-vingts des 750 kilomètres de pistes cyclables de la ville longent rivière, lacs ou canaux, et 30 % de la superficie totale de la capitale est recouverte de forêts et de plans d'eau. À Berlin, capitale qui ne manque jamais d'air et d'espace, il y a toujours du vent et des mouettes. Et dans la douce langueur qui s'empare de ses habitants quand surviennent enfin les quelques mois d'été, il y a comme un parfum de vacances. À Berlin, à vélo, la nuit, on surprend des familles de renards au coin des immeubles, des belettes qui traversent dans le faible halo de la dynamo, des lapins qui dévastent les jardins ouvriers. Il y a même des sangliers, sept à huit mille selon le responsable des chasses à la mairie, dont la tâche se limite à contrôler cette faune afin qu'elle n'envahisse pas trop l'espace urbain. Ces malotrus ont même le mauvais goût de retourner le beau gazon devant le Parlement ! « Je connais un copain cycliste qui s'est fait charger par une mère protégeant ses petits. Il y a une centaine d'accidents par an à cause des sangliers. Alors tu vois, moi, je mets toujours mon casque ! » m'assène, super sérieuse, une ancienne voisine. Mouais… Contre une laie en furie ? Casque ou pas, pas sûre que l'issue de la confrontation tourne en faveur de ma copine…

Comme dans les soirées, les après-midi au *Biergarten* ou les brunchs dominicaux, surgit toujours à un moment ou à un autre une histoire de vélo (un vol, une chute, une nouvelle sacoche… les Berlinois sont intarissables), les légendes urbaines autour des deux-roues prolifèrent. Je crois sans problème à la thèse des réseaux de vols de vélos (même les plus pourris disparaissent et réapparaissent étiquetés 30-60 euros sur les marchés aux puces). Plus difficilement en revanche à celle qui assure qu'il y aurait plus de bicyclettes à Berlin qu'à Pékin. N'empêche, ici où 46,2 % des foyers ne possèdent pas de voiture (deux fois plus que la moyenne allemande), tout le monde a un vélo, plus ou moins utilisé certes, mais tout de même. Et la ville, une fois de plus, se retrouve divisée. Cette fois, entre les rutilants et les déglingués ! « Le vélo est mon principal moyen de transport. Alors j'ai investi : 800 euros la bête, et 60 euros le cadenas. Plus la location d'une cave supplémentaire pour le ranger. » Ingeborg est toute fière d'avoir, enfin, le changement de vitesse et la dynamo dans le moyeu, détails qui d'emblée te classent dans la catégorie des cyclistes de luxe. Souvent, les jeunes mères ont aussi de beaux engins. Sécurité oblige, elles cherchent du stable, du solide, pour trimbaler leur marmaille sur un siège devant et/ou derrière, ou dans une petite carriole brinquebalante. Et puis il y a les snobs, qui roulent en réplique de modèles des années 50 ou en vélos hollandais élégants, hauts et très chers, d'où ils toisent le trafic des gens ordinaires.

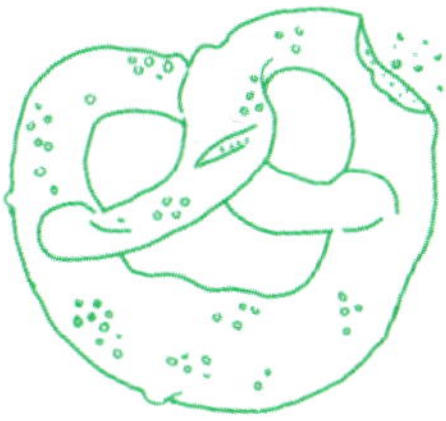

À l'opposé, Nadine m'expose sa théorie aussi sérieusement qu'un thésard devant son jury. La brune nourrie aux lentilles bio bouillies dans l'eau filtrée, encore à la fac à 34 ans, ferait bien de mettre autant de conviction à obtenir ses diplômes : « Moi, je choisis toujours le machin le plus pourri du magasin.

Il me fait l'été, et je le revends à l'automne à un étudiant Erasmus en galère de moyen de transport. Au moins, je n'ai pas de regrets si on me le tire, et en une saison, généralement, il n'a pas le temps de partir en morceaux. » Grande adepte de la théorie du vol organisé, Nadine revendique au moins quatre disparitions de bécane, et si par malheur elle remarque que je ne retire pas ma pompe du cadre quand je laisse ma monture dans la rue, elle entame derechef sa tirade sur la mafia des vélos : « On m'a même piqué une selle ! » Visiblement, les mafiosis du pédalier ne s'intéressent pas à mon cas, car en dix ans d'expérience berlinoise, mes mésaventures cyclistes se limitent à quelques pneus crevés et à une chute mémorable sur les bords du canal. Mais enfin, les Nadine et autres flippés sont flopées à Berlin. Ils roulent donc sur des clous ancestraux qui couinent si fort qu'on dirait qu'ils soupirent à chaque tour de roues, et la nuit, le hurlement de leur dynamo sur les jantes usées réveille des quartiers entiers. « À l'aller, j'ai mis une demi-heure. Au retour, avec le frottement de la dynamo, trois quarts d'heure ! » raconte une amie, que j'appelais au lendemain d'un dîner arrosé pour savoir si elle était rentrée entière. Les zigzags causés par le vin de Bade y étaient peut-être aussi pour quelque chose.

Yoga, transe, sports

« Finalement, avec cette histoire de vélo, je me suis mise au sport ! » Amelia n'en revient toujours pas. Intello bon ton, à qui tout effort rappelait immédiatement les effroyables cours d'EPS du Gymnasium de Heidelberg, elle s'était juré de ne jamais céder à l'appel des baskets. Au bout d'un an à Berlin, comme tout le monde, elle s'achetait un vélo et bossait sec son endurance. Le cyclisme est donc le sport berlinois par excellence. Évidemment, ici aussi, les joggeurs sont nombreux, les salles de fitness et les piscines font le plein, mais pas plus qu'à Paris et bien moins qu'à New York. Une seule discipline sort du lot, le yoga, qui colle parfaitement aux attentes écolos-bobos des nouveaux Berlinois. Les studios du centre se livrent une rude concurrence. À chacune sa tradition ! Ashtanga, Bikram, Iyengar, Hatha, Vinyasa, Pranayama et même le *Kinder-Yoga* pour les petits dès 4 ans (très tendance à Prenzlauer Berg et Kreuzberg)… Généralement, on paie à la séance : même pour le yoga, pas question d'entraver sa sacro-sainte liberté ; une carte prépayée de dix leçons est déjà un engagement suffisant pour les Berlinoises !

Largage de calories à l'aéroport Tempelhof

Fick dich New York ! Fuck you la Grosse Pomme ! Maintenant, Berlin te dame le pion. Avec l'ouverture au public de l'ancien aéroport de Tempelhof en mai 2010, ton Central Park a l'air d'un pin's sur la poitrine d'un obèse. Vous excuserez mon ton, j'ai peut-être un peu trop oxygéné mon cerveau : je rentre d'une virée rollers sur les pistes interminables du plus mythique des aéroports allemands. En 1948-49, les Anglais et les Américains y ont bravé le blocus de Berlin-Ouest par Moscou ; ils posaient un DC3, rempli de victuailles et de charbon, toutes les 80 secondes ! Ici, les vieux ont encore les larmes aux yeux quand ils entendent le moteur d'un avion. « Hourra, nous sommes vivants ! » entendent-ils dans le vrombissement des réacteurs. Mais en plein cœur de la ville, Tempelhof était devenu une anomalie écologique, une folie sécuritaire et un gouffre financier. Il a fermé en 2008. Depuis, les herbes ont eu le temps de pousser et les alouettes d'y nicher. Les après-midi d'été, la chanson du vent dans les graminées nous emmène en vacances.

Surtout, Tempelhof a élargi le champ des possibles : maintenant, la ville dispose d'un vrai terrain de jeu pour passionnés de cerfs-volants et autres fanatiques des rollers. À long terme, le parc doit évoluer, la municipalité, qui a déjà annoncé qu'elle installera des résidences et des bureaux en bordure, étudie encore les projets. Un groupe d'architectes a proposé de bâtir une immense montagne, d'y planter des sapins et d'y laisser marmottes et mouflons s'y reproduire en paix. L'été, on ferait des randos et l'hiver, du ski alpin, depuis la station à 1 000 mètres d'altitude. Le projet farfelu, parti d'un délire de copains, fait son chemin dans les soirées berlinoises ; le groupe Facebook rassemble sept mille personnes et la carte postale souvenir de *Berlin am Berg* (« montagne » en allemand) trône déjà, format poster, au White Trash, bar faiseur de tendances s'il en est. Un groupe de Berlinois, plus mer que montagne, vient d'allumer un contre-feu et propose d'inonder Tempelhof pour en faire un immense lac au centre duquel tournerait une gigantesque éolienne.

En attendant les régates ou les slaloms, je débarque la bouche en cœur et mes patins sous le bras… Et c'est parti pour six kilomètres de circonférence, plus deux formidables pistes soigneusement goudronnées et quasi vides ! Humffff, ça prend du temps de faire le tour ! Re-humffff, il y a du vent ici ! Re-re-humffff, mais il y a du vent aussi dans ce sens ! Re-re-re-humffff, peut-être que je peux demander au type qui fait du char à voile de me tracter ? Ou à celui avec le cerf-volant géant ? Un entraînement de choc ! Si je tiens le coup, cet hiver, je pourrai même tenter le ski de fond. À moins que je réserve mes sorties à Tempelhof à la fashion week, quand les grands noms installent leur podium dans le hall principal du bâtiment gris ? Humffffff, à vue de nez, je ne sais pas pourquoi, mais je sens plus la deuxième option…

Allô docteur ?

J'adore quand les secrétaires médicales se confondent en excuses en me demandant de régler la cotisation trimestrielle de 10 euros. « Euh, pardon d'exister, je sais, je suis une horrible sorcière, je vous en prie, soyez miséricordieuse… » La réforme date déjà de 2004, mais pour elles, exiger de l'argent relève encore du blasphème. Avant ça, on ne versait jamais un centime chez les médecins, directement rémunérés par les caisses d'assurance-maladie. Les secrétaires médicales ont vécu cette révolution en première ligne et, tels des vétérans, elles en portent encore les stigmates. Car ici, ce sont elles qui endossent la fonction défouloir/épaule rassurante que beaucoup viennent chercher en allant chez le médecin.

Le savant docteur enchaînant les rendez-vous toutes les cinq minutes, vos velléités de confidence sont vite anéanties. « Ouvrez la bouche. Mmh, oui vous avez une angine. Ma secrétaire vous fera une ordonnance et un arrêt de travail. Allez, au revoir ! » Et puis, il y a tous ceux qui minimisent. Contre la grippe H1N1 ? Du thé, au lit, et basta ! Résultat, le père, la mère, la tata, le bébé et la baby-sitter ont 39 de fièvre pendant trois jours. Des boutons purulents sur les jambes (je précise que nous rentrions d'une zone tropicale) ? Un coup de sèche-cheveux assainira tout ça ! Il a fallu aller à l'hosto des jours plus tard pour éradiquer les streptocoques ! Les médecines alternatives, gros marché à Berlin ? On frôle le délire… L'homéopathe te demande de raconter tes rêves et d'avouer ton attirance pour le sucré quand tu étais môme, avant de t'arracher 60 euros et éventuellement de te filer deux tubes de globules à laisser fondre sous la langue. Grande adepte de l'acupuncture en France, je n'ai jamais réussi à convaincre le médecin (pourtant président de l'Association des acupuncteurs berlinois) de me planter une aiguille – les fluides n'étaient pas bien orientés, le chat que j'avais dans la gorge risquait de tout faire capoter, ou que sais-je encore.

Dégotter un bon médecin dans cette ville est un parcours du combattant. Même le bouche-à-oreille tourne à vide : « Mon toubib, ouais, bon, il a le mérite d'être en face de chez moi, et d'être ouvert tard. » Ah, les horaires… À part chez certains spécialistes, ici, on ne prend pas rendez-vous, on prend son mal en patience en salle d'attente en maudissant tout bas les cotisants aux caisses de santé privées qui vous grugent la place sans scrupule. Il m'est arrivé d'attendre quatre heures et demie chez un ORL. Dans ces cas-là, c'est rien de dire que t'as le temps d'observer la secrétaire médicale. Conservatisme débile ou relent de machisme encore plus irritant, les « sœurs » (qui ne sont plus des nonnes depuis longtemps, mais bon) portent du blanc des pieds à la tête et vouvoient le médecin, évidemment. Elles gèrent la paperasserie, mais aussi le suivi médical de base : pesée, pression artérielle, vaccin si besoin… Des héroïnes, vous dis-je ! Quand j'ai décidé de changer de gynéco, ça m'a fendu le cœur de lâcher la grosse infirmière si maternelle qui avait fait toute les prises de sang de ma grossesse et épongé les larmes du doute (« Mouaaaaoiiin, on est à 8 mois et on n'a toujours pas de prénom, on est trop nuuuuls ! »).

Pas étonnant dans ces circonstances que les Berlinoises soient les reines de l'automédication, souvent d'ailleurs avec la bénédiction des « sœurs » en blanc… « Le docteur me dit de boire de la tisane, mais quelle tisane ? » « Oh là, moi je prends surtout le mélange homéopathique machin-truc, tout prêt en pharmacie. Vous devriez essayer. » « La lotion bidule sur ordonnance est bien, mais la prochaine fois, ne vous cassez pas la tête à venir, vous achetez ça au supermarché et zou ! » Elles vous lâchent ça en chuchotant, intimidées mais bravant la Science malgré tout, presque grisées de vendre la mèche d'un secret indicible entre les murs stériles du cabinet. J'adore cette révolte contre le système. Si berlinoises, ces sœurs-là !

Guide de survie hivernal

Parce qu'avec des marrons glacés, c'est du chapon qu'on sert, pas de la pintade ! Et si on est parfois un peu givrées, ça n'a rien à voir avec la météo ! Qu'on se le dise !

1. Des semelles épaisses tu privilégieras

On ne va pas vous le cacher, l'hiver à Berlin est souvent enneigé et il dure longtemps. On a déjà connu des années avec deux mois, deux mois et demi de croûte de glace sur tous les trottoirs. Donc, bottes obligatoires. Mais attention aux impairs ! Je ne parle pas des faux pas fashion – quand il fait – 12 °C, tu t'en tapes grave de l'avis du *Elle* deutsch ! Non, il s'agit de sécurité et de confort. Les touristes et les étudiantes en échange se plantent souvent : elles débarquent toutes fières avec leur UGG fourrées. Grave erreur ! D'abord, ces bottes-là sont bien trop chaudes (est-il bon de rappeler que par grand froid, tu ne t'amuses pas à passer ta journée dehors ? Non, tu fonces à toute vitesse à la station de métro la plus proche, tu fais du cabotage de café en café, et tu prends ton déj au bureau pour éviter de sortir…), je ne te dis pas la tête de tes mollets en fin de journée, raplapla, humides et tout pâles d'avoir passé huit heures dans tes peaux de moutons ambulantes… et puis surtout, elles glissent ! À bannir de toute urgence ! La botte berlinoise idéale est donc en cuir (IMPERMÉABLE !!! la neige ça mouille !), souple, et *last but not least*, elle est dotée d'une grosse semelle. Pas nécessaire de sortir les crampons, on peut rester élégante, mais choisir absolument une semelle épaisse pour s'isoler autant que possible de la banquise. Ne pas hésiter à mettre 150 euros ou plus. C'est un investissement qu'on ne regrette jamais. Quant aux talons… Moi, je ne tente pas… Mais on a déjà vu des pintades se lancer dans l'aventure… À vos risques et périls.

2. Un couvre-chef tu porteras

Un autre indispensable des hivers berlinois. Mais, autant pour les bottes, les Berlinoises privilégient le classique et le fonctionnel, autant elles tricotent sec du chapeau quand il s'agit de se couvrir la tête. C'est même là que les pintades mettent toute leur coquetterie, car pour ce qui est du reste, emballées sous mille épaisseurs, on n'a pas vraiment l'occasion de faire la mignonne. Même ma copine Marie, coquette Parisienne, a cédé aux sirènes, elle qui s'était promis en s'installant pour quelques années à Berlin de ne jamais porter de chapeau. (« J'ai l'air de rien, mes cheveux sont électriques après… ») Son dernier hiver, elle ne quittait plus sa toque ! Bonnet ou couvre-chef plus audacieux, tout est permis, tant que les oreilles sont couvertes… si bien qu'il est impossible de donner une tendance. La chapka semblait hip ces dernières années, mais on a vu aussi quelques originales oser la cagoule en tricot.

3. La Gong Li attitude tu adopteras

Un moment de franche rigolade, c'est le festival de cinéma en plein février. On a vu des Berlinoises taquines s'y déplacer uniquement pour assister, depuis la terrasse chauffée du Starbucks de Potsdamer Platz, aux glissades des journalistes étrangères qui n'ont pas refait leur valise depuis Cannes ou Venise… sans parler des stars qui grelottent en dos nu sur le tapis rouge ! À l'opposé, il y a eu Gong Li, présidente du jury en 2000. Les fashionistas berlinoises s'en souviennent encore. L'actrice chinoise en long manteau de velours brodé dégageait une classe incroyable. À imiter sans modération. En clair, quel que soit ton style, opte pour un manteau long – sous les fesses au minimum. Quand tu attends vingt minutes l'équivalent local du RER sur le quai ouvert de Ostkreuz en sortant de boîte un dimanche matin, tu es bien contente de pouvoir t'asseoir sur les petits sièges en métal de la station sans que la peau de ton derrière y reste collée par le froid !

4. Le sauna tu fréquenteras

Histoire de rappeler à ton corps engourdi que ça existe, les grosses chaleurs, bien épaisses comme un gâteau à la crème… Et de traîner toute nue pendant quelques heures avant de finir la séance en se tartinant d'onguents bien hydratants. Aaaaah, le pied ! En plus, c'est excellent pour le système immunitaire, dit-on.

5. Des boissons étranges tu boiras

Que ce soit pour des raisons de budget ou par méfiance aiguë envers les labos pharmaceutiques, les Berlinoises sont des grandes adeptes de la médecine alternative. Et il n'est pas rare de tomber sur des médecins qui se contentent d'un « Restez au lit, buvez du thé » sitôt le stéthoscope rangé. Alors pour s'épargner les heures en salle d'attente, vive l'automédication ! Dans la pharmacie des pintades, des sachets de plantes en tout genre, des jus aussi exotiques que l'extrait de betterave rouge (arrière-goût terreux, mâchoire de vampire, mais pfuit, plus de rhume en trois jours, prétend-on) ou de choucroute (aaaargh !) et bien sûr, l'appareil à inhalations ou la douche à nez. Les enseignes de droguerie ont des rayons entiers de thés guérisseurs et de pastilles bio miracles : contre les ballonnements, les insomnies, la rétention d'eau, les coliques, les bronchites… Le record des ventes est détenu chaque année par la vitamine C en pastille effervescente. Même les cafés jouent les toubibs. Sur la carte, dès les premiers frimas, les inévitables tisanes de gingembre (censée renforcer le système immunitaire), de sauge (contre le mal de gorge), de thym (contre le rhume), les jus d'oranges frais servis bouillants avec de la cannelle ou du gingembre (recharge à vitamine C)… Enfin, dans la catégorie on se lâche et on rigole un peu, il y a le vin chaud, qui te permet d'affronter sans grelotter marchés de Noël, manifs, files d'attente des boîtes de nuit, etc. Il faut être un poil habitué pour supporter le mauvais pinard qui te troue le bide, mais ça réchauffe, incontestablement. Et il existe forcément une infusion herbeuse pour réparer le trou.

6. À pleins poumons tu respireras

Généralement, les hivers sont froids mais lumineux à Berlin. Ambiance station de sports d'hiver urbaine, grand ciel bleu et températures glaciales. Pour ne pas tourner morose, il est indispensable de s'aérer le plus possible. La ville est ceinturée de forêts et de lacs, parfaits pour quelques balades. Les promenades dans la neige, c'est excellent pour la circulation sanguine et (plus important) les fessiers, et c'est la garantie de cramer des calories à vitesse grand V. Pas complètement inutile, donc…

7. Ton âme d'enfant tu retrouveras

Et pour cela tu t'y prendras dès l'été… avec l'achat d'une luge ! Après les premières chutes de neige, il sera trop tard : toutes vendues ! Tous les parcs de la ville disposent d'au moins un spot de glisse, la star des descentes restant le Teufelbeg, à l'ouest : énorme agglomérat (115 mètres de haut, 12 millions de mètres cubes) des ruines du Berlin dévasté par les bombes, sorti de terre après la guerre, au fur et à mesure que les femmes déblayaient la ville. Planches de salut pour les mères de famille (ça épuise les lardons), les parties de luge ont également acquis, ces dernières années, le statut d'événements à ne pas manquer. Comme la compétition de luge homo organisée à Mauerpark, une Gay Pride hivernale où toutes les tenues sont permises et les DJ déchaînés. Très à la mode également et spot de drague hip au cœur de l'hiver : la luge au clair de lune. Être contrainte par le froid à serrer très fort son partenaire de glisse, il y a pire comme point de départ à une histoire torride… Relayées sur le net par les réseaux sociaux, deux ou trois immenses batailles de boules de neige rythment aussi la morne saison. La rencontre entre Kreuzberg et Neukölln au Görlitzer Park (le pendant, gelé, de la bataille d'eau et de légumes pourris qui a lieu sur le pont Oberbaum au mois de juillet) tient du pur délire, trois heures sans pitié dont on rentre trempé mais gonflé à bloc pour la semaine. Enfin, pour celles qui en ont le cran, rien ne vaut une sortie en patins sur les lacs ou le canal pris dans les glaces. Ça craque, l'eau est noire en dessous, l'adrénaline monte, ton cœur bat la chamade, bref, un coup de fouet inoubliable !

8. Des bougies tu allumeras

Lorsque la nuit tombe à 15 h 30 et qu'on sait qu'il fera noir jusqu'au lendemain 8 heures, on ne fait pas la maligne. Les plus vieux trucs semblent soudain absolument géniaux. Plusieurs copines ont fait l'acquisition d'une lampe spéciale – elles sont vite revenues aux bonnes bougies des familles, qui sentent Noël et te remontent donc le moral à double titre. On en trouve dans tous les cafés, sur les tables, et franchement, ça vaut le coup de lâcher une trentaine d'euros pour avoir une belle couronne de l'Avent sur la table du salon – on allume une bougie chaque semaine. Ça crée une ambiance, c'est *gemütlich* dit-on ici, un mot intraduisible qui signifie à la fois confortable, accueillant, douillet mais aussi rassurant, comme ce que ressent un enfant blotti contre sa mère. OK, ça fait de ton appart une sorte d'antre d'animal, genre terrier-à-marmotte-foutez-moi-la-paix, ce qui franchement n'est pas très sérieux pour une pintade. Mais ça marche. Je ne vais pas vous faire le topo sur la luminothérapie. D'une manière générale, les Berlinoises adooooorent les bougies. C'est le cadeau d'anniversaire par excellence, garantie *no deception* ! L'été, dans des petits pots en verre, elles décorent les balcons.

9. Ne pas oublier de sortir tu devras

Je m'interroge chaque novembre : à quoi servent donc les marchés de Noël, à part endosser une fonction sociale à l'époque de l'année où tout le monde aurait plutôt tendance à se recroqueviller dans son coin ? Il y fait furieusement froid, les bricoles pour décorer ton chez-toi te coûtent un bras et les attractions ne cassent pas trois pattes à une pintade (comprenez : c'est ringard). Alors quand tu as passé l'âge de faire des tours de grand huit, le marché de Noël, pourquoi ? Eh bien parce que ! Tu y vas et tu ne te poses pas de question, tu y retrouves amis ou collègues et – grâce au vin chaud peut-être – tu as l'impression d'être en famille, là dans la foule, tu fais partie de la communauté et ça, ça vaut tout l'or du monde en ces soirées obscures ! D'où l'importance de garder cet état d'esprit tout l'hiver. Ne pas se poser de questions, ne pas réfléchir et sortir dès que l'occasion se présente – au ciné, au resto, chez des potes, qu'importe, allez ouste, bouge de ta tanière d'animal à sang froid !

10. En mars tu t'évaderas

Bien pire que la déprime de novembre, quand la ville s'enfonce dans l'obscurité, il y a le grand désespoir de mars. L'hiver n'en finit pas, la neige est encore bien souvent de la partie. Tu rêves de feuilles dans les arbres, mais en vrai, tu en es au point où tu penses que ça ne se reproduira plus jamais… Alors pour tenir psychologiquement le coup, d'ici à la mi-avril, va-t'en ! Si tu peux, prends des vacances, tes lunettes de soleil et un avion pour le Sud. Certes, tu risques de rater quelques timides percées du soleil berlinois, mais tu t'épargneras la cystite qui frappe juste après. Ce n'était pas une si bonne idée de prendre ce café en terrasse. Ton ptit cul de pintade dix minutes sur les chaises en métal glacé et vlan, le coup de froid ! Infection assurée !

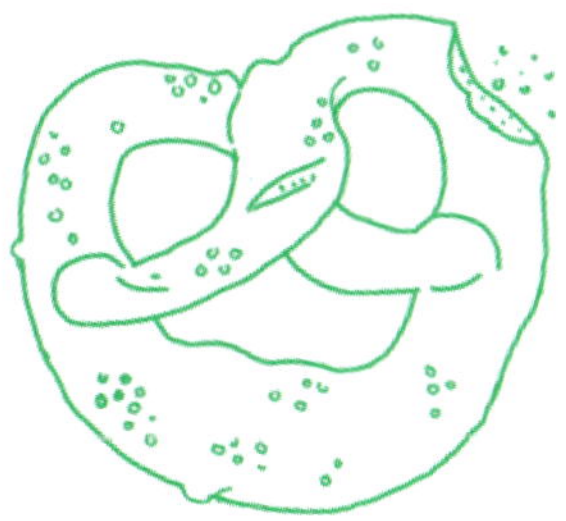

Bains, saunas, hammam...

Le seul moyen de résister au long hiver berlinois !

Badeschiff
Eichenstrasse 4, Treptow – 030 533203

Le sauna le plus branché de la capitale, posé comme une bulle sur la rivière.

Hammam de la Schokofabrik
Mariannenstrasse 6, Kreuzberg – 030 6151464

Réservé aux femmes. On adore son ambiance orientale et ses pâtisseries au miel. Mieux vaut réserver à l'avance si on veut un massage ou un gommage. Petite déception : le hammam ne dispose pas de salle à chaleur humide, seulement d'un sauna sec dit « finlandais ».

Stadtbad Neukölln
Ganghoferstrasse 3, Neukölln – 030 6824 9812

Bains romains avec colonnades et fontaines (et un vrai bassin de natation) au cœur du quartier le plus populaire de Berlin. Dehors, c'est l'effervescence, à l'intérieur, le temps est comme suspendu. Privilégiez les jours de semaine pour éviter les familles parfois un peu bruyantes.

Thermen am Europa Center
Nürnberger Strasse 7, Wilmersdorf – 030 2575760

Immense complexe aquatique avec plusieurs saunas (diverses températures et taux d'humidité) sur la terrasse d'un bâtiment moderne. La piscine domine la ville. Ambiance sanatorium avec couples en peignoirs blancs et savates aux pieds.

Liquidrom
Möckernstrasse 10, Kreuzberg – 030 258007820

Fabuleux bunker presque zen dans son dépouillement. Dans l'eau chaude et salée, on diffuse de la musique. Le vendredi soir, on allume des bougies au bord du bassin et des musiciens jouent des mélodies à la harpe ou au piano. Méfiez-vous cependant du verre de mauvais mousseux distribué gratuitement (mal de tête assuré !).

Feminin Nature
Brachvogelstrasse 1, Kreuzberg – 030 61671703

Bains russes avec massage aux branches de bouleau. Ce centre de beauté dispose aussi du seul tonneau de sudation en activité dans toute l'Allemagne. Attention : ça sent bon, cette histoire, mais il y fait très très chaud ! Grande gamme de massages (dont un absolument savoureux au chocolat fondu) et de soins du visage.

Les lacs

À vrai dire, il y a l'embarras du choix. Chaque Berlinois a son lac préféré. Tous sont recensés à l'adresse suivante : www.spirit-of-berlin.de/see.

Liepnizsee
À une dizaine de kilomètres au nord de Berlin

Le top du top. En pleine forêt, eau vert émeraude et, au milieu, une petite île peuplée de gens tout nus ! La plage est idéale pour les familles, mais il y a la possibilité de s'installer directement dans les sous-bois qui plongent vers le lac. Comptez 45 minutes en voiture depuis l'Alexander Platz. Sinon, S-Bahn jusqu'à Bernau et le reste à vélo.

Weisser See
Tram ligne M4, arrêt Berliner Allee/Indira-Ghandi-Strasse

À l'opposé du Liepnizsee, il y a ce minuscule lac situé en pleine ville, au cœur d'un petit parc. Contre toute attente, l'eau y est très propre et assez profonde, ce qui nous épargne les problèmes de vase parfois pénibles à Berlin. Sur la rive Ouest, la terrasse d'un *milk-bar* époque RDA domine le plan d'eau. Déco vintage délicieuse pour une ambiance très authentique, avec des familles vivant dans ce quartier populaire de l'ancien Est. Le tout à 20 minutes de l'Alex en tram.

Wannsee
S-Bahn Nikolassee pour la plage

La plus grande et la plus ancienne plage de Berlin a un cachet fou, avec ses 1 200 mètres de sable fin et ses *Strandkörbe*, comme sur les bords de la Baltique – sorte de petites cahutes tressées derrière lesquelles on bronze à l'abri du vent ! Malheureusement, elle est souvent bondée (jusqu'à trente mille baigneurs !) et si la faible profondeur la rend idéale pour les enfants, il faut s'aventurer fort loin pour trouver des eaux claires pour nager.

Schlachtensee
S-Bahn Schlachtensee

Le lac des djeuns' qui ont la flemme de marcher en sortant du S-Bahn. Il est à 50 mètres. C'est pratique ! Minuscule pelouse qui glisse doucement vers le lac. On peut louer barques et pédalos. Dans les sous-bois, les couples d'étudiants se roulent des pelles et plongent tout nus dans l'eau tiède. Un peu plus au nord, le lac de Krumme Lanke est plus paisible, mais moins ensoleillé.

Langer See, Bammelecke
S-Bahn Grünau

Avant d'entrer dans la ville, le serpent argenté de la Spree s'élargit en un grand méandre. Ça clapote au passage des bateaux et le vent est presque marin. Comme souvent pour les lacs de la ville, vous avez le choix entre une petite plage « officielle » avec buvette, sauveteurs et pédalos, et le plan « sauvage » sur l'une des nombreuses petites criques sablonneuses de la rivière – avec les canards ! Parfaite compagnie pour des pintades, non ? Un marchand de glace passe avec son camion coloré.

Plötzensee
S-Bahn Beusselstrasse, puis bus 106

Un bon plan pour les pintades à marmots. Certes, la plage est payante (possibilité d'acheter une carte « famille »), mais une fois sur place, on a une plage de sable, un parc ombragé pour le même prix ET des sanitaires corrects. La baignade est surveillée.

Tatouage

Mon corps étant aussi blanc qu'une pintade fraîchement plumée, je précise ici que je n'ai (exceptionnellement) pas testé les adresses ci-dessous. Pour celles qui seraient intéressées, je conseille d'aller faire un tour à la convention berlinoise du tatouage (www.tattoo-convention-berlin.de). Chaque début décembre, elle attire cent mille visiteurs sur trois jours. Ils viennent surtout mater la faune colorée des tatoués qui y traînent. C'est aussi le lieu des déflorations, des premiers tatouages. Plus de deux cents stands, à chacun son style !

Tatau Obscur
Potsdamer Strasse 93, Schöneberg – 030 6944288

L'antre de Berit Uhlhorn et de ses acolytes soigneusement sélectionnées. Berit a prévenu : le fait de venir avec ce livre ne sert pas de passe-droit. Elle ne tatoue que si cela colle à ses envies du moment. (D'ailleurs, la rumeur affirme qu'elle a envoyé balader Angelina Jolie ! Sans doute parce qu'elle n'avait pas ce livre sous le bras !)

Blut und Eisen
Alte Schönhauser Strasse 6, Mitte – 030 2831982

Angelina Jolie a choisi cette adresse pour son seizième tatouage. Du coup, maintenant, la boutique semble tout le temps fermée : il faut absolument prendre rendez-vous.

All Style Tattoo
Simplonstrasse 59, Friedrischshain – 030 2941899

Ici officie celle que l'on présente à la fois comme la concurrente et la dauphine de Berit Uhlhorn : Miss Nico. Là encore, prendre son mal en patience : il faut un ou deux ans pour obtenir un rendez-vous. Venir avec une idée précise du motif.

Berlinink
Brückenstrasse 1, Mitte – 030 97004989

Une adresse sympa qui a le vent en poupe.

No pain no brain
Au sous-sol du White Trash, Schönhauser Allee 6/7, Mitte – 030 44039403

Studio assez amical où l'on n'hésite pas à donner des conseils pour le choix du motif. Pas de prise de tête comme chez les stars du métier. Et pendant les sessions de tatouage, on peut se délecter des excellents burgers du restaurant !

Où acheter un vélo ?

Neuf ou d'occasion, à vous de voir. Il y a des boutiques un peu partout en ville. Méfiez-vous seulement du système de freinage. Ici, la norme, c'est le rétropédalage (on pédale en sens inverse pour freiner), avec la garantie de finir dans le décor quand on n'en a pas l'habitude. Donc mettez quelques dizaines d'euros avec le sésame : *kein Rücktritt bitte !* Prévoir aussi 20 euros minimum pour le cadenas. Si le port du casque n'est pas obligatoire, sachez que la police peut vous verbaliser si vous roulez sans lumières la nuit. D'une manière générale, le code de la route s'applique à vous aussi ! Donc, on roule sobre, OK ?!

Little John Bikes
Hasenheide 61, Kreuzberg – 030 61203765
Spandauer Strasse 2, Mitte – 030 28096009
Hauptstrasse 163, Schöneberg – 030 78894123

Ici, on ne trouve que des vélos neufs. Les prix sont donc plutôt élevés par rapport à la moyenne berlinoise. Mais cette chaîne de magasins offre des garanties sérieuses sur les bécanes et fait régulièrement des offres intéressantes. Soldes jusqu'à –50 % en début d'automne.

Fahrradladen Mehringhof
Gneisenaustrasse 2, Kreuzberg – 030 6916027

Grand choix de vélos neufs et d'occasion. Possibilité de revendre son vieux biclou.

Bike Park
Frankfurter Allee 34/35, Friedrichshain – 030 22329589

En théorie, ce supermarché des vélos d'occasion (plus de trois cents pièces) propose des engins à partir de 39 euros ! Mais les prix ont tendance à s'envoler aux beaux jours. Autre spécificité, le magasin travaille en coopération avec la police et ne revend aucun vélo volé (si tant est que chaque vol de vélo soit signalé à la police...).

Mobilcenter
Böckhstrasse 51, Kreuzberg – 030 69504942

Petite entreprise familiale qui ferme sa boutique pendant l'hiver : résultat, les prix sont cassés à l'automne. Grand choix de vélos d'occasion.

Marchés aux puces

L'option la moins chère reste le marchandage sur les marchés aux puces, le dimanche, à Mauerpark (Prenzlauer Berg), Boxhagener Platz (Friedrichshain) ou Treptow (Eichenstrasse 4, à côté du Badeschiff).

Où louer un vélo ?

Il est furieusement trendy de visiter Berlin à vélo. Dans le centre, les magasins de location se multiplient à vitesse grand V. Même les hôtels se mettent à en proposer, alors que ce service a longtemps été réservé aux auberges de jeunesse et autres motels de backpackers. La plupart des petits magasins de cycles en offrent aussi à la location : les vélos étant souvent dans un mauvais état, cette option bon marché est assez risquée.

Fahrradstation
Dorotheenstrasse 30 (gare de Friedrichstrasse), Mitte – 030 20454500

Cette chaîne présente un peu partout dans la ville propose des cycles de qualité, bien entretenus.

Flat Tire
Panoramastrasse 1a (juste sous la tour de télé), Mitte – 030 24047991
Hardenberg Platz, à côté de la gare de Zoologischer Garten, Wilmersdorf

Pas forcément les meilleurs prix du marché, mais le casque, le porte-bébé, etc., sont inclus dans le tarif.

Yaam
Mühlenstrasse, à l'entrée de East Side Gallery, Friedrichshain – 0178 8049754

L'un des nombreux services proposés par la « plage » Yaam et ses organisateurs rastas. D'avril à octobre seulement.

Call a bike
www.callabike-interaktiv.de

Ce service de vélos en libre service de la Deustche Bahn, la SNCF allemande, fonctionne sur un principe un peu différent du Velib'. Il faut d'abord s'inscrire sur internet ou par téléphone. Les vélos ne sont pas attachés à une borne, mais laissés un peu partout en ville par les utilisateurs : ceux qui sont libres ont un voyant vert qui clignote. Pour les déverrouiller, un simple coup de téléphone suffit (numéro inscrit sur le vélo). Quand on n'en a plus besoin, re-coup de bigo et zou ! 8 cents la minute, comptez 9 euros la journée.

Salles de sport

Holmes Place
www.holmesplace.com
Fitness de luxe (entre 60 et 80 euros par mois), les trois salles berlinoises de Holmes Place sont toutes dotées d'un spa et d'une jolie piscine. Il y a aussi des coachs diététiciens et une grande variété de cours de sport.

Mac Fit
www.mcfit.com

Bienvenue dans le discounter du sport en salle ! 24 heures sur 24, souvent dans des salles sans fenêtres, ici on sue à la chaîne sur des machines infernales. Mais prix imbattables : 16,90 euros par mois !

Jopp Frauen
www.jopp.de

Cette chaîne bien représentée à Berlin (une petite dizaine d'adresses) propose des salles de sport entièrement réservées aux femmes. Les studios les plus récents (à Tempelhof et Bergmannstrasse) disposent d'une piscine et d'un service de garde d'enfants.

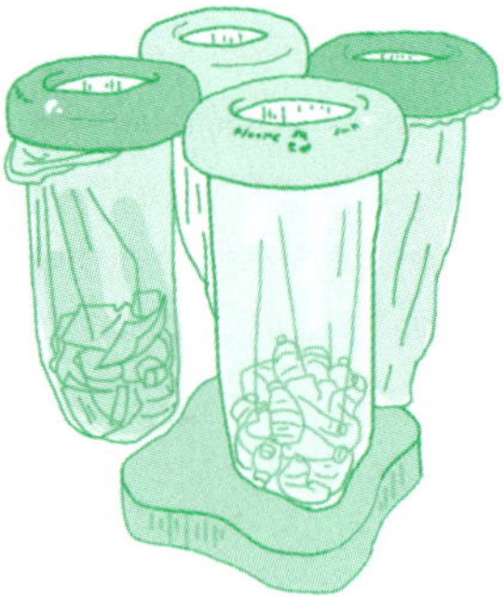

Knödel de pintades

1,20
Ah lui, on ne se lasse pas de sa saucisse !
1,20€

Du pragmatisme dans les assiettes

J'adore mes copines allemandes : elles me prennent pour une reine de la cuisine. Question bouffe, ces pintades-là donnent vraiment l'impression d'être à peine sorties de leur œuf. Plus à côté de la plaque qu'elles, tu meurs ! Moi, une star des fourneaux ? Vous êtes gentilles, les filles… En France, ma réputation n'est plus à faire : mes plats ont souvent du goût, mais on reste dans la très glorieuse catégorie de la nourriture de cantine. Quel prestige ! Oui mais voilà, pour une Allemande lambda, servir un repas chaud tient de l'acte héroïque. Or, moi, attention, je vais vous épater, j'allume ma cuisinière tous les jours, oui, oui…

« Méééé, tu m'avais dit que tu ne cuisinerais rien exprès pour moi, que cette invitation à l'improviste ne t'embêtait pas… » Mmmmh, comment te dire, Melanie… Une vague tarte salée préparée avec une pâte à dérouler et une salade de fraises, ce n'est pas vraiment cuisiner. Mon jules tente de la mettre à l'aise : « T'inquiète, on aurait mangé ça aussi si on n'avait été que tous les deux. » « Tu cuisines tous les jours ?! » Melanie, d'ordinaire si digne dans ses polos BCBG et ses mocassins bateaux, en a la mâchoire qui pend. Ça y est, mon heure de gloire est arrivée : eh oui, je bosse *et* je cuisine tous les jours ! Et tiens-toi bien, truc de fou, des fois, c'est même chéri qui s'y colle !

Comme pour tout, les Berlinoises ont un rapport extrêmement pragmatique à la nourriture. Manger sert à assouvir sa faim. Point barre. À part le brunch dominical, qui a une fonction sociale, les repas, sans prétention, sont avalés à toute vitesse, à l'image de ce qu'on appelle ici le « pain du soir » *(Abendbrot)* : un plateau de charcuterie et de fromage en tranches dans lequel on pioche pour égayer son pain complet. C'est le dîner traditionnel dans les familles, simple et englouti en moins de deux. Si spartiate (sans être diététique pour autant) qu'une amie étrangère a longtemps cru que le mot était *Armenbrot*, le « pain des pauvres » !

Conséquence : Berlin accuse un sérieux retard gastronomique. Des restaurants, il y en a… À la pelle même, tirant tant bien que mal la poussive économie de la capitale. Et de plutôt bonne qualité où, très vite et pas cher, on se rassasie d'un risotto ou de harengs pommes de terre au four. Mais les grandes tables ? Les restos chics ? Les chefs qui osent et qui décoiffent ? On les compte sur les doigts de la main.

À Paris, à Londres, à New York, à Tokyo, les restaurants hip sont légion et le turn-over chaque saison, implacable. Depuis cinq ans, toute la vie gastronomique branchée de Berlin tient en deux noms : Borchardt et Grill Royal. C'est là qu'il faut aller pour être vu et, accessoirement, manger correctement. Entre nous soit dit, on a vite fait le tour de la question. Certes, la déco est sympa, très berlinoise, avec son côté décalé, trash (au Grill Royal, les frigos sont vitrés et donnent sur la salle : tu manges à côté des carcasses de bœuf, genre je-suis-tombée-dans-un-tableau-de-Bacon), mais l'ambiance m'as-tu-vu un poil surfaite lasse rapidement. Signe qui ne trompe pas : pour manger dans ces temples hip à la new-yorkaise ou à la parisienne, les filles se la jouent Carrie Bradshaw et sortent les escarpins vertigineux. « Mais elles ne savent pas marcher avec ! Regarde-les se dandiner sur leurs Louboutins ! C'est vrai, quoi, comment déguster son entrecôte sereinement après ça… », s'énervait dernièrement ma copine Claire, une Française, évidemment…

En revanche, Berlin assure dans la catégorie bon mais pas cher, cantine de quartier ou assiette à papa. Certains se forgent même, plus grâce à leur atmosphère qu'à leur carte, une réputation d'endroit à la mode, où l'on croise quelques stars et beaucoup de pintades. Le Casolare, qui sert les meilleures pizzas de la ville, le Bandol-sur-Mer, le Pan Asia, le Dicke Wirtin… On y bosse, on y jase, on y flirte, le tout pour une vingtaine d'euros. Comment, face à ça, trouver la motivation d'allumer sa cuisinière ? Ce serait sérieusement se compliquer la vie. Au pire, on grillera des toasts et on sortira le raifort pour le saumon fumé…

« Samedi, venez à la maison, je fais la cuisine ! » Melanie a voulu nous rendre la pareille quelques semaines plus tard. J'ai adoré le mail d'invitation, preuve ultime s'il en est qu'à Berlin tu peux être conviée à dîner sans rien manger de fait maison. Melanie ce soir-là avait fait des efforts : des *Knödel* (boulettes de pain) sauce champignons et de la glace achetée chez le marchand bio en bas de chez elle. C'était la première fois qu'elle allumait son four, pour tenir la sauce au chaud !

Une virée au supermarché…

Bagouses, boucles d'oreilles, pendentifs… bref, or et brillants à tous les étages. Je vous présente la caissière de mon supermarché. Toujours le sourire sous son brushing, elle a un petit côté Castafiore est-allemande. Je l'ai surnommée Madame Bijoux… et je suis celle qui pimente sa vie ! Je suis sûre qu'elle parle de moi le soir en rentrant chez elle. Peut-être même que je suis la star de ses repas de famille. Forcément, je suis la seule, absolument la seule cliente, à me présenter à la caisse avec un chariot plein – et je règle avec une carte bancaire.
« Soixante-cinq euros ! Il y en a qui mènent la belle vie ! » grommelle la mégère juste derrière moi dans la file au moment où je paie. Avec son pack de bières et sa pizza surgelée, c'est clair, elle ne joue pas dans la même catégorie.
Je ne joue dans la catégorie de personne, d'ailleurs : les Berlinois ne font jamais de grosses courses, ils passent tous les soirs au supermarché pour acheter ce dont ils ont besoin pour le petit déj du lendemain. Moi, une fois par semaine, je charge au maximum un caddie de mamie, deux-trois sacs en toile pendus à mes épaules. Eux ? Un sac à dos à peine gonflé. Au début, poliment, je faisais passer devant moi les clients avec seulement une plaquette de beurre et un bocal de cornichons. J'ai arrêté.

... ou à la Kaufhalle ?

Ma copine Michaela lave son linge à la Spee, la marque de lessive de la RDA. Pourtant, à 29 ans, elle n'a pas connu grand-chose de l'ancienne république démocratique. Elle en a évidemment des souvenirs, mais de là à avoir à l'époque mis, elle-même, des machines à tourner, j'en doute. Et pourtant, elle n'a pas hésité une seule seconde le jour où, jeune adulte indépendante, elle a acheté son premier paquet de lessive. Spee, évidemment. « Il y a toujours eu Spee à la maison et je ne me souviens pas d'avoir un jour constaté qu'il restait des taches. C'est une bonne lessive. » Et ça sent comme son enfance, dans un arrondissement boisé du Sud de Berlin-Est. Pour d'autres produits, elle a comparé : souvent, l'Ouest remporte la bataille de la qualité (Nutella contre Nudossi ? Il n'y a pas photo !), mais pas toujours... « Dans ce cas, l'habitude me fait choisir le produit que je connais le mieux, celui de l'Est ! » Ce n'est pas de la nostalgie, simplement du pragmatisme. Michaela, Angela, même combat ! Angela Merkel, à l'occasion des vingt ans de la réunification de l'Allemagne, a révélé laver sa vaisselle au Fit, la marque de la RDA. Spee, Fit, Floreal (le Nivea de l'Est) : à la réunification, la plupart de ces fleurons de l'industrie est-allemande ont été rachetés par des entreprises de l'Ouest et sont disponibles dans n'importe quel supermarché. Pour les autres, il y a la OSTPRO, une foire aux produits de l'Est qui se tient deux fois par an, dans l'immense halle du vélodrome de Berlin.

Prenez votre mal en patience, la file d'attente pour pénétrer dans cette caverne d'Ali Baba à la mode Honecker est longue de plusieurs centaines de mètres. Bienvenue dans un monde parallèle où des petites vieilles à l'accent du Brandebourg s'écharpent pour le dernier coquetier rose pale de la maison Sonja Plastic, tandis que leurs messieurs se goinfrent des

cornichons aigres-doux de Spreewald ! Ceux-là, popularisés internationalement par le film *Good Bye Lenin*, on les trouve partout maintenant, « mais pas avec autant de diversité dans les accompagnements ! » tranche une mamie à bouclettes violettes (visiblement, les shampoings spéciaux cheveux gris sont aussi mauvais à l'Est qu'à l'Ouest !). Moyenne d'âge dans les rayons : 55 ans. Les ostalgiques plus jeunes préfèrent les virées aux puces ou dans les boutiques vintage du centre, destinations incontestablement plus branchées.
D'une manière générale, les clientes vantent la qualité des accessoires qu'elles achètent : « C'est du solide, on sait qu'il y a du travail derrière ! Et les ouvriers sont payés correctement, ce ne sont pas des enfants qui fabriquent ça ! » assène la mémé qui a gagné le duel du coquetier en plastique en forme de poule. En somme, acheter RDA, c'est acheter durable, équitable (on soutient des régions en difficulté) et éthique. Écolo même, si on écoute les arguments de fanatiques de la sauce « ketchup » est-allemande dont le goût sortirait « renforcé par l'absence de produits chimiques censés fixer les arômes ». Bref, pour être moderne, achetez communiste !
La nuit tombe sur Berlin, les cohortes de retraités aux sacs en toile chargés de victuailles rejoignent la station de train de banlieue. Par habitude, ils ont acheté plusieurs fois le même produit pour faire des stocks. Comme autrefois, quand il fallait parfois attendre six mois jusqu'au nouvel arrivage de dentifrice à la *Kaufhalle* ! La « halle d'achats », c'est comme cela qu'on appelait le supermarché à l'Est, et beaucoup utilisent encore souvent le mot, bien que les enseignes initiales aient toutes été remplacées par les chaînes de l'Ouest. Dans tout Berlin, il ne subsiste qu'une seule *Kaufhalle*, à côté de l'Alexander Platz, au premier étage du Berlin Carré : 150 mètres carrés de nostalgie consumériste (des madeleines de Proust pour tous les gosses élevés au petit-beurre Wikana et au chocolat Zetti), juste à côté d'un McDo !
Ostpaket, Karl-Liebknecht-Strasse 13, Mitte – 030 27595449.

À la recherche de la cuisine berlinoise

Ce qui était sympa dans l'invitation de Melanie, alias « Ah, tu cuisines tous les jours ? », c'était d'avoir eu l'idée de nous faire des *Knödel*, un plat typiquement allemand. On aime ou on n'aime pas ces dérivés de quenelles, mais le fait est qu'il est rare de pouvoir s'en mettre sous la dent à Berlin. Pour la bonne raison que personne n'en fait ! À part dans une douzaine de restaurants typiques qui attirent d'ailleurs essentiellement les touristes, la gastronomie allemande est quasi absente de la capitale fédérale.

Quant à la cuisine régionale, on la cherche encore ! Les spécialités se comptent sur les doigts de la main, et encore, leur AOC berlinoise est souvent contestée. Un débat brûlant agite depuis toujours les experts : la saucisse au curry, berlinoise ou pas ? Ce plat national s'il en est (il s'en vend mille cinq cents par minute dans tout le pays) aurait été inventé à Hambourg, mais c'est une certaine Hertha Heuwer de Berlin qui en aurait breveté la recette, avec des ingrédients dénichés auprès des soldats britanniques qui occupaient l'une des zones de la ville (d'où le curry, mais il y a aussi de la sauce Worcester). Cela suffit à en faire une fierté locale, dotée de son musée. On dit aussi que le premier jarret de porc aurait été mitonné dans les faubourgs autour de la gare de Görlitz, dans l'actuel Kreuzberg. Mais il revient aussi sur la carte traditionnelle d'autres régions.

Finalement, le seul mets berlinois qui fait consensus, c'est le döner kebab, ou « döner » comme on dit ici. Inventé par un immigré turc installé à Berlin-Ouest dans les années 70, il trône aujourd'hui en tête des ventes du déjeuner sur le pouce, avec un chiffre d'affaires annuel de 2,5 milliards d'euros en Allemagne (sachant qu'un döner est vendu entre 2,5 et 4 euros à Berlin, faites le calcul !), trois fois plus que McDonald Germany ! Et Berlin est sa capitale, avec mille six cents points de vente, le siège de la Kap-Lan Döner Production, premier fabriquant européen et, depuis l'année dernière, sa convention internationale du döner. Un salon très sérieux où l'on s'enthousiasme sur la dernière machine à couper les lamelles de viande, pilotée à distance par caméra numérique et télécommande. Le fil à couper le beurre peut aller se rhabiller.

Alors, pour manger berlinois, manger étranger ? C'est ce qui ressort de notre grande enquête à la recherche de la cuisine locale. Si les tables typiques sont rares, Berlin dispose d'une belle palette de restaurants qui servent de la « cuisine du monde ». La première fois que je suis allée à Berlin, pour un week-end, il y a quinze ans, on a commencé par déjeuner chez un traiteur chinois avant de finir la journée dans une trattoria : ma correspondante voulait me montrer des ambiances berlinoises ! Aujourd'hui encore, il n'y a pas plus *typisch* qu'une soirée d'été en terrasse du Casolare : les serveurs punks, les familles écolos débordées par leurs mômes, les musiciens bizarres et leurs instruments cassés, les buveurs de bière assis par terre en attendant leur pizza à emporter, les vélos entassés au pied des arbres, quelques stars aussi, un peu de bordel surtout…

Changement de décor, on file chez Monsieur Vuong, dans l'arrondissement plus chic de Mitte. Le restaurant asiatique (« indochinois », revendique-t-il) attire une population plus branchée, stylistes ou graphistes au look très travaillé (est-il vraiment nécessaire de garder son chapeau cloche à table ? et les maxi-lunettes ?). On sirote des jus de litchis en écoutant un léger groove mixé par un DJ discret ; la déco est minimaliste, mais pointue. Du design, des coupes de cheveux déstructurées, de l'électro et des nems. Berlin, quoi !

La « Weltküche »

Si la cuisine de Berlin, c'est le mélange (le « *multi-kulti* » comme on dit ici), alors ce restaurant a tout bon. Baptisé « Cuisine du monde », il ne trahit pas ses promesses. En cuisine (et en salle) : la terre entière ! Uniquement des demandeurs d'asile sans papiers et, souvent, séropositifs, qui tentent là de garder un lien avec la vie active. À tour de rôle, ils préparent pour quelques euros un plat traditionnel de leur pays d'origine. L'association qui gère le restaurant n'a pas le droit de faire de bénéfices : à vous donc le colombo à 5 euros ! La décoration est à l'image du lieu, colorée et accueillante, composée d'ustensiles de cuisine assemblés pour devenir des abat-jours ou des appliques. La Weltküche, originale, épicée et engagée, est vite devenue la cantine du quartier, collant parfaitement aux attentes des habitants.
Weltküche, Graefestrasse 77, 10967 Berlin.

Mon royaume pour une saucisse

À 14 heures, file d'attente. À 22 heures, file d'attente. À 7 heures du mat, file d'attente ! Toute la journée, file d'attente. Et pour quoi donc, me direz-vous ? Pour une saucisse de chez Curry 36. Ce flot constant de badauds alléchés par l'odeur poisseuse de la friture de ce snack sur l'artère Mehringdamm me laisse toujours perplexe. C'est même l'un des phénomènes les plus fascinants de Berlin. Cette obsession pour la saucisse. Matin, midi et soir. Mais je tiens immédiatement à préciser que les gourmets du Curry 36 appartiennent très largement à la catégorie du sexe dit fort. Ouf, mes sœurs berlinoises sembleraient donc échapper à la *Wurst*. Adeptes invétérées du sur-le-pouce et du grignotage à toute heure, elles essaient quand même de soigner leur hygiène alimentaire. « Avec ou sans peau, la saucisse ? » : les vendeurs ont beau se donner le mal de demander, rien à faire, une grosse saucisse noyée sous la sauce ketchup, saupoudrée de curry et servie avec des frites-mayo, on a vu mieux niveau diététique.

Même Waltraud Ziervogel, 74 ans, n'ose le contester. Mais pour cette indéboulonnable vendeuse sous la ligne 2 du métro aérien à Prenzlauerberg, la saucisse a bien d'autres avantages. Elle créé du lien social, tout simplement ! Elle le constate tous les jours sur son stand, ouvert il y a plus de quatre-vingts ans par son père, Max Konnopke. En 1960, au nez et à la barbe des soldats russes, il réussit à faire passer une saucisse au curry de Berlin-Ouest à Berlin-Est. Après plusieurs jours de travail, il parvient à reproduire le goût du ketchup avec des produits du bloc communiste. Sous sa permanente blonde mal peignée, cintrée dans une blouse rose de charcutière, Waltraud veille aujourd'hui encore sur cette recette archisecrète et sur l'héritage de son père. La ville voulait déplacer le stand pour rénover le tronçon du métro juste au-dessus. Waltraud s'est enchaînée… et a fini par gagner. La municipalité a déboursé 50000 euros pour emballer Konnopkes Imbiss le temps des travaux !

Certes, les walkyries de la saucisse comme Waltraud sont de moins en moins nombreuses à Berlin, ville qui s'internationalise à grands pas. Mais les pintades honorent encore régulièrement ce monument de la culture allemande. À deux pas du stand Konnopke se trouve l'un des temples dédiés à ce culte : le *Biergarten* du Prater. Une centaine de tables en bois disposées sous les arbres, des lampions pour colorer la nuit, et deux cabanes pour assurer le ravitaillement en bières et en saucisses, servies simplement grillées. Ici, la « *Bratwurst* » détrône la « *Curry Wurst* » et, cette fois, les femmes comme les hommes s'adonnent à la grande célébration. On reste là des soirées entières, à bavarder en famille, entre amis ou entre collègues, serrés sur les bancs étroits. Waltraud a raison, la saucisse rapproche les gens !

Au Prater, on organise même des anniversaires d'enfants. « Des frites et une saucisse… De toute façon, c'est ce qu'ils préfèrent manger ! Après, ils vont faire des tours de vélo sur la grande terrasse prévue pour les petits », tente vaguement de justifier ma copine Marion en m'appelant pour lancer l'invitation aux 3 ans de ses jumeaux. D'une manière générale, les *Biergärten* font partie des douceurs des étés berlinois, le genre de petits bonheurs du quotidien dont le simple souvenir nous barre le visage d'un large sourire et nous permet de tenir le coup pendant l'hiver. Et au pire, si vraiment on a le bourdon, on peut toujours aller croquer une *Bratwurst* brûlante au marché de Noël.

Un jet de saucisse plus loin et nous voici à Mauerpark. Là, le culte a des allures plus païennes encore. Assis sur les pelouses pelées, souvent en cercle autour d'un barbecue, des chapelets d'adorateurs… néohippies ou vrais punks, cheveux longs ou dread locks, des chiens et des gosses, une guitare et des barquettes de saucisses sous vide. Les bières sont achetées directement sur place, chez le Turc du coin, sinon elles risquent d'être tièdes quand la viande sera à point.

Les Berlinois adorent le barbecue. Et la ville est assez sympa pour autoriser les grillades dans pratiquement tous ses parcs, y compris sur l'esplanade devant la résidence du président de la République, le palais de Bellevue, dans le Tiergarten ! Les lendemains de week-ends à rallonge du printemps, les services municipaux y ramassent des camions de déchets : 16 000 tonnes par exemple le week-end de Pâques 2009, particulièrement ensoleillé ! Bon, évidemment, comme partout, le maniement de la fourchette à barbecue demeure une activité essentiellement masculine. Le mouvement féministe berlinois n'a pas encore fait tomber ce bastion-là. Mais la basse-cour domine largement la phase organisationnelle de ces rituels des beaux jours. Dans mon immeuble, deux ou trois barbecues par saison regroupent tous les voisins dans la cour. Chaque fois, l'initiative vient des femmes.

Les fanatiques du barbecue poussent même le vice (et le risque) à en allumer sur leur balcon. Et pendant longtemps, les familles turques se sont retrouvées au Görlitzer Park pour cuire des moutons entiers à la broche. C'est désormais interdit. Mais le parc en plein cœur de Kreuzberg a conservé son statut de haut lieu des grillades berlinoises, pris d'assaut dès les premières lueurs du jour. On fait du touche-touche avec le barbecue du voisin, alors pour plus d'intimité, certains plantent des tentes ou des pare-vent sous lesquels les femmes voilées papotent à voix basse tandis que les hommes fument le narguilé. Ce parc est sans aucun doute le plus laid de tout Berlin, sale, râpé et puant comme un chien galeux. En son centre, un cratère encore plus pelé donne l'impression que la navette d'un ovni s'est posée là un jour. Saison après saison, les dealers, les punks et les artistes de rue y font bon ménage.

En 2009, quand il a été question d'interdire pour de bon les barbecues dans la ville, l'adjoint au maire chargé des espaces verts a opposé son veto. Ephraïm Gothe estime que ces moments privilégiés au Görlitzer Park facilitent l'intégration : que toutes les nationalités grillent en paix leurs saucisses, qu'elles soient au porc, à la volaille ou au tofu.

Souvenirs d'enfance

Christiane, 48 ans, de père français et de mère allemande, élevée dans les deux pays :
« Quand on était en vacances en France, certains après-midi, nos grands-parents paternels nous emmenaient en ville et nous payaient une glace, une crêpe ou une gaufre. Les grands-parents allemands, eux, nous disaient : "Allez, les enfants, on vous emmène acheter une saucisse au stand sur la place !" Le plus drôle, c'est que ça nous plaisait tout autant ! »
Katia, 23 ans, étudiante en psycho :
« Gamine, j'adorais quand ma mère me mettait une saucisse dans le cartable pour mon encas du matin. L'école finissait vers 13 heures, il fallait bien tenir. Parfois c'étaient des tranches de pain noir avec du fromage à tartiner, ou une pomme. Mais pour moi, la saucisse de Francfort à sortir délicatement du papier d'alu, et à croquer comme ça, nature, c'était la fête ! Aujourd'hui, j'en emporte parfois encore à la fac. »
Helga, 71 ans, qui a grandi dans les ruines de Berlin-Ouest :
« Pour mes 7 ans, malgré la pénurie, j'ai eu le droit d'inviter quelques amies à la maison. Ma mère avait organisé une petite fête avec des jeux. Je me souviens surtout de celui qui consistait à essayer de manger des saucisses accrochées par un bout à des fils pendus à la corde à linge. »

Asperges *forever*

Il y a les éjaculateurs précoces, qui dégainent trop tôt, au taquet début mars alors que le printemps n'a même pas encore entamé les préliminaires. Et puis, il y a tous ceux qui font traîner le plaisir, jusqu'à la saturation (juin, juillet même !) et alors on ne peut plus les encadrer, leurs asperges ! Quand j'écris « asperge », je veux bien dire « asperge », cette longue et pâle racine au bout tendre dans ses replis rosés… et rien d'autre, évidemment !

Son apparition sur les marchés coïncide avec la fin des six mois d'hiver : on sort du tunnel, et paf, voilà le « temps des asperges » *(Spargelzeit)*, à moins que ce ne soit l'inverse. Plus que les premiers crocus sur les ronds-points, comme les cerisiers en fleur de Tokyo, l'asperge est synonyme de printemps, d'où sans doute le culte que lui vouent les Berlinois. Résultat : de mi-avril à début juin, c'est *Spargel* à tout bout de champ ! Et vu l'apport calorique de la demoiselle blanche, les pintades au régime de printemps en usent et en abusent. Quitte à frôler l'indigestion.

Les restaurants modifient leur carte tout spécialement, alléchant le client avec des petits mots sur leurs ardoises : « Les asperges sont arrivées ! » ou bien « Profitez du *Spargelzeit* ! ». Et surtout, le temps des asperges rime avec premières sorties, premières invitations : on est resté terré dans sa tanière pendant tout l'hiver, vie sociale réduite à néant ou presque, et subitement la ville entière se réveille, comme sous le charme d'un coup d'asperge magique ! Ne pas être invitée à un *Spargelessen*, littéralement « manger des asperges », c'est un coup fatal porté à l'ego de toute Berlinoise qui se respecte. Mais après, il faut rendre la pareille. Et s'équiper en conséquence : éplucheur d'asperges (économe à deux lames, avec une pince pour bien serrer la racine), casserole à asperges pour cuire à point sans prendre le risque de récolter le légume mou ou avachi au fond du panier à cocotte, saucier… Tout un art. Comme les cerisiers du Japon, vraiment. On en ferait des haïkus.

Les puristes du tubercule ont beau affirmer que rien ne vaut le beurre fondu, la sauce hollandaise fait la course en tête chaque année. Aaaah, l'incontournable asperge servie chaude avec pommes de terre et jambon cru, et noyée sous des coulées blanches… Traditionnellement, c'est ainsi qu'on la déguste, quand on invite, c'est ainsi qu'on la sert : une version assez roborative qui, finalement, n'a pas grand-chose de printanier (et surtout, qui compromet sérieusement les résolutions diététiques de la basse-cour). Mais la boboïsation du centre et l'arrivée massive ces dernières années de Français, d'Italiens et d'Espagnols commencent à avoir raison de ce menhir de la gastronomie allemande. Au menu désormais : salade aux asperges, omelette aux asperges, tarte aux asperges, soupe d'asperges… Bikini en tête, on plonge alors dans ces délices sans mauvaise conscience. « En plus, c'est diurétique ! » clame ma copine Jana, en plein cours de yoga. La brunette filiforme est intarissable sur les odeurs âcres de son pipi post-asperges. « La ville entière bouffe des asperges en ce moment, ça doit sentir jusque dans les égouts ! » Va tenir la position de l'arbre après ça !

Les Berlinois tolèrent cette ouverture, mais attention à l'origine du légume. D'ailleurs, c'est là où les éjaculateurs précoces et autres lambins ont tout faux. La vraie asperge doit venir de la région – et donc, avant la saison, ce n'est pas la saison, après la saison, ce n'est plus la saison ! Tout autour de Berlin, le Brandebourg et ses sols sablonneux, d'ordinaire plutôt pauvres, forment un terrain idéal à la culture de la reine blanche. On dit que la meilleure vient de Beelitz, à une heure au sud-ouest de la capitale ; mais honnêtement, pour 2 euros de moins la botte, vous en avez d'aussi bonnes en provenance du Nord-Brandebourg… et même de la Pologne voisine (la frontière est à 60 kilomètres de Berlin).

Mais là, *achtung*, de nouveau, vous franchissez la ligne rouge : l'asperge doit être allemande, un point c'est tout ! Une de mes collègues s'étonnait même dernièrement du chauvinisme berlinois en la matière. Plutôt échaudés par l'histoire, les Allemands se méfient généralement de toute forme de nationalisme (il a fallu attendre la Coupe du monde de football en 2006 pour les voir s'enticher de leur drapeau), mais ils en font fi en deux coups de cuiller à pot dès qu'il s'agit de défendre la star de leurs campagnes : « Méfiez-vous des Italiennes », « Les Françaises ne valent rien ! », « Les Allemandes sont les meilleures » ! Si on ignore qu'il s'agit d'asperges, on peut se croire revenu en des temps plus sombres, et la sortie au marché vire fissa en cauchemar politique.

La politique, cela dit, n'est pas absente des assiettes. Chaque printemps, le dossier brûlant du ramassage des asperges revient en une des journaux locaux. Car la délicate racine se récolte à la main, le dos courbé, le nez dans la poussière. Un travail éreintant, effectué traditionnellement par des saisonniers polonais plus ou moins déclarés – pour un salaire de misère, car le SMIC n'existe pas en Allemagne. Mais depuis leur entrée dans l'UE, en 2004, la main-d'œuvre polonaise est devenue plus chère et surtout plus exigeante : chaque année ou presque, l'ombre d'une grève des saisonniers plane sur la douceur du *Spargelzeit* berlinois. La ville se jette alors sur le précieux légume avec d'autant plus d'avidité qu'il pourrait venir à manquer… Selon une enquête du journal *Die Welt*, qui a même envoyé un reporter se coltiner toute une récolte pour vérifier sur place, les chômeurs allemands (presque un quart de la population berlinoise) ne sont pas capables de s'acquitter de ce travail harassant aux champs ! En moyenne, chaque année, deux chômeurs sur trois refusent pour raison de santé l'emploi qu'on leur propose dans les champs d'asperges, et la moitié de ceux qui y vont doivent s'arrêter avant la fin de la saison.

Les Berlinois ont une telle passion pour l'asperge qu'ils lui ont même associé l'un de leurs emblèmes préférés de la ville : la tour de télévision de l'Alexander Platz, surnommée « grande asperge » dans les quartiers ! Si, pour les touristes, le symbole par excellence de Berlin reste la porte de Brandebourg et son quadrige, pour les Berlinois, c'est incontestablement la grande asperge, si fière et si débonnaire à la fois, avec sa grosse tête brillante dans le soleil. Et, fait assez rare pour une construction made in RDA, elle rassemble tous les suffrages à l'Est comme à l'Ouest. Elle est même devenue la marque de fabrique d'un grand nombre de nouveaux designers du centre. Stylisée sur les tee-shirts branchés de EastBerlin, décalée sur les boutons de Cuy-Cuy, minimaliste sur les sacs de Scissorsandknife, ou même tricotée au crochet pour les portes-clés de Etepetete !

Alors oui, c'est bien vrai, à la fin de la saison des asperges, on en a la nausée et saturation rimerait presque avec régurgitation. Mais une Berlinoise digne de ce nom arbore à un moment ou à un autre sa petite tour de télé, épinglée au revers, imprimée sur le cœur ou à ses pendants d'oreilles. Asperge *forever* !

Les ayatollahs du concombre

La première fois que j'ai organisé une fête chez moi, j'ai proposé un buffet sympa et coloré dont j'étais très fière. Erreur ! Mes toasts au saucisson et ma quiche au saumon pouvaient être les meilleurs du monde, j'avais tout bonnement oublié qu'une soirée berlinoise compte toujours sa brochette de végétariens, quand ce ne sont pas des végétaliens. Et là, grosse boulette, j'avais même mis du poulet dans ma salade de pâtes !

Depuis quelques années, Berlin décroche la médaille de la ville allemande la plus accueillante pour les végétariens, distinction attribuée après sondage par l'association PETA (People for the Ethical Treatment of Animals). Et comme l'offre crée la demande, il y a fort à parier que les adeptes du burger au tofu sont de plus en plus nombreux sur les bords de Spree. Le phénomène est tel que même les restos U s'y mettent. La Freie Universität dispose depuis 2010 d'une cantine exclusivement végétarienne, avec option végétalienne pour certains plats.

Enfin, si vous élevez vos pintadeaux aux graines, sachez que plusieurs jardins d'enfants du centre ont adopté la philosophie. Ma copine Charlotte, Française mariée à un Allemand, soucieuse de transmettre à son fils la culture de la bonne bouffe, a failli l'inscrire au *Kindergarten* Cœur-de-lion à Kreuzberg : « Je me disais que s'il pouvait éviter les saucisses et le poisson pané, pourquoi pas ? J'ai changé d'idée quand j'ai vu ces pauvres gosses avec leurs rondelles de concombre à 4 heures ! Visiblement, certains parents refusent même qu'on propose des fruits, car ça habitue les enfants au sucre ! »

Ça me rappelle un reportage rigolo en marge du G8 de 2007, dans le Nord de l'Allemagne : j'avais suivi les altermondialistes qui, en jouant au chat et à la souris avec la police dans les champs, avaient fini par rejoindre la clôture de sécurité autour de l'hôtel des chefs d'État ; un campement de fortune s'était installé à l'orée d'une forêt et, depuis les villages voisins, était arrivé le ravitaillement : dans d'immenses seaux en métal, un gloubi-boulga de lentilles, 100 % bio, 100 % végétalien, pour que tout le monde puisse en profiter. C'était froid et gluant. Heureusement, la révolution n'a pas commencé cette nuit-là, car ils auraient eu bonne mine, les combattants du Grand Soir avec cette potion dans le bide !

Mais la tendance je-mange-de-l'herbe-et-je-machouille-des-graines, encore minoritaire, ne fait pas le poids face au phénomène bio. Bienvenue dans une ville complètement droguée aux carottes terreuses et aux concombres fripés ! Une cité entière d'accros aux choux amers du Brandebourg ! Le pire, c'est que vous ne pouvez pas dire que c'est une lubie de gauchistes fortunés, de bobos-bio. 70 % des Berlinois achètent bio « régulièrement ou fréquemment » ! On ne fait mieux nulle part ailleurs sur la planète. Quand on sait que nous sommes au cœur d'une des régions les plus pauvres d'Allemagne et que la capitale se classe au 43e rang des villes allemandes pour le niveau de vie (revenu annuel moyen : 15 342 euros net en 2007), ces chiffres donnent le tournis. C'est à se demander si le bio de nos assiettes n'est pas aussi un peu hallucinogène.

L'explication ? Absolument tous les supermarchés présents dans la ville (étude en marge du Salon de l'agriculture) proposent des produits issus de l'agriculture biologique, à commencer par les discounters qui cassent les prix : 85 centimes les 500 grammes de yaourt nature (ici on vend en grands pots, plus économes en emballage) ou 1 euro le kilo de carottes, pas de quoi plumer une pintade ! Même le Turc du coin ouvert toute la nuit a du vin ou de la limonade *öko* en stock. Reconnaissons tout de même qu'il faut bien gagner sa vie pour manger exclusivement bio, car la viande, le poisson ou le fromage plombent sérieusement l'addition. Ou alors il faut avoir la carte de membre de la chaîne de supermarchés bio LPG, sorte de VIP room pour filles trendy qui préfèrent s'enivrer au jus de choucroute (le *Sauerkrautsaft*, breuvage « source de jouvence pour l'intestin » promet la pub, en clair, qui vous évite les gastros et qui ne vous décevra jamais : le goût est aussi doux que le nom !) plutôt qu'au champagne. Cela dit, on m'assure que le LPG de Senefelder Platz, au cœur du quartier hippie-chic de Prenzlauer Berg, est en passe de devenir un haut lieu de drague pour célibataires bien nés et bien-pensants. Où va se nicher le glamour à la berlinoise ?! LPG, c'est 70 % plus cher qu'ailleurs en moyenne, mais, mmmh, nos deux mains qui s'effleurent au rayon des édams… Ou quand les salades laissent miroiter d'autres perspectives d'effeuillage – sans moucherons dans les plis, cette fois !

Sur les étals, la règle est simple. *Grosso modo*, tout ce que le Brandebourg peut fournir reste abordable. Aaah, le Brandebourg ! Berlin est une île au cœur de ce *Land* désolé de l'ex-Allemagne de l'Est. Comme le souligne une de mes copines, « quand tu rentres d'un week-end dans le Brandebourg, tu es toujours un peu déprimée, c'est curieux, hein ? ». OK, il y a les lacs. Voilà une dizaine d'années qu'ils ne contiennent plus trace de la pollution de la RDA, et les baignades y sont douces l'été. Il y a aussi la forêt de Spreewald, au sud-est, avec des canaux pour des tours en canoë. Pour le reste, le Brandebourg, c'est une nature ingrate, ni vallonnée ni boisée, monotone et terne. Mais un trésor pour le bio ! À la réunification du pays, les combinats communistes ont été démantelés et la région entière a dû repenser son agriculture. Aujourd'hui, 10,3 % des surfaces sont occupées par le bio, quasiment deux fois plus que la moyenne nationale. Alors, certes, il faut attendre juillet pour voir mûrir les fraises, mais *öko und lokal*, s'il vous plaît ! Comptez 3 euros le kilo sur les marchés.

Le bio est évidemment à la carte des restaurants. Et aussi des innombrables snacks (les *Imbiss*) qui jalonnent les rues, où les Berlinois achètent en coup de vent leur déjeuner du midi. Chez Witty's sur Wittenbergplatz, la combinaison saucisse au curry + frites biologiques coûte 3 euros. Je ne peux pas vous dire si c'est meilleur qu'ailleurs : ma dévotion journalistique s'arrête TOUJOURS sur le seuil des snacks à *Curry Wurst*, c'est un principe (traduction de cette phrase alambiquée : beurk, la saucisse au curry !).

Ère glacière

Été comme hiver, ça léchouille, ça léchouille ! Les Berlinois ont une passion dévorante pour les glaces. Je me souviens de ce sexagénaire, chef d'une clinique psychiatrique du Nord de Berlin et ancien espion pour la Stasi, qui m'avait donné rendez-vous au salon de glace de Ostbahnhof : entretien-fleuve un poil surréaliste, ambiance glaciale de la RDA, cafés frappés, *Eis* à la vanille excellente, et les yeux bleu stalactite tétanisants de cet homme qui avait dénoncé ses propres patients. C'était plus décontracté avec cette jeune militante d'une association de défense de l'environnement : on avait dévoré des sorbets dans la Oderbergerstrasse en parlant de la fonte de la banquise. Là encore, c'est elle qui avait fixé le lieu de l'interview.

Le « salon de glace », la *Eisdiele* en allemand, est un lieu important dans la vie des Berlinois : on y va entre amis, en famille, en couple… « Tu ne te trompes jamais quand tu donnes rendez-vous à un mec là-bas. Esprit décontracté, pas besoin d'être super sapée, ça ne coûte pas cher : idéal pour voir si le beau gosse de la soirée est fait pour toi, sans le mettre mal à l'aise », m'explique ma copine, la blonde Theresa, grande consommatrice d'hommes et de glaces depuis nos années fac.

Le sorbet et la crème glacée sont donc un business très juteux dans la capitale. Chaque année, les salons de glace se livrent une concurrence acharnée pour figurer dans le palmarès que les journaux locaux ne manquent pas de publier aux beaux jours. Ces pauvres reporters qui passent en revue la crème des glaciers de la ville ! Ils usent leurs papilles pour rien. Car, dès qu'il est question de glace, il n'y a pas plus chauvin qu'un Berlinois. En clair : les meilleures de la ville sont celles de son quartier, point. Les querelles de clochers battent son plein d'avril à octobre. J'ai essayé plusieurs fois de convertir mes potes du nord de la Spree à la douceur satinée des glaces maison du Milanais du coin de ma rue. Tu parles, ils ne jurent que par les boules de Caramello, le glacier bobo-bio de la Wühlischstrasse. Pendant ce temps, les habitants du Wrangelkiez se damneraient pour défendre le stand de Aldemir, incontestablement le plus joli de Berlin, avec sa devanture en noisettes et ses vendeuses en canotier.

Car oui, l'ambiance du lieu joue tout autant que la saveur. Je soupçonne Caramello de toucher en plein cœur les familles du quartier parce qu'il expose les polaroïds de ses plus jeunes clients, les visages des gamins repeints chocolat, myrtille ou de ce bleu improbable de la glace « schtroumpf ». C'est bien dommage, sinon le Tout-Berlin serait d'accord : les meilleures glaces de la ville sont celles de Caffè e Gelato au premier étage des Arkaden, la galerie commerciale de Potsdamer Platz. Monde fou, chaleur, musique insupportable, mais des compositions gigantesques et absolument délicieuses. Je recommande tout particulièrement la coupe glace au yaourt fraises fraîches, sorte de milk-shake perfectionné, noyé sous la crème fouettée et velouté à souhait. Une merveilleuse bombe calorique qui ne laisse personne de glace.

Brunch conventionné

Carine est une serial bruncheuse. Faire partie du cercle choisi d'amis qu'elle convie tous les dimanches à honorer cette fabuleuse habitude berlinoise est un privilège. Chaque semaine, cette Française expatriée, en impératrice incontestée des buffets, dépiaute les journaux locaux et flaire les bons plans. Après casting, la Geneviève de Fontenay des déjeuners à volonté adresse à une dizaine d'élus son SMS tant attendu : le brunch aura lieu au… Elle m'a fait promettre de ne pas dévoiler ses adresses préférées : « Sinon, c'est l'invasion, et ça devient impossible de réserver une table ! »

Bien bruncher à Berlin n'est pas difficile. Quasiment tous les cafés et restaurants en proposent un au moins une fois par semaine. Mais il faut tout l'art, l'expérience et le réseau d'une Carine pour sentir la tendance et cibler le bon resto au bon moment. « Le Freischwimmer, par exemple, est parfait quand la terrasse est ouverte ou quand la cheminée est allumée. Mais ne jamais y aller à la mi-saison ! Le Senti a perdu tout son intérêt maintenant qu'il n'y a plus d'appareil à gaufres. Le Zwölf Apostel est de très bon niveau, mais bondé, il faut réserver après le rush de midi. Le Alberts passe pour l'un des meilleurs de la ville, c'est vrai, en plus le lieu est branché, mais jamais un jour de soleil, c'est trop frustrant de se retrouver dans cette salle obscure. » Organisatrice hors pair, Carine jongle avec toutes ces données. Et son verdict est sans appel : une seule déception et l'adresse est rayée à jamais du carnet de la Serial Brunch Society.

Une légende urbaine raconte qu'après la Seconde Guerre mondiale, les repas de famille étaient devenus si tendus, entre vieux ex-nazis et jeunes qui demandaient des comptes, que le dimanche midi, l'on préférait se retrouver entre amis. De là serait née la tradition des brunchs ou *Frühstückbuffet* (« buffet de petit déjeuner »), comme on disait avant. Berlin se prête à merveille à ce petit rituel hebdomadaire : le petit déjeuner traditionnel est naturellement sucré-salé *et* copieux, les vastes appartements permettent de recevoir en nombre, mais surtout, l'éventail de cafés et de restaurants proposant un buffet dominical semble infini. Si bien que dans le centre, bruncher le dimanche est quasiment devenu une obligation sociale.

Ariane, animatrice à la télé et starlette dans son quartier, est une pintade archipressée du genre ma-vie-est-un-coup-de-vent-mais-on-peut-se-voir-si-tu-veux-j'ai-vingt-minutes. Mais elle étranglerait une par une toutes ses copines si elles la plantaient pour le brunch : « C'est l'occasion de voir un grand groupe d'amis d'un coup. Zéro contrainte, que du plaisir ! Chacun arrive quand il veut, repart quand bon lui semble. On change de voisins de table plusieurs fois pendant le repas. On reste ainsi deux-trois heures à table, les enfants mangent ce qu'ils veulent et les adultes refont le monde. » Liberté, simplicité et lenteur… Le brunch du dimanche, c'est la quintessence du nouveau Berlin. Vivre et laisser vivre…

Allez donc vous promener vers 13 heures un week-end autour de Kollwitzplatz, à Prenzlauer Berg : les cafés sont bondés. Réservation indispensable si vous voulez approcher les merveilles proposées à volonté pour une dizaine d'euros (boissons non comprises) ! Les terrasses débordent, les buffets aussi : salades, fromages, gâteaux, crèmes dessert, charcuterie, feuilles de vigne, crêpes et même, dans d'imposants plats en inox montés sur des réchauds, des ratatouilles, des gratins de pâtes, des dorades en papillote, des poivrons farcis… Ne cherchez pas, ici, le mot d'ordre est « pas de mot d'ordre ». Le menu varie selon les humeurs de l'équipe en cuisine et l'avancée de la journée. Jusqu'à 15 heures en moyenne, c'est ravitaillement garanti, et gare à ceux qui ont loupé les ailes de poulet, maintenant, ce sont des œufs mayo qui déboulent !

« Plus tard, j'aimerais avoir mon propre appart, ou une petite cabane pour prendre l'air en dehors de la ville l'été. Mais jamais j'irai prendre des brunchs. » Klara, Mina et Tanutscha sont les reines de Kreuzberg-Nord. En 2007, alors qu'elles étaient encore ados, un docu leur a tiré le portrait (*Prinzessinenbad* de Bettina Blümner). Les princesses ont mûri, mais on les croise encore souvent dans le quartier, plus sages dans leur allure, mais toujours aussi grande gueule. « Ouais, les brunchs, l'écolo, tout ça, c'est de la merde ! » « Trop bourge. » Bien qu'elle ait fait tomber son mur il y a plus de vingt ans, la ville est toujours coupée en deux : la frontière court cette fois entre les classes sociales. Ça n'est pas une question d'argent. Manger à volonté pour 7 euros ravirait plus d'un petit budget. Non, c'est une histoire de codes sociaux.

Passée la ligne de S-Bahn périphérique (le « ring »), on ne trouve plus guère de Berlinoises pour aller bruncher. Certains arrondissements du centre, même, sont divisés, comme Kreuzberg avec sa basse-cour bobo du Sud et ces princesses populo du Nord. Là, même les deux-trois restaurants turcs très réputés et habituellement fréquentés par une population immigrée assez aisée ne cèdent pas au rituel du brunch, définitivement réservé à la nouvelle société intello gauche caviar du centre : les professionnels du design, de la mode, du journalisme, du cinéma, de la com, de la pub, les avocats, les juristes, les diplomates, les haut fonctionnaires ; une population très « Ouest » en somme, arrivée récemment à Berlin et emballée par le phénomène (et les prix) des brunchs – jeunes diplômés bavarois ou souabes, Français, Espagnols, Américains, Israéliens… La Serial Brunch Society de Carine se compose exclusivement de diplômés de grandes écoles ou de troisièmes cycles universitaires, et d'une seule Berlinoise de souche ! Ainsi, les deux Kreuzberg, aussi tolérant que souhaite être le Sud de l'arrondissement avec ses électeurs de gauche et ses militants verts, cohabitent mais se mélangent rarement. Les familles allemandes déménagent quand les enfants entrent à l'école. C'est sympa d'avoir des feuilles de vigne et du börek dans les buffets du dimanche, *multikulti über alles* pour les papilles ; mais des gosses d'immigrés dans la classe de nos rejetons, *nein danke* !

Et vous buvez quoi ?

Attention, je vais enfoncer une porte ouverte : à Berlin, on boit de la bière. Environ 120 litres par personne et par an, soit l'équivalent d'une bouteille par jour. Pas beaucoup finalement, quand on sait qu'en Rhénanie, par exemple, la consommation est quatre fois plus importante. Côté houblon fermenté, Berlin est à la traîne. La capitale trendy n'a même pas de bière locale, elle pique les marques des autres (la Becks de Brême, la Paulaner de Munich, la Kölsch de Cologne...). Objection : Berlin n'a pas de bière correcte. Il existe bien la Berliner Kindl et la Berliner Pilsner, mais cette mousse n'est pas pour les palais délicats, ou alors mélangée avec de la limonade (un « *Radler* ») par exemple.

De ces accommodements gustatifs est d'ailleurs née l'une des rares spécialités de la ville : la Berliner Weisse, une blanche très amère adoucie par un sirop de framboise ou d'aspérule (on a donc une « blanche de Berlin » rouge ou bien verte... vous suivez ?), servie dans des larges verres à pied et bue à la paille. Un truc très sucré, qui fait un peu cocktail. Les ados adorent... moi aussi ! Pour les curieux : l'aspérule (*Waldmeister* en allemand) est une plante des bois, genre angélique, au goût un peu anisé – ça n'a de la menthe que la couleur. Fin de la leçon de botanique.

La bière accompagne tous les grands moments de la vie des Berlinois. On la boit à la maison, dans les cafés, dans les *Biergärten natürlich*, mais aussi dans la rue, comme ça. Ici, le délit d'ivresse sur la voie publique n'existe pas, youhou ! « C'est ce qui me manque le plus quand je suis en mission », reconnaît Rebecca, humanitaire habituée aux zones de crise. Lors de ses retours à Berlin, l'athlétique trentenaire sort beaucoup, de bars en boîtes, de mec en mec : « Et franchement, la petite bière prise à la bouteille dans le métro, histoire de se mettre en train et de bien commencer la soirée... quel pied ! »

Boire dehors sous les étoiles peut même être une fin en soi : il suffit d'aller faire un tour sur le Admiral Brücke, un pont sur le Landwehrkanal à Kreuzberg. L'été, des centaines de personnes assises par terre y goûtent la douceur de la nuit, les bières viennent du marchand de journaux du coin, qui a la bonne idée de rester ouvert très tard. On retrouve des scènes identiques tout le long de la rivière, y compris sur les pelouses qui longent la chancellerie : bouteille à la main et pieds ballants au dessus de l'eau, voici l'attitude préférée des Berlinois.

Mais la vraie boisson du Berlin cool, nonchalant et engagé, c'est une bouteille en verre blanc décorée d'une cocarde bleu-blanc-rouge. « La boisson officielle d'un monde meilleur », annonce la pub. Bio, équitable et diététique : vive la Bionade ! En quelques années, essentiellement grâce au bouche-à-oreille, cette limonade biologique issue d'un processus de fermentation 100 % naturel a conquis les cœurs et les papilles des Berlinois. Depuis 2003, sa production a bondi de 300 % et c'est maintenant le quatrième soda le plus bu d'Allemagne, derrière Coca, Fanta et Sprite. Pour la petite histoire, la Bionade est née dans une petite ville bavaroise pas branchée pour un sou, Ostheim. Un brasseur alarmé par la baisse de la consommation de bière dans sa région invente une boisson bio et non alcoolisée. Le brevet archisecret est déposé en 1995. La brasserie est sauvée de la faillite et emploie aujourd'hui 170 personnes.

On adore sa légèreté (de très fines bulles), sa douceur à peine sucrée (22 calories seulement) et surtout sa branchitude. La Bionade se boit à même la bouteille, comme une bière, portée de temps à autre aux lèvres sur la piste de danse d'une discothèque ou dans l'obscurité d'une salle de ciné. Par ce geste, vous signifiez votre appartenance à cette caste résolument branchée et soooo berlinoise du consommateur intelligent : oui je bois alternatif en soutenant les producteurs de mon pays, oui le sureau bio fermenté, c'est mille fois mieux que le kambucha (trop commun, trop Starbucks) et oui, je la joue éthique, car Bionade, c'est aussi une « charte de pureté » béton et une entreprise qui replante des arbres et monte des projets sportifs pour les enfants. Tout ça en quatre goûts : sureau, orange-gingembre, litchi et plantes (OK, ça, c'est bizarre, mais le reste déchire tout !).

D'une manière générale, Berlin adore l'alternatif en bouteille. Le succès de Bionade a fait des émules dans la catégorie limonade bio (Aloha, Bios...). Sur les rives de la Spree, le Coca-Cola lui-même est menacé par deux concurrents sérieux : le Vita-Cola, soda est-allemand un poil plus amer que l'original (19 % de parts de marché sur le territoire de l'ex-RDA) et l'Afri-Cola, boisson qui existe depuis 1931 en Allemagne, avec 250 milligrammes de caféine par litre – accrochez-vous !

Comme des trous...

Berlin picole beaucoup et souffre même d'un grave problème d'alcoolisme. Garçons et filles s'y mettent très tôt. En 2007, 39 adolescentes entre 10 et 15 ans ont fini à l'hôpital après avoir trop bu – contre 30 garçons du même âge ! Après 15 ans, la tendance s'inverse, mais les filles sont chaque année de plus en plus nombreuses à être portées sur la bouteille. Lors du championnat d'Europe de football en 2008, les services de la Croix-Rouge, dispatchés dans le centre autour de « l'allée des supporters » (regroupant plusieurs centaines de milliers de personnes chaque soir, venues regarder les matchs sur écran géant), sont essentiellement intervenus auprès d'adolescentes, alors que pour la Coupe du monde deux ans auparavant, il n'y avait pratiquement pas eu de jeunes femmes parmi les patients.

Quelques adresses pour manger berlinois

Max und Moritz
Oranienstrasse 163, Kreuzberg – 030 3124952

Une taverne populaire qui existe depuis 1902. Aux ouvriers d'antan a succédé une bohème intello (théâtre et rencontres littéraires à l'étage, et le samedi soir, c'est tango sous la coupole Art déco de l'arrière-salle), qui sait tout autant apprécier la bière blonde brassée sur place. Pas mal de touristes aussi. C'est de bonne guerre : les escalopes panées (larges comme l'assiette et servies par deux) figurent depuis toujours dans mon best-of berlinois, et le jarret de porc est moins salé qu'ailleurs – ce qui est un plus, incontestablement !

Schinkels Klause
Unter den Linden 5, Mitte – 030 20268450

Une adresse chic pour manger un morceau avant ou après une soirée à l'Opéra. Le jarret de porc est le meilleur de Berlin, à éviter cependant si vous allez au spectacle après (risque élevé de mourir de soif avec une telle concentration de sel ; ou bien vous vous êtes correctement hydratée, et là vous risquez de passer la soirée aux toilettes). Le bon endroit aussi pour manger des saucisses de qualité (les Nürnberger à la poêle ne sont pas trop grasses).

Dicke Wirtin
Carmerstrasse 9, Charlottenburg – 030 3124952

Ambiance authentique qui semble avoir traversé les âges chez la « grosse aubergiste ». J'adore le plafond en bois sombre, assorti au comptoir. Une partie de la carte change toutes les semaines, au fil des saisons. Le reste renvoie avec grand succès aux intemporels de la cuisine berlinoise : on trouve même encore du foie au chou rouge et pommes, un plat en voie de disparition partout ailleurs. Le meilleur restaurant de Berlin pour déguster des asperges à la mode d'ici.

Die Ständige Vertrettung « StäV »
Schiffbauerdamm 8, Mitte – 030 2823965

Le nom de cette brasserie politique signifie « représentation permanente » ; c'était l'appellation officielle de l'ambassade d'Allemagne de l'Ouest à Berlin-Est. Ce restaurant cultive donc le souvenir de la bonne vieille république fédérale et de sa très provinciale capitale Bonn. Sur les murs, la déco surchargée raconte avec force photos les grandes heures de la RFA. Ici comme sur les bords du Rhin, on fête le carnaval, on boit dans des verres très fins l'excellente blonde de Cologne, la Kölsch, et on guette ses voisins de table en espérant tomber sur un député : à deux pas du Bundestag, c'est *la* cantine de la classe politique. Sur la carte, un mélange de spécialités rhénanes et berlinoises. Et une *Curry Wurst* pour chefs d'État, camouflée sous le pseudo bizarre de « filet du chancelier » (« *Kanzlerfilet* », un hommage à Gerhard Schröder, dont c'était le plat préféré).

Hasenheide Wirtshaus
Hasenheide 18, Kreuzberg – 030 69515158

Pour les adeptes d'une ambiance plus… rustique, dirons-nous ! Ce vieux restaurant accueille depuis des décennies le Berlin populo et fauché. Ici, ça cause avec l'accent du Berlin d'autrefois, celui des bons vieux Berlinois qui n'ont pas peur d'avaler une saucisse au petit déj. Mais des cuisines sortent les meilleures escalopes panées de la ville, et surtout, on apprécie la diversité dans leur accommodement : l'escalope du chasseur, l'escalope du berger, l'escalope du tzigane, l'escalope-œuf au plat… Cette auberge aux nappes en plastique sert aussi le plus merveilleux Kaiserschmarrn de toute la ville : l'omelette sucrée créée pour l'empereur autrichien François-Joseph (le mari de Sissi) est servie dans des assiettes XXL dont elle recouvre les deux tiers de la surface, sans compter les fioritures (fruits frais, crème vanille, pépites de chocolat). Attention, après un plat copieux comme les escalopes, faut s'accrocher pour finir son Kaiserschmarrn.

Quelques restaurants chics

Des adresses où se faire inviter un soir de *date* (en expliquant bien à monsieur que vous êtes étrangère et que le *getrennt zahlen,* le « chacun paie pour soi », ça ne marche pas pour vous !). Il faut absolument réserver !

Grill Royal

Friedrichstrasse 105, Mitte – 030 28879288

Le resto des stars du show-biz, décor à la Francis Bacon, fumoir sophistiqué et excellente carte de viandes rouges. Un paradis pour petites *Französinnen* en manque d'hémoglobines dans leurs assiettes (précisez *blutig* au serveur ; ça fait un peu sanguinaire sur les bords, mais c'est le seul moyen d'avoir un steack un tant soit peu saignant).

Borchardt

Französische Strasse 47, Mitte – 030 81886230

Le frère ennemi du Grill Royal... Côté people, on tape dans la catégorie dirigeants, hommes d'affaires en costume strict et très cher et journalistes politiques. La carte de la « salle à manger de la République » hésite entre cuisine de brasserie chic et traditionnel made in Germany. La spécialité : l'escalope panée.

Lutter und Wegner
Charlottenstrasse 56, Mitte – 030 20295492

Le restaurant BCBG de la capitale. Mais du BCBG jamais décortiqué par Chabrol. Bref, c'est bon, c'est beau, service élégant, mais un poil ennuyeux.

Margaux
Unter den Linden 78 (entrée Wilhelmstrasse), Mitte – 030 22652611

Une étoile au Michelin et d'excellents vins. Cuisine française dite « d'avant-garde ». Tous les légumes viennent du propre potager du chef, qui passe l'été à faire des bocaux (il en a plus de cinq mille).

Volt
Paul-Linke-Ufer 21, Kreuzberg – 030 61074033

Installé dans une ancienne usine électrique, ce restaurant à la déco unique régale autant les yeux que les papilles. Le chef revisite les fondamentaux de la cuisine allemande avec audace.

Cuisine du monde

Casolare
Grimmstrasse 30, Kreuzberg – 030 69506610

Les meilleures pizzas de Berlin. Cette troupe d'anarchistes piémontais recevait même la visite de l'ancien ambassadeur italien. C'est dire.

Moreno Carusi
Leipziger Platz 15, Mitte – 030 22488156

Le *signor* Carusi officie derrière une grande paroi de verre. Sa convivialité et ses délicieuses pastas en font, à mes yeux, le meilleur italien de la ville.

Bandol-sur-Mer
Torstrasse 167, Mitte – 030 67302051

Minuscule resto français à la déco merveilleusement vintage. Brad Pitt adore.

Pan Asia
Rosenthaler Strasse 38, Mitte – 030 27908811

Métissage asiatique dans les assiettes et musique électro dans les oreilles. Les toilettes sont un bijou de design.

Monsieur Vuong
Alte Schönhauser Strasse 46, Mitte – 030 99296924

Restaurant « indochinois ». À la place de la jeune Duras, on a des artistes et des designers branchés.

Tipica
Rosenstrasse 19, Mitte – 030 25099440

Lounge mexicain à la carte toujours très originale. Délicieuse soupe d'avocats.

Sakura
Oderbruchstrasse 8-10, Lichtenberg – 030 9705429

Une virée gastronomique dans le Berlin-Est un peu glauque. Pour trouver ce restaurant japonais, il faut s'aventurer dans un hall d'immeuble et prendre un ascenseur peu rassurant. Mais l'expérience en vaut la peine : chaque table dispose d'une plaque chauffante sur laquelle officie un cuisinier, qui fait (littéralement) jaillir sous vos yeux les plats que vous commandez.

Neugrüns
Schönhauser Allee 135A, Prenzlauer Berg – 030 44012092

Deux menus seulement sur la carte de ce petit restaurant gastronomique. Soit vous optez pour du *regional*, donc des carpes du Brandebourg, du sanglier… Soit pour le *Menü-Süd*, direction la Méditerranée. Dans les deux cas, c'est innovant et délicieux.

Pour les végétariens et les végétaliens

Mano Verde

Scharnhorststrasse 28-29, Mitte – 030 82703120

Le restaurant que les végétaliens doivent conseiller à leurs amis carnivores pour leur prouver qu'ils ne se nourrissent pas que de carottes-brocolis à l'eau filtrée. Diversité et inventivité sont les maîtres mots ici.

Café Morgenrot

Kastanienallee 85, Prenzlauer Berg – 030 44317844

Son brunch végétalien déborde d'imagination (une omelette sans œuf au tofu avec du goût ! incroyable !). Un plus : on paie ce que l'on veut !

Samâdhi

Wilhelmstrasse 77, Mitte – 030 22 48 88 50

Cuisine d'inspiration thaïlandaise et vietnamienne (donc épicée !!!) 100 % *vegan.* Ambiance feutrée, lumière tamisée.

Manna

Marienburger Strasse 38, Prenzlauer Berg – 030 89392217

Une petite cantine familiale (avec des chaises hautes pour bébés) dont la carte change tous les jours. Dans la mesure du possible, on mange des produits de la région et de saison. Et bio, *natürlich* !

Satyam
Gœthestrasse 5, Charlottenburg – 030 31806111

Ici on ne pratique pas le yoga, on en mange ! Les plats sont ayurvédiques, c'est-à-dire cuisinés selon une tradition indienne de plus de cinq mille ans. Après un test qui détermine votre profil, vous piocherez dans les plats pour les Kapha, les Pita ou les Vata. Garantie d'être servie en 5 minutes le midi. Comme quoi, on peut être yogi et actif. Très pintade, quoi !

veganleben.info/gastrolist.htm

Liste exhaustive et mise à jour régulière de toutes les adresses végétaliennes de la ville.

Es geht um die Wurst !
La chasse à la saucisse !

La bataille de la *Curry Wurst* est ouverte ! Guerre ouverte entre ces trois adresses, où l'on mange sur le pouce, accoudé à des hautes tables. Chez Witty's, c'est clairement moins bon, mais c'est bio !

Curry 36
Mehringdamm 36, Kreuzberg – 030 2517368

Konnopke's Imbiss
Schönhauser Allee 44A, Prenzlauer Berg – 030 4427765

Witty's Organic Food
Wittenbergplatz 5, Schöneberg – 030 2119496

Pour la *Bratwurst*, la fameuse saucisse grillée, rien ne vaut le plan *Biergarten*

Prater Biergarten
Kastanienallee 7-9, Prenzlauer Berg – 030 4485688

Le plus vieux *Biergarten* de Berlin.

Golgotha
Dudenstrasse 40, im Viktoriapark, Kreuzberg – 030 7853453

Adossé à un terrain de foot, ambiance très « bande de potes » avec un espace lounge pas mal du tout si l'idée vous vient de commander plutôt un cocktail.

Cassiopeia Club
Revaler Strasse 99, Friedrichshain – 030 47385949

En plein cœur d'un espace récupéré par les associations de quartier et les artistes. Un peu trash, un peu libertaire.

Pfefferberg
Schönhauser Allee 176, Prenzlauer Berg – 030 44384115

À deux pas, un hôtel de backpackers fait plonger la moyenne d'âge. Mais les marronniers sont si beaux…

Café am Neuen See
Lichtensteinallee 2, Tiergarten – 030 25449300

Perdu dans le Tiergarten, le grand parc en centre-ville, il y a un petit lac et, sur sa rive, un *Biergarten* tout à fait charmant.

Loretta am Wannsee
Kronprinzessinnenweg 260, Zehlendorf – 030 80105333

Un plan presque secret, puisqu'on ne voit pas ce *Biergarten* de la rue. Il est perché sur une petite butte couverte d'arbres, si bien qu'on a l'impression de prendre sa bière dans une cabane de Robin des Bois.

Fischerhütte am Schlachtensee
Fischerhüttenstrasse 136, Zehlendorf – 030 80498310

Formidable panorama sur le lac et la forêt. Les couchers de soleil sont splendides. Paisible. Moyenne d'âge : 50-60 ans.

Où bruncher

Quelques adresses choisies selon les critères de la trinité brunchesque.
Plutôt que l'abondance, il vaut mieux : 1. la diversité ; 2. la fraîcheur (ravitaillement régulier) ; 3. une touche d'originalité (aaaah, le très regretté gaufrier du Senti !).

Die Zwölf Apostel
Bleibtreustrasse 49, Charlottenburg – 030 3121433

Adresse très prisée car derrière le grand comptoir qui déborde de victuailles, un pizzaiolo alimente tout au long de la journée le stock de pizzas du buffet. Il faut absolument réserver.

Café Alberts
Karl-Marx-Allee 35, Mitte – 030 24727250

Le meilleur brunch de Berlin ? Difficile d'être aussi catégorique, mais c'est vrai que c'est excellent. Samedi *et* dimanche. Réserver au moins une semaine à l'avance. Chouette endroit, en plein sur la Karl-Marx-Allee.

Nola's am Weinberg
Veteranenstrasse 9 (dans le Weinberg), Mitte –
030 44040766

Un « chalet » suisse qui domine un joli parc en plein cœur de Berlin. Dès qu'il y a de la neige, l'ambiance resto d'altitude avec les transats sur la terrasse est dépaysante. Nourriture plus variée qu'on ne le pense.

Lafil
Wörtherstrasse 33, Prenzlauer Berg – 030 28599026

Très copieux. Inspiration hispanique. Parfois, un cuisinier fait des crêpes à la demande.

Frida Kahlo
Lychener Strasse 37, Prenzlauer Berg – 030 304457016

Brunch mexicain sur la très sympa Helmholzplatz.

Die Turnhalle
Holsteistrasse 6-9, Friedrischshain – 030 29364816

Dans l'ancienne salle de sport d'une école modèle du Berlin communiste, ce restaurant offre un brunch pantagruélique. Coin jeux pour les enfants. Super architecture. Dommage que ce soit si bondé.

Freischwimmer
Vor dem Schlesischer Tor 2A, Kreuzberg –
030 61074309

Sur un ponton au ras de l'eau, avec une belle cheminée pour l'hiver.

Avril
Graefestrasse 83, Kreuzberg – 030 62735398

Brunch de légumes et de poissons. Dans la salle du fond, un coin jeux est aménagé pour les enfants. Bondé à partir de 11 heures.

Eierschale Zenner
Alt-Treptow 14, Treptow – 030 5337370

Une institution de l'ancien Berlin-Est, directement sur la Spree, à hauteur de l'île de la Jeunesse. L'été, un DJ fait danser les habitués sur la terrasse. Ambiance unique et 100 % authentique.

Schlosscafé Köpenick
Schlossinsel, Köpenick – 030 65018585

Un joli restaurant paisible sur les bords de la rivière, décor idéal pour les mariages et autres célébrations officielles. Le brunch est un peu cher (14 euros), mais on paie la vue ! Idéal pour faire une pause au cours d'une excursion dans cet arrondissement périphérique.

Les glaciers

Caramello
Wühlischstrasse 31, Friedrischshain – 030 50343105

Glaces bio et aux goûts toujours très variés (une glace à la patate douce, oui oui !).

Aldemir Eis
Falckensteinstrasse 7, Kreuzberg – 030 6118368

Glaces italiennes faites maison, crémeuses à souhait.

Caffè e Gelato
Arkaden Center, Alte Potsdamer Strasse 7, Tiergarten – 030 25297832

Les meilleures glaces de la ville ; on en oublie le décor ô combien cosy dans la galerie commerciale.

Quelques marchés

Kollwitzplatz
Prenzlauer Berg

Le samedi de 9 heures à 18 heures et le jeudi (marché exclusivement bio). Beaucoup de choix. Une institution du nouveau Berlin bobo.

Maybachufer
Kreuzberg

Marché turc chaque mardi et vendredi. Coloré et bon marché. Cependant, avec la gentrification de ce quartier métissé, les stands bio gagnent du terrain sur les marchants de figues, d'olives et de feuilles de vigne.

Winterfeldplatz
Schöneberg

Tous les samedis de 7 heures à 13 heures. Fruits et légumes de bonne qualité à prix corrects. Très chouette stand de fleurs.

Les pintades s'envoient en l'air

Et la baisse de la TVA dans l'hôtellerie, t'en penses quoi ?

Berlin, pauvre et pas sexy

La *seule* fois (et je pèse mes mots) où je me suis fait siffler dans les rues de Berlin, j'ai cru que je rêvais ! Journée de canicule, robe légère à fines bretelles, décolleté. Assis sur les marches d'un porche, deux ados turcs tentaient d'attirer mon attention. Sifflet il y avait bien, mais discret, presque chuinté, et le visage baissé. Un sifflet de gamin, un truc de gosse qui débute ou qui a peur de se faire pincer. J'en fus tellement touchée que je les laissai me prendre en photo ! Bon, rétrospectivement, ce n'était pas de la drague, plutôt un fantasme de jeunes garçons à peine pubères (et, aïe aïe aïe, je ne fais pas la maligne quand j'imagine ce qu'ils ont dû faire devant la photo !), mais au moins, il y a eu tentative, approche, prise de risque… Appelez ça comme vous voudrez, moi je dis simplement ceci : pour Berlin, ce geste incongru relevait de la douce folie. Il n'y a que les farfelus, les ados et les étrangers qui ignorent encore qu'on ne drague PAS ici.

C'est pourquoi je rigole doucement quand j'entends le maire de la ville parler de Berlin « pauvre, mais sexy ». Évidemment, il suggère simplement que la capitale, trou noir économique structurellement dans la mouise financière, n'en est pas moins attirante. OK, le niveau de vie, les espaces verts, la taille des apparts, la nonchalance générale de ces habitants rendent Berlin incroyablement séduisante. Mais sexy ? Enfin, soyons sérieux cinq minutes… cette ville tout entière est privée de sensualité ! Certes, Berlin baise, Berlin jouit, Berlin l'extrême allume et provoque. Mais jamais de flatteries, de cour subtile, de séduction. Avez-vous déjà surpris deux Berlinois en train de flirter ? Des regards en coin échangés dans le bus ? Un jeu de chat et de souris à la machine à café ? Connaissez-vous une fille (une seule) qui se soit fait aborder quand elle bouquinait tranquille sur un banc ? Non, ici, la gente masculine est désespérément passive. Pour sa défense, précisons que dans les circonstances relatées plus haut, toute femme allemande normalement constituée aurait passablement insulté les deux importuns, étiquetés machos de bac à sable en moins de deux. Terriblement émancipée, la Berlinoise prend chaque compliment pour un outrage. (« Je rêve ou il n'y a que ma silhouette dans cette robe qui t'intéresse ? ») Du coup, les hommes se terrent, et se taisent.

Mais assez de circonstances atténuantes ! Trop facile d'accuser la libération des femmes. Pas question que le féminisme serve d'alibi à tous ces plats de nouilles ! Parce qu'il faut les voir, ces Berlinois qui restent entre mecs, la bière à la main, des soirées entières ! Qui évitent soigneusement tous les regards (nous pourrions y voir des choses…). Et celui-là, dans son coin ? Il est peut-être fou de désir pour moi, mais je ne le saurai jamais ! Si bien que je suis aujourd'hui encore bien incapable de vous expliquer, chères lectrices, comment ça marche vraiment, un Allemand.

Pourtant, pfff, j'ai essayé… Mais c'était pire que tout, monsieur rougit, balbutie, s'enfuit, se cache derrière sa bière ; c'est fou comme, dans ces cas-là, le langage corporel de ces empotés devient varié, dommage que ce soit pour te crier à la figure : « Aaargh, mais qu'est-ce qu'elle me veut, la Française ? Au secours, elle est chaude comme une baraque à *Curry Wurst* ! À l'aide ! » Déprime, perte d'estime de soi : merci les mecs, vraiment, vous nous facilitez la vie. Tu reprends le U-Bahn le moral au fond des bottes, rongée par ces deux questions : 1. Fais-je peur aux hommes ? 2. Suis-je si laide ? Des questions qui en appellent deux autres, plus fatales encore : 1 bis. Comment cela se fait-il que je sois incapable de flirter ici ? 2 bis. Pourquoi ne suis-je jamais draguée ?

Heureusement pour mon ego, le problème semble universel. Je ne compte pas les articles consacrés au sujet dans les magazines pour étrangers à Berlin, au point que le site de la radio Deutsche Welle (écoutée partout dans le monde) juge régulièrement nécessaire de mettre en ligne un mode d'emploi de la drague à l'allemande. Un exercice subtil, paraît-il (voir plus loin « Comment draguer un Berlinois »), auquel on s'habituerait, les années passant. Mouaiiiiis. Moi, après huit années ici, deux semestres d'échanges universitaires et x séjours chez ma correspondante au collège-lycée, je ne m'y suis toujours pas faite ! Et je connais des jeunes femmes, bien sous tous rapports, jolies et intelligentes, qui ont quitté Berlin, faute de n'avoir jamais rien saisi au jeu « subtil » des Allemands.

D'où la question à 1 million : les Allemands sont-ils seulement capables de draguer ? Leur handicap dans le domaine m'apparaît si lourd que c'est à se demander si, à un moment donné de l'histoire de ce peuple, il n'y aurait pas eu un bug, une panne génétique, une défaillance culturelle majeure. La faute à la rigueur morale héritée du protestantisme ? Le sacro-saint contrôle de soi à la prussienne ? « Tu parles, en RDA, les choses étaient très simples, beaucoup plus simples, atteste une copine originaire de Wittenberg, la ville de Luther, située en ex-Allemagne de l'Est. À tel point qu'à la réunification, un proverbe disait que l'amour est plus difficile chez les capitalistes ! » Plus crédible : la thèse du traumatisme du nazisme. C'est clair que Hitler et son fantôme (quand ce n'est pas celui d'un papi SS) n'incitent guère à la gaudriole. Et c'est comme si, depuis soixante ans, on ne s'autorisait aucune légèreté. Ma voisine Ingeborg a même une théorie terrifiante, selon laquelle les Allemands ne feraient plus d'enfants de peur de leur transmettre la culpabilité la plus grave qui existe, celle d'Auschwitz. Dans ce contexte, donc, n'espérez même pas faire un bon mot s'il est teinté d'un quart du dixième de la dose d'ironie qui fait votre charme à Paris ! Le second degré aussi fera flop. Allez, pensez-vous, l'échange verbal savamment pesé d'une futile cour à la française ? Une histoire à finir droit dans le mur de Berlin, ou dans les quelques tronçons qu'il en reste.

Cela dit, cette désérotisation, cette flagrante absence de phéromones dans les bars, les boîtes ou les soirées, n'a pas que des inconvénients. J'adore l'idée de dévaler le Prenzlauer Berg en minijupe sur mon vélo sans éveiller, semble-t-il, une once de lubricité chez les passants berlinois. Ou à l'inverse de débarquer dans une fête sans avoir retouché mon maquillage de toute la journée. Les regards glissent sans jamais juger. Le Berlinois ne drague pas et se moque bien lui-même d'être séduisant. Alors ce n'est pas lui qui va stigmatiser les filles qui manquent d'allure ou de coquetterie, non mais ! Ni sifflets (« salut poupée », etc.), ni sarcasmes (« la pauvre fille, quelle dégaine ! »). Berlin peut être si reposant. Ici, on nous laisse vivre.

Mais attention à la spirale infernale ! J'ai expérimenté quelques années de célibat sur les rives de la Spree. Impression de faire tapisserie à l'échelle de la ville entière, 24 heures sur 24 ! Personne pour mater ou complimenter quand tu sors la mini du placard. Terrible. Alors rapidement, tu ne la sors plus, ta mini, ni même le rouge à lèvres, qui sommeille au fond du sac jusqu'au jour où tu constates qu'il a fondu, alors tu le balances en haussant les épaules. Les talons ? Pfui, voilà belle lurette que tu as perdu le coup pour onduler haut perchée, et de toute façon, ta prof de yoga martèle que c'est mauvais pour les mollets. Et le pire, c'est que tu l'écoutes ! À ce stade, il y a urgence vitale à foncer dans une soirée Erasmus, au cocktail d'un ambassadeur X ou Y, ou au vernissage d'un artiste lambda, mais surtout pas allemand. Et là, mais c'est fou ma parole, tu te souviens tout à coup que tu es une femme.

Aurélie

La drague est donc un sport délicat, subtil même. Ce n'est pas moi qui le dis, mais un groupe de pop berlinois, Wir sind Helden, sorte de Olivia Ruiz à quatre têtes. Leur chanson « Aurélie » est un vrai témoignage d'amitié franco-allemande. La chanteuse Judith tente de rassurer sa copine parisienne qui se demande, désespérée, « quand cesse l'amitié et quand l'Allemand devient amant (...) chaque soir la même question, quand m'aimera enfin un garçon ? ». Personne ne te siffle, personne ne te regarde, mais si, Aurélie, je t'assure, tu plais ! « Sache qu'ici un non peut bien dire oui. » Et je te jure, les Allemands arrivent même à se reproduire ! Si si ! Dingue ! Mais « avant les premiers émois, de longs jours de paroles ! Ici on laisse passer des mois avant le jour où enfin on batifole ». Et les Wir sind Helden de conclure : « Ach, Aurélie, c'est pas simple par ici ! » Tiré de l'album *Die Reklamation* de Wir sind Helden (Labels/EMI).

Comment draguer un Berlinois

Leçon n° 1 : s'armer de patience

Je te regarde, tu me regardes. Jusque-là, rien d'anormal, me direz-vous… Sauf que cette étape fondamentale peut durer des mois, des années à Berlin. Je ne vous parle pas du prélude au coït dans les back rooms des boîtes. Là ça déhanche en moins de deux, et pas besoin de gâcher sa salive pour communiquer, le précieux fluide sera peut-être plus utile à d'autres fins. Non, je parle ici de l'antichambre de l'Amour. La drague à enjeux. La quête de l'âme sœur.

Tout commence donc par des regards, m'assure l'échantillon de femmes que j'ai convoquées pour tenter de percer le mystère de la séduction made in Germany. On mate ? Non, surtout pas… La règle d'or – qui rend l'exercice aussi aisé qu'un numéro de claquettes sur une corde raide – consiste à ne surtout pas laisser voir que l'on est intéressée. « Et comme monsieur adopte la même ligne de conduite, c'est super, personne ne se rend compte qu'il plaît à l'autre », rigole une grande rousse. Bref, du grand art. À défaut de draguer, on flirte au moins avec la perfection théorique de la cour à l'allemande. On s'observe en attendant que l'occasion d'une prise de contact plus directe se présente. Aussi longtemps qu'il faudra, on attendra. Le comble du mauvais goût étant d'avoir l'air de forcer le rapprochement.

Leçon n° 2 : consolider l'édifice

« Salut, on s'est vus plusieurs fois dans l'ascenseur, ça te dirait de prendre un café ? » WOUUUUING, coup de buzzer, lumière rouge, décharge électrique ! Là, vous avez tout faux, game over assuré. Vous avez échoué sur l'écueil de la

Annäherungsversuch, terrifiant mot de 18 lettres qui signifie ni plus ni moins que vous avez été prise en flagrant délit de tentative de rapprochement. En revanche, si par hasard vous tombez sur votre proie à la machine à café (et je dis bien *par hasard* – toute pintade que nous sommes, il ne faut quand même pas prendre les hommes pour des poulets de basse-cour : quand il y a baleine sous caillou, ils le flairent tout aussi bien que nous), alors c'est bingo, vous pouvez proposer de partager le coin de la table haute et vous lancer dans un talk aussi small par son contenu que sa durée. Car souvenez-vous de la leçon précédente : ne pas montrer qu'on est intéressée.

Au bout de combien de rencontres fortuites de ce type, organisées par la vie et la vie seulement, peut-on chercher à avancer d'autres pions ? Difficile à dire. « Cela faisait cinq mois qu'on se croisait à la rédaction, me raconte une collègue, pigiste occasionnelle dans une radio berlinoise. J'avais fait partie des invités de l'une de ses émissions. Donc il avait mes coordonnées et j'avais les siennes. Un soir, j'ai tenté le SMS pour qu'on se voie en dehors du boulot pour un pot. Il n'a jamais répondu. » Ma collègue, pourtant 100 % allemande, avait tout bonnement oublié que les Berlinois n'aiment pas le risque et que rien n'est pire à leurs yeux que la spontanéité. La rationalité allemande : quand ils se lancent dans une histoire, c'est après mûre réflexion et de manière consciencieuse.

Mais comme vous êtes sympas, chères lectrices, je vous file un truc de filles quasi infaillible à ce stade de votre cour. Invitez monsieur-la-cible à un événement mondain, où vous êtes sûre qu'il ne sera pas repéré comme étant votre futur mec potentiel. Donc pas la surboum de votre anniversaire avec votre bande de potes où il sera le seul à ne connaître personne. Ni le barbecue de votre immeuble où vous entamerez les présentations alors que les saucisses ne sont pas encore sorties de la cellophane. Deux scénarios qui à coup sûr se solderont par la fuite à toutes jambes du Bel Ami, tout droit en direction des archives de la Stasi, Alexander Platz, pour voir s'il n'y aurait pas moyen d'y dénicher un vieux texte autorisant la reconstruction du mur de Berlin, juste entre lui et vous ! Non, tentez plutôt votre chance en organisant un apéro entre collègues, par exemple, si c'est Friedrich de la compta qui vous branche. Le barbecue entre voisins, OK, mais seulement si vous en avez après le monsieur à fossettes du cinquième.

Leçon n° 3 : être forte, très forte

Félicitations, à son tour, Beau Gosse vous a invitée ! Mais attention, pas d'emballement, et surtout, ne croyez pas avoir décroché une *date*. Il y a de très fortes chances pour que vous débarquiez maquillée comme au grand soir et méga-over-dressed pour une fête entre copains où la discussion (fort sympathique au demeurant) tournera autour du foot (ah, le désespoir de Clara quand elle s'est pointée toute mignonne en petite robe noire à une soirée projection de photos des dernières vacances de sa proie !). Ne pas se décourager ! Comme le rappelle souvent une de mes bonnes copines : « Quand un Allemand te parles de foot, c'est qu'il te prend au sérieux ! » Bref, le premier pas est fait, même si c'est en chaussures à crampons !

Bon, les semaines passent et le rendez-vous tant attendu arrive. Tu flippes comme une malade. Au point que moi, à cette étape, j'ai toujours tout merdé. Le cœur battant, les cils papillonnants, je n'ai jamais pu cacher mon émoi. Patatras ! Exprimer ses sentiments, voilà qui va à l'encontre de la sobriété chérie des hommes allemands. Car, que les choses soient claires, monsieur, lui, en est encore à réfléchir à ce que cette liaison pourrait bien signifier… Est-elle absolument nécessaire dans son parcours de vie ? Cela vaut-il le coup de s'engager (c'est-à-dire se mouiller) autant ? Alors une pauvre fille sur le fil des sentiments, ça en effraie plus d'un. On ne compte plus les histoires à la Mascha : « Mes yeux parlaient d'eux-mêmes, je ne pouvais rien dissimuler. Et je l'ai vu pâlir ! Pâlir ! De plus en plus au cours de la soirée. À la fin, il me dit un truc hallucinant du genre : "J'imagine que tu veux qu'on se revoie" ! Nan mais je rêve, soit c'est une envie réciproque, soit on laisse tomber. Le pauvre chou serait sorti de Guantanamo qu'il n'aurait pas fait une autre tête. Comme si le rendez-vous avait été une séance de torture. »

Leçon n° 4 : avoir de la conversation

La bonne attitude à adopter au premier rendez-vous est très glamour : penser très fort, et tout le temps, qu'on passe un entretien d'embauche. Sexy, n'est-ce pas ? Les sujets de conversation s'enchaînent sans fluidité et avec toujours le même sérieux. Le but ? Mettre en avant sa culture générale, son ouverture d'esprit, mais sans forcer le trait, sans la ramener et, évidemment, sans faire d'humour. Quant à l'ironie et au second degré, ils ne sont pas inscrits dans le patrimoine génétique de cette ville, alors vous oubliez. Donc, zou c'est parti : la marée noire dans le golfe du Mexique (à l'argus des *dates*, les thématiques écolos ont la cote), le meilleur moyen de rallier la Baltique à vélo, ces arnaqueurs des compagnies de téléphonie, l'aménagement des rives de la Spree, Mac ou PC… L'idéal : une discussion factuelle, qui ne vire ni à l'intime ni au superficiel. Car *achtung*, le lien ténu peut se rompre à tout moment.

« Un premier rendez-vous, c'est épuisant ! » confesse la grande Julia. Du coup, l'éternelle étudiante (trois décennies et trois masters à son actif) a pris le parti de ne plus draguer qu'au sein de sa colocation. Ils sont six dans un grand appartement de Neukölln avec suffisamment de turn-over pour renouveler régulièrement le vivier de ses conquêtes.

Comme ça, elle s'épargne l'étape des regards, des faux rendez-vous et des discussions à la noix. Le plus difficile consiste simplement à comprendre si l'ami veut devenir amant. « On s'est tourné autour pendant neuf mois », témoigne la baby-sitter de ma fille, qui a fini par décrocher le cœur de son voisin de couloir. D'une manière générale, draguer dans le groupe d'amis, pendant les week-ends répèt du jazz-band de la fac, les rencontres sportives du club de tennis, avancer en terrain connu en somme, soulage bien des Berlinoises en quête d'amour. Est-ce pour cela qu'il y a autant de *Stammtische* dans la ville ? Peut-être. La *Stammtisch*, ou table d'habitués (on dit aussi « jour fixe » en français s'il vous plaît) est un rendez-vous régulier, souvent hebdomadaire, entre personnes partageant la même passion, le même parcours, les mêmes envies. *Stammtisch* franco-allemande, *Stammtisch* des anciens de la fac de droit de Munich, *Stammtisch* des amis des teckels… Toujours dans le même café, toujours à la même heure, toujours les mêmes personnes qui, à part ça, n'ont pas grand-chose en commun. Rencontres assurées ! Un bon plan pour les nouveaux venus dans la capitale.

Maintenant que vous avez le mode d'emploi théorique, je vous laisse expérimenter. Bonne chance.

Exercice pratique

1. Au bout de deux ans, Celia a découvert que l'homme qui partageait son bureau était fou d'elle. VRAI ou FAUX ?

2. Il a fallu qu'ils se croisent à quatre soirées, pendant un espace-temps de six mois, pour que Juliana et Frank se parlent. VRAI ou FAUX ?
3. Charlotte a longtemps cru que Christian voulait seulement être son ami. VRAI ou FAUX ?
4. « Tu veux que je t'embrasse ? » a demandé Markus à Tina à l'issue de leur premier rendez-vous en tête à tête. VRAI ou FAUX ?

Ensemble ou séparé ?

Un couple en terrasse pour le brunch du dimanche. Les yeux qui brillent. Les cheveux dépeignés. Ils viennent de se lever et iront bientôt se recoucher : on passe beaucoup de temps au lit au début des histoires d'amour. Un geste et la serveuse apporte l'addition. Et là, lourde comme la crème d'un gâteau bavarois, la question qui foudroie net Cupidon : « *Zusammen oder getrennt ?* » Vous payez ensemble ou séparé ? Toujours à l'unisson, les amants répondent d'une même voix : « *Getrennt !* » S'il n'est pas mort dans sa chute, alors Cupidon rend maintenant son dernier souffle, agonisant sur le sol comme une dépouille de moineau qu'un chat laisserait crever au milieu de ses plumes.

Toujours très pragmatiques, mes copines berlinoises n'y voient pas, elles, de tue-l'amour. Bien au contraire, et que cela puisse relever de la galanterie en France les dépasse totalement. « L'homme qui paie ? C'est la normalité pour les rapports hommes-femmes chez vous ? s'étonnait une ancienne camarade de fac. Mais c'est réactionnaire ! » À en entendre certaines, la question « ensemble ou séparé ? », qui accompagne 90 % des additions, faciliterait même grandement la vie des femmes. « Si ton rendez-vous s'est avéré catastrophique, payer ta propre part permet d'envoyer un signal très clair au mec : ça va, merci, je n'ai pas besoin de toi et nos deux routes se séparent ici ! » D'une manière générale, n'importe quelle Berlinoise normalement constituée classe les hommes qui paient l'addition dans la catégorie des machos (« Ils semblent oublier que nous gagnons aussi notre vie, et peut-être même que nous la gagnons mieux qu'eux ! ») ou des paternalistes (« Ça me rappelle mes parents, quand ils me demandent si j'ai besoin d'argent ! »).

Ce féminisme combatif peut friser le caricatural quand l'habitude du « séparé » persiste au-delà des premiers rendez-vous. Car les couples qui se fréquentent depuis des mois, font couche commune tous les week-ends et qui pourtant exigent chacun leur addition, ne sont pas des spécimens rares à Berlin. Je reconnais aisément le côté pratique, voire salutaire du stratagème pour la pintade dans la galère d'un mauvais rendez-vous – un très clair « séparé ! » évite toute justification, l'artifice est imparable – mais quand l'amour s'installe, pourquoi tant de résistance ? Certaines même ne baissent la garde qu'après avoir emménagé dans un appartement commun. Prouver qu'on est indépendante, sans cesse et toujours plus vigoureusement… C'est le syndrome des jeunes Allemandes. Cela dit, dans une société qui renvoie la majorité des jeunes mères à la maison sans leur laisser alors d'autre choix que de se faire entretenir par leur conjoint, on les comprend. Alors certes, le « *getrennt* » tue le romantisme, mais il soigne le féminisme.

La misère sexuelle des jeunes parents berlinois

OK, après la naissance de bébé, ce n'est pas vraiment la fête du slip. On ne va pas se cacher derrière son petit doigt. À propos de doigt, que celles qui ont eu une vie sexuelle débordante post-accouchement se manifestent ! Personne, c'est bien ce que je disais… On peut continuer ? Là où mes amies les Allemandes font fort, c'est qu'il semble que cette misère leur convient très bien. Je me souviendrai toujours de ce très respectable confrère berlinois lâchant en plein dîner : « Ah, mais comme je suis heureux d'avoir épousé une Française ! Parce que mes potes qui sont avec des Allemandes, ils deviennent fous… C'est priorité à l'enfant, et eux, ceinture !! Pendant des mois ! »

J'ai rapidement fait le tour de mes connaissances dans ma tête : Steffi et son mec ne sont pas sortis depuis seize mois, même pas un petit resto, effectivement, ce ne doit pas être très glorieux au lit, et puis ne m'a-t-elle pas dit que le bébé dormait entre eux deux ?… Anne revendique haut et fort le fait d'interdire à son mari de la toucher tant qu'elle allaite, et cela dure depuis huit mois… Miri et Klaus dorment alternativement dans la chambre du petit (3 ans, tout de même) pour avoir une fois sur deux au moins une nuit complète… Bref, mon confrère a raison, conclus-je, tandis qu'un frisson me parcourt l'échine.

Mais sa femme (la fameuse Française) renchérit, et la virée au pavillon des horreurs continue. « J'en suis presque à me brouiller avec des très bonnes copines quand elles m'expliquent que la tendresse de leur enfant et le contact physique qu'il leur apporte leur suffisent. Certaines acceptent encore leur gamin dans le lit conjugal à 4 ou 5 ans ! » OK, maintenant je comprends mieux la réaction de ma gynéco quand, juste après mon accouchement, j'étais venue la voir pour lui signaler que je n'avais pas trop la tête à la gaudriole. « Tout est normal, madame Kohl. Il ne faut pas être pressée. » *Alles normal, alles normal…* Ton môme dans le lit aussi, c'est *alles normal* ?

Le dîner s'achève et pendant qu'on débarrasse, jules et moi, inévitablement la discussion revient. Forcément, on est aussi choqués l'un que l'autre par ce qu'on a entendu. « Bon, ben au moins, on tient un scoop, j'assène, maintenant, on sait pourquoi les Allemands font rarement plus d'un gosse ! » « On tient même deux scoops, réplique chéri. Maintenant, on sait aussi pourquoi il y a autant de maisons closes dans cette ville ! Faut bien que la chair exulte. » En l'occurrence, il pense exultation de la chair masculine, mais sur ce coup-là, je ne peux qu'enterrer ma fibre féministe et acquiescer.

Deux jours plus tard, je soumets nos théories à mon pote Christoph, qui s'enquiert toujours de l'avancée de mes recherches en sociologie pintadière. Et naturellement, je lui rapporte les récits terrorisants du dîner. La tronche du Christoph ! Ça carbure à 100 à l'heure dans son crâne, je le vois bien. Il pique un fard : « Petit, oui, je dormais entre mes parents. Je m'en souviens, donc ça a dû durer longtemps. Et puis j'avais mon propre oreiller dans leur lit, donc ça ne devait pas être occasionnel, cette histoire… » « Et ton Œdipe, ça va ? » Je le taquine, mais c'est vrai quoi, à 29 ans, il est temps qu'il comprenne qu'il a ruiné l'intimité de ses parents pendant des années. « Bon, je vais essayer de me trouver une copine française, alors… » Voilà, Christoph, c'est ça, la bonne réaction. Et puis, ça équilibrera la balance des échanges franco-allemands : eux nous vendent des perceuses made in Germany, et nous on exporte la culture sexuelle à la française !

Toys & company

Barbara, la petite vendeuse sympa de Fun Factory, a un gros problème. Sa boutique méga-stylée et branchée sur la Oranienburgerstrasse a beau déborder de couleurs et de petits animaux rigolos (qu'il est presque dommage de cacher au plus profond de son anatomie), les Berlinois achètent « du noir » et « du classique ». Son DeLight en forme d'arabesque, premier sex-toy du monde à avoir reçu un prix à un concours de design (le Red Dot 2008) et considéré comme la Rolls-Royce des vibromasseurs, ne se vend ni en rose ni en violet. « Les clientes veulent la version en noir et blanc. » Je plaisante : « C'est parce que c'est la couleur du maillot de l'équipe de foot d'Allemagne. Après la Coupe du monde, la mode sera passée ! » Ça ne la fait pas marrer, Barbara, mes petites blagues. Rien de plus sérieux que le business ! Et là, je touche au cœur de son métier. Car Fun Factory, la marque de sex-toys made in Germany, s'est donné pour mission de mettre de la fantaisie dans nos fantasmes, et ça commence par la couleur. « Ça marche à fond avec les touristes, mais les Allemandes prennent la chose très au sérieux. Là où les Italiennes, les Françaises ou les Espagnoles aiment la futilité, le rigolo, ici au contraire, on va plébisciter le pratique et surtout le sobre. Voire le sévère. »

Dans le petit magasin qu'elle a aménagé directement chez elle, Laura Méritt, lesbienne assumée et grande prêtresse du plaisir féminin à Berlin (elle tient un salon sur le sujet), fait le même constat : « J'ai quelques godes-ceintures de couleurs vives, et même certains carrément fantaisistes, avec des imprimés. Les filles n'achètent que ceux en cuir noir. » Pourtant, Laura milite activement pour l'introduction de l'humour dans les chambres à coucher des Berlinoises, et ses clientes savent à quoi s'attendre. Ici, on enchaîne les jeux de mots sur les bites et les clits, on se bidonne même franchement sur certaines photos des magazines porno : « Non, mais regarde celle-là : elle a l'air de s'emmerder à mooooort ! » N'empêche, quand il s'agit d'acheter, on retourne aux fondamentaux.

En fait, admet la dynamique Barbara, à la coiffure de princesse russe, avec ses tresses autour de la tête, les prix de design ne servent pas à grand-chose dans le secteur. Ah si, à faire le buzz à l'ouverture du magasin ! Fun Factory a pignon sur rue dans l'un des quartiers les plus commerçants de la capitale et le « vernissage » en avril dernier a pris des allures de happening artistique. Papier peint psychédélique, tables basses en plastique brillant, le tout mis en scène par le designer new-yorkais Karim Rashid, qui a lui aussi reçu un prix pour ce travail de maître, autant le dire tout net, ça piaffait sec à l'entrée le jour J. « Ça a tripoté dans tous les sens, mais ça n'a pas beaucoup acheté ! » reconnaît Barbara. Il faut dire que pour l'occasion, c'était toute la collection rose bonbon qui était à l'honneur, et les formes les plus inattendues : godemichés au nez de dauphin, de taupe et un genre de vermisseau rondouillard pas très appétissant dénommé « Patchy Paul »... Retour à la boutique un jour ordinaire pour constater que, effectivement, ce qui se vend reste dans le classique : dildos gigantesques copiés sur des anatomies avantageuses et réalistes à en flipper.

Et puis, il y a les arguments pratiques. Ah, le bon sens allemand... Ainsi, Fun Factory fait un tabac avec ses vibros qui se rechargent (économiques *et* écologiques) ou le elLOVE, estampillé « *Sehr Gut* » par Öko test, une agence écologiste de tests de produits. Et moi, je suis morte de rire dès que je plonge le nez dans le catalogue : « La partie la plus grosse tient parfaitement en place dans le vagin de la femme, ses stries offrent un maintien sûr, mais aussi des sensations plaisantes. » On nous vendrait une bagnole que ce serait pareil, non ?

Viva la vulva !

Berlin redécouvre les salons. Pas le Salon de l'agriculture, hein. Laissez les vaches dans leurs prés. Non, les salons où l'on parle, à l'ancienne, version Mme de Staël ou qui sais-je, dans l'intimité mœlleuse de sofas recouverts de plaids et de coussins. Prenez par exemple celui de Laura Méritt, dans la Fürbringerstrasse. Ici, en soie et velours, vert forêt et violet impérial, les coussins éclatent comme des orchidées délicates sur le grand canapé de cuir noir. Orchidées avec replis dodus et pistils arrogants. Votre sexe, mesdames, avec tout ce qu'il faut, des lèvres au clitoris ! « Oh, tiens, qu'il est mignon celui-là, on lui voit même le point G ! » note ma voisine de sofa en glissant sa main dans la fente de tissu, avant d'y frotter sa joue.

Eh oui, le salon de Laura Méritt s'appelle Sexclusivitäten et débat avant tout du plaisir féminin. « Viva la Vulva », nous indique le sous-titre sur les cartes de visite. Joyeux, non ? C'est donc le cœur en fête que j'ai gravi les cinq étages jusqu'à l'appartement de Laura, banale chargée de communication du lundi au jeudi, patronne de Sexclusivitäten le vendredi. Vingt ans déjà… Dans un coin de son trois-pièces, un minuscule sex-shop déborde de phallus en silicone, de godes-ceintures cloutés, de vibros colorés et sur une étagère en verre figure la collection la plus complète de pornos féministes du Tout-Berlin ! « Toute Berlinoise un tant soit peu intéressée par sa sexualité, ou curieuse de découvrir des plaisirs plus intenses, passe un jour ou l'autre par le salon de Laura », souligne Jane, une métisse de 50 ans, qui tient la caisse ce jour-là. Talons aiguilles, robe noire très près du corps et porte-jarretelle, Jane a la voix si grave qu'on pourrait la prendre pour un travesti. Mais quand elle participe à la discussion depuis son tabouret haut, elle parle si bien de sa chatte (« *Möse* ») que le doute ne subsiste pas longtemps.

Grit débarque juste d'une petite ville du Nord de la Suède. Le genre d'immense blonde qui vous file des complexes en moins de deux : poitrine énorme et pourtant si droite, épaules félines, peau mordorée, yeux lagon. Heureusement, son minishort en jean ne dissimule rien de ses attirances sexuelles : les jambes interminables ont quelque chose des grandes steppes du Nord couvertes d'un régulier tapis qui brille sous le soleil. Grit est poilue. Pas de concurrence, c'est fou comme de la savoir lesbienne me la rend sympathique tout d'un coup ! D'autant qu'elle n'a pas du tout l'air disposée à changer de crémerie. Elle a frappé à la porte de Laura pour avoir des plans sexe.

Le salon de la Fürbringerstrasse sert aussi à cela : diffuser les infos sur les sex-parties du mois… « Ah non, là, c'est gay only… Là, c'est pas mal, mais très hétéro, tu risques d'être frustrée de ne pas pouvoir toucher à certaines femmes. Ça, c'est très SM. Je ne sais pas si c'est ton truc… » Laura sait tout des endroits où les femmes s'envoient en l'air, entre elles ou avec des hommes, tant qu'il en va de leur épanouissement sexuel. Une militante du clitoris, cette Laura. Et elle savoure le jeu de mots qu'elle a inventé pour désigner les régulières du salon : des *Mitclit* ! Déformation du mot allemand *Mitglied*, qui signifie « membre ».

L'engagement de celle qui se présente elle-même comme une « sexperte » va même plus loin. Tous les deux ans, elle organise le festival de films porno féministes : le Poryes – référence à la campagne Por-NO des féministes allemandes des années 70 contre l'industrie des films X. « On dit toujours que les femmes n'aiment pas le porno. Mais c'est faux. Si on leur montre un porno différent, qui ne met pas systématiquement en avant le plaisir des hommes, qui ne montre pas les femmes seulement comme des objets au service de ce plaisir masculin, alors elles apprécient ! Elles viennent me voir et elles me supplient presque : “S'il te plaît, s'il te plaît, vends-moi un bon porno !” Certains hommes aussi ! Il y a une énorme demande pour les pornos de bonne qualité. » Mais comme pour toutes les choses du sexe, ce qui est bon est suggestif. Laura et ses acolytes du salon ont donc couché noir sur blanc les critères du X féministe : participation active des femmes à la réalisation et à la production du film, conditions de travail honnêtes pour les actrices (pas de « sexploitation »), chaque scène est discutée avec les acteurs (pas de postures contraintes ou humiliantes), mise en avant de l'orgasme féminin, pas de post-synchronisation qui pourrait tromper sur la réalité du plaisir, *safe sex*, les corps sont filmés dans leur intégralité (mains, yeux, chevelure…), sexualité montrée dans toute sa diversité (âge, couleur de peau, orientation sexuelle…).

« Finalement, le tri est simple à faire ! rigole l'une des fidèles du salon, genre grande amazone à la carrure d'homme. 90 % des films se concentrent sur l'orgasme masculin ! » Mais en montrant sur grand écran qu'un autre porno est possible, Laura et sa bande ont réveillé le marché. La première édition du festival a eu un énorme écho. Depuis, elles reçoivent la visite de femmes du monde entier, et les commandes sur le site internet de Sexclusivitäten dépassent largement les frontières de l'Allemagne. « On a réussi notre coup. Sensibiliser le public à cette charte féministe. On réfléchit maintenant à créer un label. » Alors, Berlin, plate-forme d'un X nouveau type ? Laura hausse les épaules : « La plupart des films sont toujours tournés dans les pays de l'Est, pour des histoires de coût. Mais l'industrie pornographique fonctionne avant tout pour les hommes occidentaux. Alors si on arrive à influencer un petit peu leur demande, l'offre s'adaptera. »

Pour Laura en tout cas, caméra ou pas, Berlin est incontestablement la ville la plus sexy du moment, « même la scène sado-maso, qui avait son fief à Hambourg, a rappliqué ici ! ». La vie sexuelle berlinoise attire autant que son effervescence artistique. « Cette ville semble partante pour tout ! Une ouverture constante ! Même dans les quartiers bourgeois de Friedenau ou de Grünewald, tu trouves toujours un espace où la créativité s'installe. »

Laura souligne aussi l'incroyable liberté de parole des Berlinois. Le sexe est intégré dans la vie de tous les jours. Sex-toys au grand magasin et séminaires vibro/lubrifiants dans les maisons de retraite. L'amazone du salon étouffe un gloussement. Elle, son truc, c'est le SM lesbien, mais « du chic, pas trop trash… Heureusement qu'il y a la DVD-thèque de Laura, parce que sinon je n'aurais pas grand-chose à me mettre sous la dent ». Du SM lesbien chic ? Le boudoir s'interroge… « Oui, des corps ficelés, des martinets, des talons aiguilles, mais pas de séances de torture avec des outils. Et quand les femmes éjaculent, c'est le top ! » Laura, sur un ton professoral : « J'en profite pour vous rappeler que j'organise un cycle sur l'éjaculation féminine cet automne. » Elle distribue des prospectus annonçant deux soirées théoriques et un atelier pratique durant tout un après-midi. Certaines filles notent les dates dans leurs agendas. « C'est fou, hein ?! chuchote ma voisine. Au XVIIIe siècle, on en savait bien plus sur la prostate féminine que maintenant ! » Et elle pointe du doigt la zone concernée sur un petit coussin vulvaire violet et rose.

Fontaine, je ne jouirai pas de ton eau, quoique…

Sur le dojo d'une école d'aïkido, au troisième étage d'une ancienne usine en brique ocre, une vingtaine de femmes s'observent le clitoris. Chacune le sien, avec des petits miroirs de poche. Deux-trois volontaires acceptent aussi de prendre la pose pour le groupe entier. Clic clac, photo ! La grosse métisse et la petite rasée de près n'y voient pas d'inconvénient et Laura a toujours besoin de clichés expressifs pour ses séminaires théoriques. Mais, là, je suis partie pour quatre heures de pratique, à l'issue desquelles, waouh, je serai une femme fontaine ! « Pas de panique, chacune fait ce qu'elle veut ! On ne force personne ! Tu peux juste regarder, te mettre derrière un paravent, sous une couverture, ou faire ça librement ! » Faire ça librement… En l'occurrence, ça veut dire tester les méthodes de masturbation que Laura nous enseigne, avec moult détails et moult accessoires ! La session a débuté par un rapide rappel de notre anatomie et quelques vidéos… ébouriffantes, pour ne pas dire éclaboussantes. « Toute femme a la capacité d'éjaculer, il suffit de stimuler les bonnes glandes le long de l'urètre ! » « Ah, toi, tu as choisi le dildo en forme de crochet ? Utilise-le surtout pour atteindre des points précis d'acupressure vaginale. » Allons bon, ma voisine donne dans le shiatsu intime. Heureusement, je ne vois rien, elle se planque sous un plaid en polaire. Un couple hétéro squatte l'arrière d'un paravent. Le monsieur au style timide (mais il ne l'est sans doute pas, car il faut assumer de passer l'après-midi entouré de féministes militantes, lesbiennes, exhibitionnistes) a des questions très pointues, si l'éjaculat féminin est porteur du HIV, si l'orgasme est systématique avec l'éjaculation, si la quantité évolue au cours du temps… Sa copine est moins loquace, concentrée sur l'effet de ses boules de geisha.

Le crépuscule tombe sur Berlin, je n'ai pas éjaculé, mais au moins, j'ai bien rigolé. Ce n'est pas le cas de mes copines de classe. Laura sent bien la déception de ses disciples, qui ont tout de même dépensé 45 euros pour être là. Bien sûr, on a toutes pris note que l'effet pschiiiit se travaille, « parfois pendant une année avant d'obtenir un résultat », précise Laura, « et toujours avec du lubrifiant, les filles, c'est plus agréable ! », mais tout de même, on attendait plus de spectacle. Elle se met donc en selle (façon de parler, mais c'est vrai qu'on peut s'attendre à tout). En cercle autour d'elle, nous observons en silence – ne troublons pas la star ! Ah, oui, chez elle, ça marche vraiment bien. Impressionnant. Je n'ai plus du tout envie de rigoler. Et même si Laura a glissé une petite serviette sous ses fesses, je me jure de ne jamais faire de l'aïkido sur ce dojo-là.

Open relationship

Sylvia et Werner, la cinquantaine adulescente (comprenez : il habite en coloc et passe ses après-midi à saxophoner au soleil quand elle porte des leggings rose et jaune, des ballerines à pois et des queues-de-cheval nattées), ont vécu une grande histoire d'amour. Presque cinq années durant lesquelles, quand on invitait l'un, il fallait s'attendre à recevoir aussi l'autre. Waouh, une vie de couple ! Quasi inséparables, ces deux-là, mais pudiques comme tout, ne se rapprochant qu'en fin de soirée, l'alcool aidant. Pour les voir danser ensemble, il fallait attendre 4 ou 5 heures du matin et alors, on savait qu'ils ne se sépareraient pas dans la cage d'escalier ce jour-là. La prof de danse contemporaine et le chauffeur de taxi jazzman vivaient dans le même immeuble, mais à deux étages d'intervalle. Sylvia admirait beaucoup Werner, qui avait su « rester si libre » et ne jamais « laisser le travail vampiriser sa passion pour la musique ». Werner aimait que Sylvia soit « si indépendante », une femme « très forte » et qui n'avait pas besoin de lui. Pendant toute la durée de leur passion (c'est elle qui en parlait ainsi), ils ne se sont jamais rien promis ni juré. Parfois, Werner disparaissait quelques jours, pour resurgir plus mal coiffé que jamais, la barbe emmêlée. Elle aussi avait son compte d'aventures.

Un jour, j'ai gaffé. J'ai osé parler à Sylvia de la « Kommune I », la colocation mythique du Berlin des années 1967-1969, où une dizaine de hippies partageait tout. On y vivait nu, les cheveux étaient longs et les drogues douces. Pour moi, c'était clair, Werner et Sylvia étaient des héritiers de ce Berlin-Ouest. Sylvia n'a pas apprécié la comparaison avec les « illuminés de la Kommune I » qui avaient érigé leur mode de vie en posture politique. « Nous, c'est différent. Je n'assiste pas à ses ébats. Cela ne se passe pas dans la pièce à côté. Nous ne cherchons pas à dénoncer le modèle familial traditionnel, nous voulons juste rester libres. »

N'empêche, à Berlin, l'esprit des années 70 souffle encore. Voilà bien longtemps par exemple que la vie en colocation séduit au-delà de la trinité étudiants-gauchistes-fauchés. Les retraités y trouvent l'assurance de ne pas finir leur vie en solitaire ; les divorcés y installent une belle chambre d'enfant utilisée en alternance par les rejetons de l'un ou de l'autre des colocataires ; les familles y accueillent les nombreux stagiaires du gouvernement ou du Parlement. Surtout, Sylvia a beau le nier, les Berlinois ont l'adultère en héritage ! Selon la plate-forme de rencontres adultérines firstaffair.de, de toutes les villes allemandes, c'est Berlin qui recense proportionnellement le plus de candidats au *Seitensprung*, le « saut de côté ». On n'est pas capitale pour rien !

Autre spécificité : le rôle actif des femmes dans cette discipline délicate et périlleuse. En 1995, Thomas Bahner a fondé la première agence berlinoise d'adultère : « Ensuite, j'ai voulu renouveler l'expérience à Munich. Échec total. Aucune femme ne s'inscrivait, et le système tournait à vide. À Berlin, je n'ai jamais eu ce problème ! » Un gros quart de ses abonnés sont donc des utilisatrices, des épouses en quête de « sexe sans avenir commun ». Trente ans en moyenne. Sous pseudo évidemment. Cela dit, quand on les interroge, elles ne dissimulent rien : « J'avais besoin de recevoir de nouveau des compliments. » « C'est bon de se sentir désirée. » Et le couple, dans tout ça ? Il en sortirait intact, assurent-elles. D'après Second Love, une autre agence d'adultère (elles sont TRÈS nombreuses ici), 25,6 % des femmes affirment que tromper leur mari a amélioré leur vie sexuelle maritale, 24,2 % considèrent que cela a même sauvé leur union. Sylvia ne disait pas autre chose. Pour elle et Werner, coucher avec d'autres était chaque fois comme une illumination : finalement, ça n'est jamais mieux que lorsque c'est toi et moi ! Jusqu'au jour où Werner a rencontré une autre Sylvia, avec qui la chimie des corps était encore plus explosive. À Berlin, les célibataires représentent un foyer sur deux. Sylvia n'était donc pas vraiment triste. Elle a repris sa chasse.

Mais alors, pas de jalousie à Berlin ? Les séparations coulent de source ? Je baise, tu baises, il et elle baisent, et puis voilà ? Aurais-je découvert le doux pays des peines de cœur inexistantes ? Un jour, Henriette s'est pointée à notre répétition de musique les yeux rougis, le mascara dégoulinant. Au yoga, Christa s'est même évanouie une fois, « trop de nuits sans dormir, je suis comme possédée par cette histoire ».

Moi, dans mon coin, je respirais enfin : ouf, Berlin est une ville normale, avec son lot de drames et de cœurs brisés.

La jalousie tourne même au business. Après les agences d'adultère (et les agences d'alibi, qui vous invitent à de faux week-ends d'entreprises pour dissimuler votre dernière escapade sur les bords de la Baltique avec votre lover), je vous présente les agences de test de fidélité ! Le concept est clair et vieux comme l'amour. À votre demande, un appât est lâché dans la ville. Sa mission : décrocher le numéro de téléphone de votre mec ! S'il vend la mèche, vous avez perdu. Là encore, Berlin mérite son statut de capitale. Nulle part ailleurs en Allemagne, les appâts professionnels ne sont plus nombreux. Ici, pas de sexe, seule la prise de contact compte. Un petit boulot de bon aloi, rémunéré 100 euros la drague. Imke n'est pas fière d'y avoir eu recours quand elle a commencé à douter des sentiments de Mario. Cela lui a coûté 258 euros et bien des larmes. « Après ça, j'étais démunie. Comment lui dire que je *savais* qu'il était prêt à aller voir ailleurs ? » Imke a alors tenté le « sexe vengeur », le *Rachesex*, le *one night stand*, pour se défouler, se rassurer sur son charme… et rouvrir les plaies. Re-ouf de ma part : finalement, elles sont comme nous, ces Berlinoises !

Bon, pas tout à fait comme nous tout de même… Par exemple, quand elles ont recours à un troisième type d'agences présentes sur le marché des cœurs : les agences de séparation. Le genre de service qui aurait bien dépanné Imke à l'époque. Au téléphone depuis son bureau sous les toits, en périphérie de Berlin, Bernd Dressler enchaîne les ruptures sentimentales… sans verser une larme ni hausser le ton. Non, c'est un pro au visage impassible et au discours parfaitement rodé. Comme d'autres vendent des volets roulants ou des croisières paradisiaques, lui sépare les couples. Il reçoit en moyenne deux demandes de rupture par jour. La plupart du temps, le client choisit la formule la moins chère, celle à

29,95 euros : le coup de téléphone. Bernd a un discours bien huilé : « Bonjour, je vous appelle de la part de Ramona. Elle ne souhaite plus poursuivre sa relation avec vous. Elle donne trois raisons à cela. Elle ne vous trouve pas assez fiable. Elle ne vous fait pas confiance et pense que vous pouvez la tromper. Enfin, et elle en a parlé souvent avec vous, elle en a assez que vous ne rangiez jamais rien ! » En général, l'appel ne dure que quelques minutes. À l'autre bout du fil, les « plaqués » ont le souffle coupé et ne trouvent rien à rétorquer.

Rajoutez 10 euros et la rupture a lieu par écrit. En cas de besoin, Bernd se charge aussi de récupérer les objets laissés chez votre ancien amour. Enfin, pour 64,95 euros, il se rend directement chez votre futur ex pour une conversation privée, éventuellement, il ira boire une bière ou un café avec lui pour lui remonter le moral. Pour être dégonflé, on n'en est pas moins humain : qu'on se le dise, ce n'est pas parce qu'on fait appel au Monsieur Propre des histoires qui finissent mal qu'on est un(e) enfoiré(e) sentimental(e).

La plupart du temps, celles qui font appel à lui sont bien contentes de lui laisser le sale boulot. Comme cette quadra vindicative, cheveux poivre et sel et voix de stentor : « Je dirais même que c'est une posture féministe. J'évite les insultes, les coups peut-être même. Et c'est une revanche pour toutes celles que leur mec a décidé un jour de ne plus jamais rappeler, de plaquer par SMS ou que sais-je… les trucs ingrats des mecs, quoi ! » De son côté, Bernd Dressler affirme n'avoir aucun problème de conscience. En partie parce qu'il met très rarement fin à des histoires d'amour qui durent depuis plusieurs années. En moyenne, ses clients ont entre 18 et 30 ans. Et puis, il leur demande toujours s'ils sont bien sûrs de leur décision. S'ils hésitent, alors il leur recommande sa formule « carton jaune » : un avertissement envoyé au mauvais élément du couple… Et attention, la prochaine fois, c'est retour au vestiaire !

Soirées rencontre

Fahrrad sucht Fisch
Au Box at the Beach, Englische Strasse 21-23, Charlottenburg – 030 25041515

Une semaine sur deux le vendredi, tous les vélos solitaires de la ville peuvent venir ici y trouver le poisson de leurs rêves. Réservé aux célibataires à partir de 25 ans.

Sex-shops et compagnie

Fun Factory
Oranienburgerstrasse 92, Mitte – 030 28046366

Boutique colorée et pleine d'humour pour filles décomplexées et modernes. Un vrai nid de pintades !

Beate Uhse Erotik Museum
Joachimstaler Strasse 4, Wilmersdorf – 030 8860666

Au grand bazar de l'amour, on trouve de tout et pour tout le monde. Le passage par le sex-shop peut se faire indépendamment d'une visite dans ce musée, qui abrite l'une des plus grandes collections privées d'objets érotiques du monde.

La Luna
Dunckerstrasse 90, Prenzlauer Berg – 030 44328488

Magasin érotique pour femmes. Petite équipe sympa qui prendra le temps de donner des conseils (surtout aux hommes), sans pousser à l'achat.

Plaste und Elaste
Bergmannstrasse 15, Kreuzberg – 030 6946823

Du latex et encore du latex !

Mac Hurt
Dudenstrasse 22, Kreuzberg – 030 48821644

Donjon SM, très très SM.

Sexclusivitäten – Dr. Laura Méritt Erotikshop
Fürbringerstrasse 2, Kreuzberg – 030 6936666

Les vendredis exclusivement, ou bien sur internet. À partir de 18 heures, la boutique devient un salon de l'érotisme féminin, où l'on vient glaner conseils et bons plans et échanger des expériences.

Festival de films porno féminins

Feministischer Pornografilmpreis Europa
www.poryes.de

Berlin extrême

Bon, puisque tu veux du classique..

Berlin délurée

La dernière fois que je suis allée au Tresor, je suis tombée sur deux couples en pleine action. Et quand je dis action, je ne pense pas échanges buccaux ou même flirt poussé. Je cherchais un fauteuil dans un coin pour siroter ma vodka-pomme, et paf, je finis au lupanar avec option chevauchée des Walkyries. Heureusement que le DJ poussait les basses, parce que sinon, j'aurais eu le son en plus, et ce n'était pas du Wagner.

Au Watergate, on est bien plus classe : on baise aux chiottes ! C'est toujours fascinant de compter le nombre de couples qui vont aux cabinets ensemble dans cette boîte ! Certes, parmi eux, il y a un nombre important de relations strictement professionnelles : le dealer et sa cliente ou la dealeuse et son client ; à l'ombre des chasses d'eau, le business est florissant. Mais bien souvent, cheveux en folie, souffle court et visages rouges, les amoureux d'un quart d'heure sont clairement identifiables.

« Question sexe, Berlin passe pour être la capitale la plus ouverte du moment », m'explique Courtney, une Américaine du genre baby doll sous cocaïne, mi-artiste mi-serveuse, croisée à un vernissage. Elle, par exemple, n'est là que pour ça : le sexe. « Ici, tu peux tout essayer, sans engagement, sur un claquement de doigts, comme ça. Le sexe est partout et surtout sans prise de tête. Je peux être homo un soir, domina le lendemain, et romantique fleur bleue ensuite. On ne juge pas, on s'amuse. » Les nuits berlinoises en ont fait leur fond de commerce, à l'instar du Berghain, ancienne boîte gay qu'on présente comme le meilleur club du monde et qui a conservé ses back rooms. À l'entrée, Sven Marquardt, le videur aux épines de ronce tatouées sur le visage, comme un Jésus-Christ de 120 kilos triant soigneusement le bon grain de l'ivraie, refoule tous ceux qui semblent n'être là que pour mater… N'empêche, la réputation du Berghain tient beaucoup à ces histoires colportées par la rumeur berlinoise, récits d'orgies dans les recoins, ou même de fellations sur la piste de danse, dans les secousses hypnotiques des haut-parleurs.

Dans son livre consacré au Berlin de la techno, le journaliste du *Spiegel* Tobias Rapp raconte une scène hallucinante : au milieu des danseurs, un homme pénétrant son partenaire avec le bras, le long duquel il a tatoué une toise pour mesurer précisément la réceptivité dudit ami. Légende urbaine, me direz-vous ? Pas si sûr, et c'est bien là le plus troublant dans le Berlin actuel : tout est possible. D'ailleurs, cette histoire du mètre à pénétrer m'a été relatée à plusieurs reprises. Personnellement, je suis restée scotchée sur ce couple SM (le dominé en laisse, nu, à quatre pattes) croisé en sortant du Berghain un petit matin de janvier. Ça me suffit pour croire au reste.

Ville de tous les possibles où les interdits volent en éclats, ce Berlin trash, pue-la-sueur, humide de plein d'excès, a longtemps été strictement masculin. La scène gay délurée et provocatrice a commencé à imposer ses codes dès la chute du Mur. Historiquement, Schöneberg est le quartier de ces messieurs, mais les dark rooms, comme on dit ici (les back rooms de chez nous), essaiment un peu partout. Ainsi, quand je me sens l'âme d'une bourgeoise et que je vais faire mes courses de la semaine au rayon gourmet du Karstadt (ce qui revient à remplir son caddie au Monoprix des Champs-Élysées au lieu de filer dans un Carrefour de banlieue), je longe, un poil voyeuriste, la Urbanstrasse dans l'espoir que la porte du Dark Zone soit entrouverte. Ça m'intrigue, ces néons violets sur fond noir. Juste à côté, il y a le Triebwerk, qu'on pourrait traduire par « pulsions », sans équivoque, n'est-ce pas ? Mais l'objet de tous mes fantasmes, c'est le Ficken 3000, quelques numéros plus loin. Ah, le Ficken 3000 (le « Baise 3000 », ou « Fuck 3000 » – eh oui, l'anglais et l'allemand, ça se ressemble !) et son énorme logo sous un large drapeau arc-en-ciel peint sur le bâtiment, tout un programme… J'ai bien essayé un jour d'entrer, juste pour voir, genre je prends un renseignement : tu parles, il faut sonner, donc avec ma voix fluette je fus grillée d'emblée ! Coincée à l'extérieur, la curieuse ! Porte à œilleton, interphone et stores toujours clos, voilà tout ce que je pourrais vous décrire du Ficken 3000. Ah oui, je connais aussi les prix des boissons. Comme pour beaucoup d'autres bars, la carte est affichée sur la façade à gauche de l'entrée. Caïpi ou whisky-Coca à 5 euros. De ce côté-là au moins, pas d'excès !

Depuis quelques années, les filles se rattrapent. Pas question que Berlin ne devienne pas aussi leur terrain de jeu. « Cette ville fait sauter les inhibitions et les codes de genre », m'explique Ena, DJette de 30 ans à qui le crâne rasé n'a ôté aucune sensualité. Quand elle mixe, c'est torse nu, seins plaqués au chatterton, avec juste un caleçon de boxeur, et fuuuiiii, quelle féminité ! « Par exemple, moi, je bosse dans le porno lesbien. Et personne ne s'en étonne, ou pose des questions. Est-ce que ce serait pareil dans une autre ville d'Allemagne ? Franchement, j'en doute. » Moi aussi, Ena, moi aussi : elle m'a balancé l'info entre deux latte macchiato dans la douceur d'un matin d'été, puis on est passées à autre chose, les prix de l'immobilier ou la saleté du Görlitzer Park. Discussion typiquement berlinoise en somme : le sexe est là, violent, cru, parfois subversif, mais il ne choque ni même ne surprend. Comme quand on a appris tout gosse à manger épicé. Les premières années de mon séjour berlinois, je m'étonnais toujours de voir des nus et/ou des scènes de masturbation au théâtre : j'ai désormais intégré cette donnée. « Le sexe fait partie du quotidien. Si tu veux faire du théâtre réaliste, il faut du sexe. Et, oui, souvent il est dur, âpre. Mais c'est la vie ! » m'explique, l'air de rien, une critique théâtrale croisée dans une soirée.

« Moi, en ce moment, je suis plutôt d'humeur hétéro », me révèle Courtney, mon Américaine du vernissage. Elle se confie facilement, comme inspirée par les moulages d'utérus accrochés au mur de la galerie (ça fait comme des abricots flétris plantés au bout d'une verge : le vagin dans sa « version pleine et non creuse », explique un petit bristol rédigé par l'artiste elle-même). Sur le ton du small talk, la brune (mais peut-être que cette coupe à la Uma Thurman dans *Pulp Fiction* doit son noir de jais à une bonne coloration, difficile de dire sous les néons fuchsia du loft) me parle de ses virées régulières au KitKat Club, où elle va faire bouger son mètre quatre-vingt-deux dans la chaleur des soirées Carneball Bizarre. Un carnaval, un bal carné et carnivore, du grand n'importe quoi où tu n'entres qu'en cuir/uniforme/look fétichiste, etc. ou bien même complètement nu, avec une tolérance pour les strings et les laçages serrés-serrés sur le mode bondage festif.

À propos de bondage, la pratique semble fort populaire en ce moment par ici. Par exemple, filets de gladiateur et suspension aérienne tel un Spiderman érotique sont au cœur de l'œuvre de Sven Marquardt, le physionomiste-photographe dont le bon vouloir régit l'entrée du Berghain. La renommée internationale du club a largement contribué à l'envol de la carrière artistique de Sven, même si dans le Berlin-Est de la fin des années 80, son regard de punk avait déjà été remarqué, au point qu'il avait été invité au festival d'Arles. Vingt ans et des dizaines de tatouages plus tard, Sven Marquardt est devenu le roi des nuits berlinoises et son œuvre inspire des milliers de fans sur l'air du « attachez-moi ou je fais un malheur ! ».

J'ai testé… l'ami travelo

Erna, Juwelia, sa copine Zaza et l'inoubliable Kimberley… C'est fou comme, depuis que j'habite à Berlin, je fréquente les travestis. Ou alors c'est seulement parce qu'ils traînent dans les mêmes bars que tout le monde. Évidemment, le soir, autour de la Nollendorfplatz, QG gay par excellence, ils sont plus nombreux qu'ailleurs. Mais en bonnes Berlinoises, elles aiment aussi s'arrêter au café d'en bas pour prendre un verre en sortant du boulot. Prenez ma voisine Juwelia, dont on suit la trace dans l'escalier à ses vapeurs de patchouli et aux bouts de tulle qu'elle sème à chaque étage. « Tu es française ? » Elle m'a mis le grappin dessus quelques mois après mon arrivée. « Mais alors, tu connais Dalida ? » Juwelia ne vient pas d'avoir 18 ans (comptez facilement vingt de plus), mais on peut compter sur elle pour mettre un peu plus de noir sur ses yeux quand elle descend chez Georgio, et aussi du violet, du vert et du rose pétant, tant qu'à faire. Sur la base de notre toute nouvelle amitié sous l'égide de Gigi, Bambino et cie, elle m'invite derechef à son « show ». Voici comme elle appelle la petite quinzaine de chansons qu'elle interprète en couvrant de sa voix rauque la musique crépitante d'une vieille cassette à bande. Ah oui, elle danse aussi, bien campée sur ses talons, en agitant un boa déplumé. Rapidement j'ai aussi été invitée chez elle, un nid rose bonbon qui ferait « vomir de jalousie Barbie, non ? ». Aux murs, encadrés par des guirlandes de fausses roses rouges, des portraits d'elle plus ou moins nue. Et puis j'ai rencontré Lothar, son mec, Zaza, sa meilleure amie (« avec ses jolis petits seins en balles de tennis ! Zéro silicone, que des hormones, comme toi ! »). Un jour, Juwelia a arrêté le show-biz et a repris la peinture. Au vernissage de sa première exposition, dans une minuscule galerie de la Sanderstrasse à Neukölln, elle m'a présenté Kimberley, travesti tremblotant sur des stilettos panthère, bourré d'inhibitions, incapable de lever les yeux. Mais Juwelia et Zaza la terrible l'ont forcé à monter sur la petite scène improvisée pour lire à voix haute des extraits de ses nouvelles érotiques, écrites à la première personne. Dans un espace-temps non identifié, Kimberley se fait prendre par des créatures aux mille bras, ça gicle, ça saigne, ça jouit et ça éjacule… Dans l'espace, on n'entend pas crier, dit-on. Ouais, eh bien, moi, coincée sur un petit banc en bois sous un portrait doré de l'artiste en sirène, j'aurais bien hurlé, là, tout à coup. Depuis, j'ai pris le large. Ça tombe bien : occupée par ses travaux à la gouache multicolore, Juwelia a moins le temps de traîner chez Georgio ou de papoter dans l'escalier.

Gode-pipi et réceptacle à caca

Lors de la soirée de clôture d'un festival féministe, je tombe sur un stand de gouttières à urine. La brochure bien étalée sur la table explique, en trois langues, que ces entonnoirs en plastique souple, êtres hybrides furieusement érotiques, à mi-chemin entre des trayeuses et les bassins à pipi des hostos, servent la cause des femmes. Enfin nous pouvons pisser debout ! Comme les mecs. Formidable avancée ! Alléluia, plus jamais pintade ne s'accroupira. Euh, les filles, faudrait juste penser à fabriquer une gouttière qui tient dans un sac à main… J'dis ça, j'dis rien…

Je suis d'autant plus baba devant ce stand de gode-pipi que je croyais que la guerre du pisser debout / pisser assis était définitivement achevée dans ce pays et qu'elle s'était soldée par un triomphe des féministes. En gros, après trois décennies de combat passées à pourchasser les mâles jusque dans l'intimité des toilettes, les Allemandes ont réussi à les faire pisser assis. Pour les besoins d'un reportage, il y a quelques années, j'avais interrogé une dizaine d'hommes de ma connaissance : même les célibataires endurcis suivaient docilement les préceptes inculqués par maman (une bonne mère allemande apprend à son fils à se déculotter) et/ou imposés par une compagne, une ex, une coloc… « J'ai toujours trouvé ça stupide, jusqu'au jour où j'ai dû moi-même nettoyer la cuvette ! Les éclaboussures, c'est répugnant ! » me confiait alors un chauffeur de taxi, pas vraiment du genre midinette.

Aaaaah, les éclaboussures ! Voilà le nœud gordien ! Ursula, une grande *Hausfrau* à la coupe à la garçonne, a trouvé comment le trancher : « J'avais tapissé le sol des WC avec du papier journal. Chaque gouttelette était absorbée et formait une large auréole grisâtre. Comme ça, mon mari a bien vu que c'était dégoutant ! » Et il a capitulé sans condition. En cas de rechute, un petit autocollant façon panneau de signalisation routière sur la porte des cabinets sert de rappel à l'ordre : on y voit, assis sur le trône, un individu au pénis bien orienté vers le bas, en une sorte d'érection inversée. Ici, on pisse assis !

Il m'a fallu un certain temps pour comprendre que les Allemands n'étaient pas plus sagouins que les autres hommes de cette planète quand il s'agit de vider leur vessie. Pourtant, nulle part ailleurs dans le monde, ce combat n'est relayé. On a bien çà et là des scènes de ménage autour de la position de la lunette, mais cela s'arrête là. C'est donc qu'il y a une spécificité allemande et elle tient, à mon avis, à la forme des toilettes germaniques. En gros, tout est de la faute du réceptacle à caca. Le WC traditionnel allemand n'a pas planté le trou d'évacuation au beau milieu de la cuvette, mais devant. Juste sous les fesses, on trouve une plate-forme, un palier à mi-hauteur entre le siège et le fond des toilettes. Ce qui signifie, pour ceux qui ne suivent pas, que l'étron ne tombe pas dans l'eau mais sur ce plateau, où il n'y a pas d'eau, donc. Avantage considérable : finie la super hygiénique douche vaginale à coup d'éclaboussures ! Et les gros ploufs malencontreux ! Et surtout, c'est d'ailleurs l'utilité première, tu peux observer tes excréments avant de tirer la chasse, geste qui permet en théorie la détection précoce de certaines maladies, dont le cancer du côlon. C'était le but initial quand les toilettes à l'allemande ont été conçues, il y a un siècle. Depuis, on sait que rien n'est vraiment détectable à l'œil nu.

Perso, je laisse donc aux médecins ce soin-là. N'empêche que, comme deux fois sur trois, tes étrons collent à la céramique de la plate-forme, t'es bien obligée de te pencher sur le problème et, d'une main dégoûtée, d'y plonger une brosse tandis que l'autre se hâte de tirer la chasse, l'arrivée de l'eau ayant évidemment pour conséquence d'envoyer en l'air des millions de germes, directement projetés dans ton nez ! Et je ne parle pas des odeurs.

« Mais enfiiiiin, c'est naturel ! C'est ton propre corps ! » s'exclame Ursula la pragmatique. Peut-être, mais ça pue. Et surtout, ça fait gicler le pipi des messieurs ! CQFD. En somme, si les toilettes allemandes avaient une autre forme, peut-être que les féministes de ce pays auraient eu le temps de se consacrer à d'autres causes (la création de crèches ou l'égalité salariale, par exemple). Fort heureusement, comme les bidets par chez nous, ces cuvettes traditionnelles se font de plus en plus rares à Berlin. Dans le pire des cas, si vous en croisez une, vous pouvez toujours essayer le truc que m'a confié une copine italienne en exil sur les rives de la Spree : asseyez-vous à l'envers, face à la chasse d'eau. Faut être souple et pas pressée.

Le sexe, un travail comme un autre

Ce sont des oiseaux de nuit. Mais quels volatiles ! Toutes plumes sorties, et en basse-cour, elles déboulent des bouches de métro au crépuscule et envahissent le quartier autour de

Monbijou Park. Décomplexées par la légalisation de leur métier, les prostituées du centre haranguent le client en riant fort. Ambiance enterrement de vie de jeune fille en corsets et cuissardes-talons aiguilles. Ça jacasse avec l'accent populo des Berlinoises de souche : « Hé, *Süsser*, tu m'emmènes faire un tour en bateau, c'est romantique, l'été ! » « Ouais, nous, on veut du romantisme, du romantisme à 50 euros ! »

On estime qu'elles sont entre 22 000 et 45 000 à Berlin. *Grosso modo*, autant que dans toute la France. Bien plantées sur leurs talons et très sûres d'elles pour la plupart. Aurélie a débarqué à l'Artemis, la plus grande maison close d'Allemagne (3 500 mètres carrés), pour la Coupe du monde de foot en 2006. Bikini imprimé ballon rond et sandales en vinyl fuchsia, elle dégaine d'une voix pointue : « Moi, j'ai mes tarifs, et je les applique en Espagne, en France ou ici. Jusqu'à 2 000 euros la nuit. C'est comme ça, on discute pas. La patronne, c'est moi. » C'est l'heure du petit déjeuner à l'Artemis : les derniers clients viennent de partir, Aurélie me reçoit avant d'aller dormir dans l'une des petites chambres de l'aile droite du bâtiment, réservée aux filles. J'ai beau me répéter que le commerce du sexe est un business comme un autre, légalisé en 2002, prendre mes croissants au lupanar, ça me remue. J'ai l'esprit qui galope à 2 000 à l'heure. Que se passe-t-il d'ordinaire sur ce canapé, au bord de ce jacuzzi, à ce bar aux dorures de mauvais goût ? Il y a comme un mystère, et il faut l'avouer, une aura assez attirante. L'Artemis, boîte à fantasmes, tourne à plein régime même en dehors de ses heures d'ouverture.

Mais, pschiiit, tout se dégonfle quand on écoute Aurélie. Effet inversement proportionnel au tour de poitrine de cette blonde à l'accent toulonnais. Prostituée de luxe à Barcelone, elle était la poulette attitrée de quelques joueurs brésiliens. Business oblige, elle les a suivis pour la Coupe du monde. L'Artemis lui offre ce qu'elle recherche : « Pour 60 euros par jour, je suis hébergée et j'ai le droit de bosser. C'est propre, il y a du personnel de sécurité au besoin. Par contre, je ne peux plus trop choisir les clients, maintenant. Si tu fais la difficile, Ekki te fous dehors. »

Ekki, c'est Ekkart Krumheich, le patron. Cramé aux UV, tignasse grasse tirée vers l'arrière, il reçoit dans un costume crème impeccable. Allure de mac mais posture d'agent immobilier : « Je loue simplement de l'espace pour travailler. » Il connaît son topo et il parle bien, cet ancien prof d'allemand et d'histoire : « Je contrôle juste que les filles sont clean, en bonne santé, et qu'elles ont une protection sociale. Le reste, c'est leur affaire. » Elles sont une centaine à travailler là. Ekki, lui, encaisse les loyers et les billets d'entrée à 80 euros. Chaque année, lors de la présentation de son bilan, le chef d'entreprise invite la presse à un petit déj au champagne. La classe.

Encore une fois, Aurélie casse le mythe en riant – et sa lèvre supérieure découvre un piercing fixé au dessus des incisives : « Je n'ai jamais fourni de certificat médical et je ne reverse rien du tout : ni à la Sécu ni au fisc ! C'est plus que du vent, cette histoire ! » Et vlan dans les dents (et dans la bonne conscience des féministes allemandes, pour qui la légalisation de la prostitution va de pair avec une amélioration du statut des prostituées).

En gros, la loi n'a changé qu'une chose : c'est maintenant légal de se prostituer ; pour le reste, « du vent » ! Et peu de filles au final parviennent à se mettre vraiment à leur compte. Proxénètes, réseaux et misère sont encore les rois sur les trottoirs. Certes, dans la foulée de la loi, le grand syndicat des services Ver.di a créé un bureau pour défendre les droits des travailleuses du sexe. Coup de téléphone rapide à la responsable : elle est incapable de donner le nombre de prostituées actives dans le pays. Quatre cent mille ? Huit cent mille ? La messe est dite. La loi voulait faire sortir la prostitution du noir, elle ne l'a pas pour autant mise dans le blanc : bienvenue dans une zone grise, le halo de la prostitution…

Et puis, la crise est passée par là. Même pour les « aristocrates » du métier, comprendre les filles des maisons closes, il a fallu casser les prix. Sexe à volonté, forfait tout compris… les bordels sont entrés dans l'ère du discount, à grands coups de campagnes publicitaires maxi-format (tu te sens toujours extrêmement flattée dans ta condition féminine quand tu montes dans un bus recouvert d'affiches noires sur lesquelles se découpent en rose fluo des silhouettes de femmes nues dans des poses lascives). Sur les trottoirs aussi, c'est la grande braderie. Au coin des Kurfürsten et Potsdamer Strasse, les filles de l'Est arpentent tristement le trottoir devant la vitrine du gigantesque sex-shop LSD (Love Sex Dream). Pas les moyens de s'offrir une piaule dans une maison close, pas la liberté de le faire surtout : les proxénètes ne sont jamais loin. De gré ou de force, elles ont cassé les prix. Cinq euros la passe, parfois aux yeux de tous ou presque, en pleine journée, dans un bosquet du square d'à côté. Steffi est une ancienne du secteur : « Pour nous, la situation s'est beaucoup détériorée en quelques années. Les Roumaines et les Bulgares acceptent des clients pour des rapports non protégés à des prix inférieurs aux nôtres. On ne fait pas le poids. On tient grâce à nos clients réguliers. » Il n'y a plus guère que les « historiques » du centre pour gonfler le jabot et prendre des caïpirinhas aux terrasses des bars de la Oranienburgerstrasse, au milieu des touristes et des étudiants.

La nouvelle garde néonazie

Le choc de ma vie… Par simple curiosité personnelle et professionnelle, j'ai poussé la porte du magasin Tønsberg, dans l'arrondissement de Mitte. Voilà plusieurs semaines qu'il fait la une des journaux berlinois : chaque nuit, il est la cible de bombes de peinture ou même de caillassages. Tønsberg vend des vêtements néonazis : sweats noirs à capuche avec des aigles allemands aux griffes déployées, inscriptions sans équivoque (« patriote », « honneur national », « *Blut und Ehre* »…), et les marques à la mode chez les jeunes fascistes, comme Lonsdale, Consdaple, Thor Steinar… À Berlin, ce type de magasin ne survit jamais longtemps aux attaques nocturnes des antifascistes (les Antifa, comme on les appelle). Mais ils rouvrent aussitôt un peu plus loin, dans les quartiers périphériques du grand Est, là où l'extrême droite parvient à faire 7-8 % aux élections locales. Je traîne le long des rayonnages, à la fois fascinée et effrayée par les pin's flanqués de vieux symboles nordiques ou les autocollants à slogans écrits en gothique. Soudain, le vendeur me tombe dessus : « Tu cherches quelque chose de particulier ? C'est pour toi ? » Je pourrais donc être une cliente potentielle ? Ouch ! Moi qui croyais avoir un style très français progressiste, avec ma saharienne et mes Converse !

Après ce choc, je cours chercher réconfort auprès d'Esther Lehnert. Depuis 2001, son association sensibilise les Berlinois aux codes de la scène néonazie, elle intervient notamment dans les écoles pour apprendre aux professeurs à repérer les élèves qui commencent à déraper, grâce à leurs vêtements. Elle me rassure : en soi, mon look n'avait rien d'extrémiste. « Les femmes néonazies sont très propres sur elles, presque bourgeoises. » Rangers, bombers, tee-shirts noirs, c'est bon pour les hommes. L'idéologie d'extrême droite vante l'image de la femme allemande bien mise, discrète dans son style, respectueuse des conventions sociales.

Elle, par exemple… Veste Burberry lustrée noire, col relevé, jean slim, cavalières bien cirées, chevelure claire lissée dans le dos et lunettes aviateur. Elle déambule, nonchalante, un poil hautaine, sur le grand parking que la police a sécurisé – double cordon de *Bereitschaftpolizisten* (ou BePo, les CRS allemands), barrières, contrôle et fouille à l'entrée. Nous sommes le 1er mai, les néonazis allemands entendent défiler eux aussi, et c'est là qu'ils se sont donné rendez-vous. Ils devraient être trois mille tout à l'heure, et cette femme, calme et élégante, fait partie du comité d'organisation. Elle gère la logistique, distribue des bouteilles d'eau aux manifestants. « Bonjour », « merci bien ». Les petites frappes au crâne rasé, venues vagir leur haine et déjà bien remontées contre « les flics, la presse, les sales communistes » qui bloquent le parcours du cortège un peu plus loin, font profil bas face à elle. Elle ne me dira ni son nom ni sa fonction exacte au sein du NPD berlinois. « Je travaille là, voyez-vous. Laissez-moi tranquille. Pas d'interview. » Les femmes sont l'avant-garde discrète de l'extrême droite allemande.

Au cours des cinq dernières années, elles ont représenté la moitié des nouvelles adhésions dans les partis néonazis. Plusieurs associations se sont même créées, comme la Communauté des femmes allemandes ou le Cercle des femmes nationales, qui a multiplié par cinq le nombre de ses adhérentes depuis 2006. La chercheuse Renate Feldmann travaille depuis longtemps sur ce phénomène des « sœurs brunes » ;

elle a approché ces femmes, décortiqué leur mode de pensée : « Elles sont peu visibles, la plupart de leurs réunions se tiennent en huis clos, même leur congrès annuel est interdit à la presse. Mais je peux vous assurer qu'il y a autant de femmes que d'hommes qui ont des positions d'extrême droite dans ce pays. »

Longtemps, on a parlé des « Renées ». C'est comme ça qu'on surnommait les sympathisantes néonazies il y a une dizaine d'années, quand on a commencé à voir des femmes dans les manifestations. Cheveux ras avec juste quelques mèches qui descendent sur le visage comme des queues de rat, look sportif voire asexué, tatouages, baggy, démarche d'hommasse : elles singent leurs camarades masculins pour s'en faire respecter.

À Berlin, pour rencontrer des Renées, il faut rouler longtemps en direction de l'est, sur ces quatre voies rectilignes et minérales construites par l'ancien régime communiste. De part et d'autre, des barres d'immeubles parfaitement retapées par l'argent de la réunification, mais toujours aussi impersonnelles. Au pied des tours, on a prévu des parcs, des piscines en plein air, des stades, des squares pour les enfants. Et au cœur de Marzahn, on a laissé le village historique : trois rues pavées bordées de maisonnettes à colombages, une minuscule église et un moulin à vent qui tourne encore. Mais dans l'air, ce sont surtout la langueur et l'ennui qui tournent… Les jeunes se retrouvent au Mac Fit, une chaîne de salles de sport ouvertes 24 heures sur 24, modernes, clinquantes, avec des télés qui hurlent des clips américains. À Berlin, un Mac Fit sur trois se situe dans les arrondissements populaires de l'Est. 14 heures, en semaine : la salle est comble, les coachs ont des bras énormes et des visages marron UV ; dans un coin, des filles en tee-shirts bruns frappés d'inscriptions gothiques soulèvent de la fonte. À la sortie, cheveux propres et plaqués à la garçonne, même mines patibulaires. Elles refusent de me parler.

Mais les Renées, aussi imposantes soient-elles, sont un phénomène marginal. Leur nombre, tout comme celui des skinheads, est stable depuis des années en Allemagne. L'Office fédéral pour la protection de la Constitution comptabilise quatre mille quatre cents néonazis actifs dans tout le pays, dont près de 10 % de femmes. Bien plus nombreuses et influentes sont ces nouvelles « nationalistes », qui montent en puissance au sein des partis – la face institutionnelle et fréquentable du néonazisme allemand.

Renate Feldmann s'est plongée dans les statistiques : « Les femmes ne sont à l'origine que de 5 % des crimes et des délits d'extrême droite. Comme les hommes sont souvent fichés par la police, depuis quelques années, ce sont elles qui s'occupent de louer les salles pour les concerts, d'ouvrir les comptes en banque, d'acheter même des locaux pour le parti. » Petit à petit, elles ont ainsi gagné en importance. Aujourd'hui, si le NPD, parti endetté, miné par les luttes internes, survit encore, c'est grâce aux femmes, qui, dans l'ombre, font tourner la machine. Ainsi, avant que le cortège du 1er mai ne se mette en marche, l'élégante aux lunettes noires viendra plusieurs fois faire le point avec le médiateur de la *Polizei*. C'est elle l'interlocutrice des forces de l'ordre, même si le service d'ordre est encore assuré par des gros bras en chaussures militaires (avec des lacets blancs, en hommage à la race blanche).

À Berlin, le Cercle des femmes nationales tient réunion dans une petite maison à la façade crème, dans l'arrondissement de Köpenick. Des mères de famille, des retraitées, de bonnes *Hausfrauen* en somme ! Stella Hähnel, 38 ans, aime porter des tailleurs sombres avec des chemises vives ; c'est une brune pimpante aux yeux noisette, porte-parole de l'association depuis sa création. Autant dire que son discours est bien rodé, à mille lieues des slogans réducteurs hurlés par les Renées lors des manifs. « Des valeurs comme l'honnêteté, le sens du travail, de l'ordre et du bien commun ont fait leurs preuves pendant des années. Elles doivent de nouveau être ancrées dans la société, vécues au quotidien. » Aux femmes, gardiennes de cette bonne éducation à l'allemande, de s'engager pour porter cette bonne parole : avoir beaucoup d'enfants, agir dans les conseils de parents d'élèves pour étendre ces idées, monter des camps de vacances… À l'été 2008, dans le Nord du pays, la police est intervenue pour fermer un de ces camps d'embrigadement, où de jeunes adultes en costume traditionnel enseignaient à des gamins en culotte de peau des théories raciales et la géographie du Grand Reich. Sur les torchons de la cuisine commune, les femmes avaient brodé des croix gammées.

Les Renées

On dit « Renées », car c'est un prénom très répandu dans l'ancienne Allemagne de l'Est, là où les partis d'extrême droite font leurs meilleurs scores (le NPD siège même au Parlement régional de deux *Länder*). D'une manière générale, tous les noms à consonance française sont estampillés ex-RDA : les Jeannette, Janine, Jacqueline, Monique, Chantal, Nicole, Michelle, Nadine

(Maurice, Marcel, René, Pascal pour les garçons) bien souvent viennent de Cottbus, Dresde, Rostock ou Magdebourg. Elles sont nées aux lendemains de la chute du mur de Berlin, quand leurs parents ont soudainement embrassé cette vie occidentale dont ils rêvaient en cachette depuis des années. La France, les États-Unis (combien de Mandy, Cindy, également dans ces régions !) étaient l'eldorado. Le chômage les a fait déchanter. Leurs enfants, filles et garçons, sont de plus en plus tentés par les sirènes de l'extrême droite.

Punkettes, hippies et compagnie

Sandy fume la pipe devant sa roulotte. Elle a les cheveux gris coupé ras et, sous sa salopette de métallo, une énorme bedaine. Hum, me dis-je, elle n'a clairement plus l'âge d'être enceinte. Je réalise avec effroi que cet amas flasque, ce doit donc être sa poitrine… Mais Sandy n'a pas renoncé qu'au soutien-gorge. Au Canal noir (*Schwarzer Kanal*), où elle vit, les sanitaires sont minimalistes (un tuyau d'eau froide pendu au-dessus d'un baquet et une caravane avec des toilettes sèches), la cantine exclusivement végétalienne, et sous sa roulotte, elle entrepose le bois qui alimente son petit poêle. D'ailleurs, aujourd'hui, il faudrait bien qu'elle ramone un peu le conduit d'évacuation de la fumée, voire que « je lui file un coup d'antirouille », me confie-t-elle. Mais « pour une fois dans ce printemps pourri », le soleil est de sortie, alors « on est mieux là à parler, hein ? ». Le seul effort qu'elle fournira sera de tendre le bras pour arracher une mauvaise herbe qui pointe dans une vieille baignoire en fonte transformée en potager (radis, carottes, laitues, cresson, fraises, rhubarbe et, sous un film plastique, des tomates cerises, le tout soigneusement identifié grâce à des minuscules pancartes taillées dans de l'ardoise).

Elle s'est posée là pour l'été, un échange de quelques mois avec sa sœur, qui essaie donc pendant ce temps l'appart communautaire de Sandy aux Pays-Bas. Dans les milieux féministes et lesbiens, le Canal noir est connu jusque là-bas : une communauté de femmes qui ont choisi, il y a vingt ans, de vivre comme des Tziganes au milieu de la ville, garant leurs roulottes en bois sur l'une des innombrables friches de l'ancien Berlin-Est. Au bord de l'eau, tout près du centre... Les projets immobiliers le long de la Spree les ont délogées l'an dernier. Elles ont dégotté une clairière dans un petit bois de bouleaux, en marge de l'arrondissement de Treptow. C'est beaucoup mieux, beaucoup plus paisible, tranche Sandy en bourrant sa pipe. Moins de visiteurs aussi...

Et si le Canal noir avait perdu de sa substance en déménageant ? Au cours de mes premières années à Berlin, alors que j'étais étudiante et célibataire, il m'est arrivé plusieurs fois d'échouer là-bas les soirs d'été. Projections de films en plein air, concerts improvisés autour d'un feu... le village était l'un des haut lieux de la vie alternative berlinoise, où l'on passait le temps d'un before ou d'un after, ou pour un atelier de fabrication de sex-toys maison (j'ai toujours raté ce rendez-vous ! malheureusement ? heureusement ?). Désormais, il faut passer le Ring, la ligne de S-Bahn qui ceinture le centre et les quartiers de l'immédiate périphérie... On s'attaque au grand Berlin. « La station la plus proche est à quinze minutes à pied. On ne vient plus ici par hasard, c'est une démarche », reconnaît Birte. Petit bonnet roulé au-dessus des oreilles et planté sur l'arrière du crâne, jean usé avec des feux de plancher, elle a une dégaine à la Mano Solo et roule ses clopes sur les marches d'une roulotte où sont entreposés des outils. Birte est l'une des animatrices de l'atelier de réparation de vélos que le squat organise depuis des années. Devant elle, un type aux ongles roses se débat avec une dynamo. Pas pressée de l'aider, la Birte… « Alors comme ça, tu écris un livre sur les Berlinoises ? » Je suis les pieds dans la boue, entourée de féministes et/ou lesbiennes et/ou punkettes, et Birte me donne du small talk comme dans n'importe quelle soirée branchouille du centre !

Passé le débat vélo neuf/vélo d'occasion (ben oui, on n'a pas des small talks ordinaires à l'atelier « dérailleur et câble de frein » du Canal noir), la trentenaire cache mal ses désillusions politiques. OK, les visiteurs sont plus engagés, mais le déménagement du Canal noir est un mauvais signe pour le Berlin alternatif, « relégué de plus en plus loin du centre, au profit d'immeubles de bureaux qui finiront vides. À Potsdamer Platz, 30 % des locaux sont inoccupés ». Birte aimait bien le mélange hétéroclite des participants à son atelier, tant que le village était installé dans le centre. Jusqu'à quinze ou vingt personnes certains mercredis. Ce jour-là, ils ne sont que deux ! Alors Birte préfère sa cigarette, sa timbale de café commerce équitable et la part de brownie (« sans noix ni noisettes, pour les allergiques ») que lui proposent deux autres filles aussi efflanquées qu'elle. Daniela et Johana ont de la sciure jusque sur leur bonnet (décidemment très in ici), elles refont entièrement leur roulotte, nouvelle isolation, double vitrage, enceintes audio intégrées. Toute la journée, elles manient la ponceuse, la perceuse, la scie-sauteuse et des tas d'autres trucs dont j'ignore le nom, même en français. Mais là, leur brownie à la main, elles s'inquiètent plutôt de l'avenir de la communauté. « Qui va faire toute cette route pour venir à la VoKü? Ça fait quand même bien tourner les finances, cette opération… » VoKü pour *Volksküche*, « cuisine du peuple », proposée par les squats de Berlin pour quelques euros. Un genre de resto U d'extrême gauche, généralement végétalien (pour n'exclure personne). C'est souvent à l'occasion d'une VoKü qu'on met pour la première fois les pieds dans un squat.

La VoKü du Fischladen, dans la Rigaer Strasse à Friedrichshain, n'est clairement pas l'une des meilleures de Berlin, mais les soirées qui suivent valent leur pesant de cacahuètes. Pas tant pour leur programmation (rock bruyant, rock bruyant et encore rock bruyant) que pour le lieu en soi. Pour faire du bruit en toute tranquillité, la joyeuse communauté a investi la cave. L'entrée en partie écroulée est condamnée depuis des décennies, alors on soulève le soupirail au ras du trottoir, on écarte quelques pavés et quelques briques des fondations du bâtiment, et on se glisse dans le trou à rats en s'agrippant à une vague échelle de corde. La voute grise pue l'humidité et, sous la lumière de l'installation électrique minimaliste, l'endroit pourtant pas si grand (trois salles seulement) se transforme en dédale.

La première fois, j'ai adoré… J'avais 20 ans tout ronds et cette ambiance de catacombes des temps modernes m'avait collé un frisson délicieux. On avait joué au baby-foot… sur un baby où les joueurs manquants étaient remplacés par des cuillères à soupe fixées au fil de fer. La deuxième fois, à 24 ans, écroulée dans un hamac près du bar improvisé, j'avais constaté que le poêle qui chauffait la pièce ne présentait aucune protection et que des étincelles en jaillissaient régulièrement ; instinctivement, je m'étais rapprochée du soupirail de sortie. Mais j'avais encore trouvé ça joli et siiii berlinois, cette nuit passée devant le minifeu d'artifice de ce poêle à charbon, à refaire le monde avec ma copine Nicole, altermondialiste, lesbienne, écolo acharnée. La dernière fois, à 28 ans, j'ai refusé de descendre. Mourir comme la pucelle d'Orléans, merci, mais ça ne ferait pas sérieux, à mon âge !

Comme tous les squats de Berlin aujourd'hui, le Fischladen est totalement légal. Il y a belle lurette que toute cette vie alternative est encadrée, pour ne pas dire institutionnalisée. En gros, les squatteurs, lassés des assauts de la police qui débarque évidemment sans crier gare et avec une délicatesse toute appropriée, ont fini par négocier des baux symboliques avec les propriétaires des terrains occupés. Mais à chaque renouvellement, la lutte repart de plus belle, car vingt ans après la chute du Mur, la ville se dit que c'est bien dommage d'abandonner de tels espaces à des punks antifascistes. Surtout que les entreprises commencent enfin à s'intéresser à la capitale. Ainsi, sur les bords de la Spree, la ville a le projet d'installer une cité médiatique (MTV et Universal sont déjà là) et des lofts pour les yuppies qui y travailleront. Mais cela implique de déménager le Canal noir, de fermer le mythique Bar 25, voire le Köpi, le grand squat de la Köpenicker Strasse, qui a sauvé sa peau *in extremis* il y a deux ans, après trois mois d'une mobilisation sans précédent qui est allée jusqu'au siège du bâtiment par les forces de l'ordre.

J'ai rencontré Steffi dans l'une de ces manifs de soutien au Köpi. Super look à la Lisbeth Salander de *Millenium*.

Maintien de tête hyper digne, une fierté racée dans les épaules et la cambrure du dos, des tatouages d'une finesse de vitraux. Dix-neuf ans, habitante du squat depuis peu après avoir claqué la porte du domicile parental. Mais elle connaît déjà bien les règles du Köpi, où l'individu n'est rien sans la communauté. « Sur le principe, d'accord pour qu'on fasse une interview et que je te raconte un peu ma vie, mais il faut le feu vert de l'assemblée plénière. » La quoi ? L'assemblée plénière, réunion hebdomadaire des membres de Köpi, est une sorte de *Politbüro* qui siège sur les chaises déglinguées de la grande salle du rez-de-chaussée.

Démocratie directe, prime à la grande gueule, appelez ça comme vous voudrez. Le fait est que l'ordre du jour est rarement respecté. Autant vous dire que je galère pour arriver à placer ma question… Une matrone aux cheveux ras et à la voix cassée monopolise le débat : visiblement, les fiestas répétées des autres Köpiens l'empêchent de dormir en semaine. « Moi, j'ai un job, il faut que je me lève le matin ! » Le « plenum » tourne au conflit idéologique et à la querelle des anciens contre les modernes. « Il faudrait peut-être qu'on se demande une fois pour toutes s'il faut accepter des actifs au Köpi », tranche Mara. Au milieu de tous ces tatoués, piercés, rastas, Mara semble sortie du jeu « Cherchez l'erreur »… Jean propre, coiffure à la garçonne soignée, elle prend des notes dans un coin. J'apprends ensuite qu'elle est la secrétaire de l'association qui gère le Köpi, c'est elle qui consigne les décisions du groupe et anime le site internet. Elle n'habite pas là, mais est suffisamment active dans les associations antifascistes du quartier pour avoir gagné le respect au sein du squat. Mara a toujours été pour la mixité sociale au Köpi : « C'est en montrant qu'on peut être des gens ordinaires, qui vont bosser, qui fondent une famille, qu'on gagne le soutien de l'opinion publique. Si on donne l'impression d'être seulement une bande de fêtards aux cheveux sales, de flemmards incapables de s'assumer, faudra pas s'étonner que les communautés de vie comme la nôtre soient menacées, au point de disparaître au cours des prochaines années. »

À l'opposé, il y a les radicaux, les antisystèmes, qui rejettent en bloc toute forme d'embourgeoisement de leur squat. À leurs yeux, accepter de travailler (c'est-à-dire « enrichir un patron »), c'est déjà un crime. Avoir une activité bénévole au sein du Köpi devrait largement suffire à se sentir utile. Au choix : animer le ciné-club, gérer la salle de boxe ou le mur d'escalade, organiser les soirées, tenir le bar, superviser l'imprimerie d'où sortent les tracts et les affiches du Tout-Berlin alternatif… Avec les recettes engrangées, ces purs et durs rêvent d'une vie en autarcie entre ces murs épais et recouverts de graffitis. Cinquante personnes habitent ici à temps plein, dont plusieurs familles avec des enfants. Certains sont nés au squat. Rien de très surprenant, après tout, l'accouchement à domicile est tendance à Berlin.

La fin du plenum approche. Les regards se tournent vers moi. Qu'est-ce que je fais ici ? Je cherche un endroit pour organiser une fête ? Euh, bonjour déjà, non ?… Bienvenue au tribunal du peuple. J'explique mon projet et dépose ma requête : avoir le droit d'interviewer Steffi, la jolie punk de la manif, pour qu'elle me parle de la vie au Köpi. Un dénommé Dieter, qui se présente comme responsable des relations avec la presse, m'interrompt prompto. « Les médias traditionnels, c'est pas notre truc. Qui dit que tu ne vas pas revendre cet article à des connards comme CNN ? » « Ouais. » « Carrément, ça craint. » Le plenum opine, tous ces mouvements de tête, ça fait comme une ola dans un stade. Même Mara est d'accord. Comme quoi, la démocratie directe, parfois, ça marche. Suffit de trouver un ennemi commun. Manque de pot, c'est tombé sur ma pomme.

Squats institutionnalisés

Le Canal noir, le Köpi, la cave sombre du Fischladen ou encore l'immeuble du 78 Rigaer Strasse ont beau s'ouvrir le plus possible à l'extérieur pour subvenir à leurs besoins et payer leurs factures, ils font partie des squats les plus fermés de Berlin. Ici on dit « *wild* » (sauvage, comme en anglais, mais prononcé « vilt », pas « wouaild ») pour les plus trash, les plus militants, quoi. À l'opposé, on trouve par exemple le Tacheles, sur Oranienburgerstrasse, dans l'arrondissement de Mitte. Cet ancien grand magasin, bombardé pendant la guerre et laissé à l'abandon par le régime communiste, a été investi par les Berlinois de l'Est dans la foulée de la chute du Mur. Puis les artistes y ont fait leur nid : des performeurs qui bâtissaient des fusées en polystyrène dans le grand jardin, des graffeurs, des sculpteurs, des soudeurs de barres de fer, des adeptes du collage… une faune interlope qui s'est embourgeoisée au fur et à mesure qu'elle vendait des œuvres (travailler ou exposer au Tacheles te fiche une aura d'artiste maudit/branché en moins de deux, et à Berlin, c'est un argument marketing en or massif). Le Tacheles est devenu une institution, un grand magasin de l'art berlinois alternatif, dans lequel défilent chaque année trois cent mille visiteurs ! Mais le collectif qui le gère a fait faillite, le terrain appartient maintenant à des banques. Le Tacheles est en sursis. Le Bethanien à Kreuzberg a plus d'avenir. Cet ancien dispensaire en brique, avec ses deux tourelles pointues, accueille informaticiens, web designers et autres *geeks* des jeux vidéo. Ils cohabitent avec une bibliothèque internationale, l'école de musique du quartier et une association pacifiste. Tout le monde paie son loyer, le bail semble donc garanti. L'été, dans le jardin ceint de lilas et de jasmin, on projette des films en plein air. Des petits lampions, des chaises longues… Le Berlin des squats peut être si romantique !

Les *outlaws* de la cannette

Avec ma copine Nicole (toujours la même, la lesbienne aux boucles blondes et aux mille peines de cœur), on a aussi pas mal écumé les bars illégaux. Pour la faire courte, ce sont des établissements où l'on consomme toutes sortes de breuvages à caractère festif mais à des prix défiant toute concurrence, vu que les susdits établissements ne disposent pas de la licence des débits de boisson. Des squats à alcool, quoi ! La version contemporaine de la Prohibition…

Au début des années 2000, c'était la grosse tendance à Mitte. Oui, oui, Mitte, tu as bien lu, amie lectrice qui vient d'arriver dans la capitale et qui pense que Hackescher Markt a toujours été le quartier d'APC, Boss Orange ou Muji… À l'automne 1999, je retrouvais Nicole chez elle, dans un appart communautaire chauffé au charbon sur Kollwitzplatz où elle payait l'équivalent de 50 euros de loyer (aujourd'hui, la Kollwitzplatz est l'un des endroits de Berlin où l'immobilier est le plus cher), et on filait à pied direction Mulackstrasse (envahie maintenant par les galeries d'art et les boutiques de designers d'intérieur) ou Alte Schönhauser Strasse. Selon les semaines, l'adresse changeait, mais toujours il fallait s'aventurer dans ces arrière-cours successives, typiques du vieux Berlin-Est. Oui, oui, sympathique étudiante Erasmus qui a eu le bon goût d'acheter mon livre avant ton semestre à l'Uni, avant American Apparel et le (splendide) magasin Adidas Originals, il y avait des immeubles gris qui puaient le salpêtre dans ce coin de Berlin, j'te jure ! Et puis, comme c'était avant le boom des portables et surtout d'internet, ses réseaux sociaux et ses *flash-mobs*, fallait forcément connaître quelqu'un au sein de ce petit monde underground, sinon on restait dehors (les mots de passe ne circulaient pas encore sur la toile).

Ça se fait encore pas mal aujourd'hui, mais d'une manière un peu plus civilisée. Jusqu'à peu, l'un des plans les plus grisants de la ville, c'était les soirées chez les avocats de la Eberswalder Strasse. Sur l'interphone, tu sonnais à *Anwaltbüro* (« cabinet d'avocats »), et tu rejoignais la fête dans un appart du premier étage : dans le salon, un DJ mixait une mélodie entraînante et un barman épatait la galerie en jonglant avec ses shakers, dans la salle à manger, quelques tables pour ceux qui souhaitaient dîner, le menu unique du soir sortait fumant de la cuisine juste en face, et les deux chambres à coucher faisaient lounge… J'adorais la vue imprenable sur la ligne de métro aérien, qu'on pouvait presque toucher en tendant le bras. Tüüüttt, *« einsteigen bitte »*, la voix enregistrée du U-Bahn, rythmait la nuit. Seule contrainte : il fallait lâcher 1 euro à l'entrée et surtout s'inscrire (nom, prénom et numéro de téléphone) sur un bloc qui traînait dans le vestibule. « Si on se fait attraper par la police, on dit que c'est une fête privée ; la preuve, c'est qu'on connaît tous les gens qui sont venus dans la soirée », m'a un jour expliqué le barman.

Aujourd'hui, c'est plus dans le vibrionnant Kreuzkölln (le quartier à la frontière entre Kreuzberg et Neukölln, le nouvel eldorado des artistes) qu'on trouve ce genre de bars. Ne comptez pas sur moi pour vous filer les adresses. Elles changent quasiment tous les mois. C'est le problème (et tout le charme) de ces soirées bien cachées ! Il faut écouter la rumeur berlinoise, tendre l'oreille aux apartés dans les afters… Bonne chasse !

Suivez le guide !

Berlin, ville d'extrême gauche. Berlin et ses célèbres insurrections du 1er mai. Berlin, ses squats et ses punks. Ça fait un peu brochure d'office de tourisme ? Bingo ! Depuis quelques années, les touristes ne viennent plus à Berlin seulement pour la porte de Brandebourg, mais aussi pour faire la fête, si possible dans les endroits les plus incongrus. On veut du Berlin *kaputt*. Des graffs et des crêtes figées à l'eau sucrée. Des tessons de bouteille qui craquent sous les pas tandis qu'on s'enfonce dans une cave froide. Le grand frisson pour beaucoup de fils et filles à papa du monde entier, qui débarquent dans la capitale pour un week-end ou pour un semestre Erasmus. Ils sont pressés, ils veulent tout voir et vite. Un groupe d'anticapitalistes a flairé le filon (comme quoi, on peut être anticapitaliste et avoir le sens des affaires) et organise des visites guidées du Berlin révolutionnaire. On se donne rendez-vous sur internet, on ne reçoit qu'au dernier moment le descriptif physique du guide (« suivre le tee-shirt rouge *Fuck yuppies* », par exemple), on se déleste de 5 euros, et zou, c'est le grand plongeon dans l'underground ! In english dans le texte, because the fils et filles à papa ne parlent pas l'allemand pour la plupart. On te raconte l'incendie du supermarché sur Oranienplatz le 1er mai 1987, on t'explique bien que les méchants, c'est les grands groupes et les patrons, et la visite s'achève, à tout seigneur tout honneur, au Köpi. Je donnerais cher pour voir la tête des papas en question… Une scène à la Billy Wilder : tourné en 1961, son film *Un, deux, trois* raconte l'histoire de l'héritière de Coca-Cola qui part s'encanailler dans le Berlin-Est communiste. Du très grand Wilder, et sans doute la meilleure comédie sur le Berlin divisé.

Christiane F. et ses petites sœurs

Christiane F. a replongé. Douze ans de sevrage, mais voilà, comme un robot, elle a remis ses pas dans ceux des dealers. Plus à la gare de Zoo comme autrefois, du temps où elle était ado et la droguée la plus célèbre du pays. Aujourd'hui, la scène héroïnomane berlinoise traîne à Kottbusser Tor. Kotti. C'est là que Christiane passe désormais ses journées et ses nuits, à presque 50 ans. Entre les étals des maraîchers turcs, qui retirent des trottoirs les bacs à citron, car les junkies les pillent pour diluer leur came dans le jus acide. Ici, on se pique dans les halls d'immeubles, ou dans la cabine à Photomaton du U-Bahn. Bien malin qui pourra repérer Christiane parmi les loques humaines assises par terre, entourées de leurs chiens.

Les dernières photos d'elle datent de 2006 : chevelure de feu, yeux turquoise, silhouette efflanquée ; Christiane Felscherinow vivait alors à Teltow, une banlieue rangée au sud de Berlin. Elle recevait parfois les journalistes et parlait de son adolescence, qu'en Allemagne (et ailleurs) tout le monde connaît. *Moi, Christiane F., 13 ans, droguée, prostituée* : le récit, sorti en 1978, hante encore la mémoire collective. Best-seller traduit en quinze langues, adapté au cinéma avec une musique de David Bowie, il est toujours au programme dans les collèges et les lycées du pays.

C'est à cette occasion que Sina a découvert la drogue. « On nous a projeté le film en cours. Et j'ai pensé : si des gens sont prêts à se mettre des seringues dans les bras chaque jour, alors ce truc doit vraiment être génial. » Cinq jours après, elle quittait son Brandebourg natal et débarquait à Bahnhof Zoo, comme Christiane autrefois. Dix-neuf ans, cernes bleuâtres et teint de cire, elle se prostitue pour payer ses doses.

Son territoire, c'est la Kurfürstenstrasse, le tristement célèbre *Babystrich*, ou « trottoir des bébés ». Les plus jeunes sont là, en rang d'oignons, à la nuit tombée. Pas vulgaires, elles laissent les bustiers serrées et les cuissardes aux filles de l'Est, déjà pas bégueules sur les prix ; elles, poussées par le manque, ne marchandent jamais. « Une pipe égale 10 euros égalent 1 gramme. » Sina a l'arithmétique du désespoir. Trois ans qu'elle est là. Ce soir, elle ira prendre son shoot à Kotti.

On ne se pique plus à Zoo depuis la rénovation de la gare. Caméras, vigiles, boutiques coquettes… Pourtant, à la nuit tombée, les ombres reviennent, tout aussi paumées qu'autrefois. Comme Sina, ou comme Jenny, 24 ans et la moitié de sa vie passée là : « Tu viens ici parce que tu sais que tu vas y trouver des jeunes comme toi. Tu l'as lu dans le livre de Christiane. Et ça devient ta famille, ça fait du bien de se retrouver le soir. C'est la vie dehors, mais tu es libre. Christiane a ouvert la route. Quand tu lis son livre, t'as envie d'être un gamin de Zoo, sans personne pour te dire quoi faire et quoi penser. »

Trois cents jeunes toxicomanes gravitent ici, à raison d'une trentaine par soir. « Un peu moins laissés à eux-mêmes qu'avant, mais à peine », soupire Ingo Tuchel, de l'association Treberhilfe. Deux fois par semaine, son minibus s'arrête derrière la gare et distribue seringues propres, préservatifs, cafés… « Ils ont tous eu des problèmes avec leur famille à un moment donné. Ils arrivent ici comme des chiots perdus, souvent après des fugues. Mais la moyenne d'âge augmente : ils ont maintenant plutôt entre 15 et 25 ans ; les gamins très jeunes, à la Christiane F., c'est fini à Zoo. »

Parmi les gosses, les rumeurs circulent… Christiane F. viendrait ici parfois. Légende urbaine glauque. On sait bien que les vieux junkies ne quittent jamais Kotti. Qui sait, elle est même d'ailleurs déjà morte, l'idole, la gamine des bas quartiers de Berlin-Ouest à qui la drogue a ouvert le chemin de la célébrité, l'amie de Bowie, qui touche chaque mois encore 2 000 euros de droits d'auteur. Son dernier compagnon l'a raconté dans la presse : sa rechute en 2008, lors d'un voyage à Amsterdam, fut violente, brutale. Immédiatement, les services sociaux lui ont retiré la garde de son fils Jan-Niklas, né en 1996. C'est pour lui qu'elle avait arrêté la drogue.

J'avais failli la rencontrer en 2004 ; elle habitait alors Neukölln, dans le Sud de Berlin, et faisait de la reliure dans une petite librairie-papeterie. Une vie sous méthadone, ponctuée par les hépatites, maladie banale des anciens toxicos. Une vie nomade aussi, pour ne pas être reconnue dans le voisinage. Au dernier moment, l'attaché de presse avait annulé l'interview. La veille, le corps d'une droguée de 14 ans avait été retrouvé dans un parc de l'arrondissement. « C'est comme une malédiction, aurait-elle dit. Il aurait mieux valu que je ne parle jamais. »

Zoo

Du temps du Mur, c'était la plus grande gare de Berlin-Ouest, croisement du S-Bahn, du métro et des grandes lignes en direction de la RFA. Juste en face, le zoo, d'où le nom de l'arrêt sur les plans de métro : Zoologischer Garten, « jardin zoologique », vite devenu Bahnhof Zoo, « la gare du zoo », ou « la gare *de* Zoo », comme si Zoo était un lieu en soi. En allemand, le titre de la bio de Christiane F., c'est *Wir Kinder vom Bahnhof Zoo* (« Nous, les enfants de la gare de Zoo »). Aujourd'hui, on dit Zoo tout seul, locution qui par extension désigne tout le quartier.

Sex-parties

Je vous conseille vivement de consulter les sites internet des clubs qui proposent ces orgies sexuelles. Il ne s'agirait pas de débarquer en pintade à cuissardes à une soirée *gay only* !

Ajpnia
Eisenacher Strasse 23, Schöneberg – 030 219 188 81
www.ajpnia.de

KitKat Club
Köpenicker Strasse 76 (entrée par la Brückenstrasse), Mitte – 030 2789830
www.kitkatclub.org

Insomnia
Alt Tempelhof 17-19, Tempelhof – 0178 2333878
www.insomnia-berlin.de

Les lieux de l'extrême gauche

Schwarzer Kanal
Kiefholzstrasse 74, Treptow
www.schwarzerkanal.squat.net

Village de roulottes féministe. Un petit monde en soi. Je conseille d'y aller avec un but précis (réparer son vélo, participer à un débat…). Ses habitantes n'aiment pas trop les mateurs.

Der Fischladen
Rigaer Strasse 83, Friedrichshain – 030 42809944

Officiellement, le *Loch,* le trou par lequel on se faufile pour accéder au bar clandestin dans la cave, est définitivement rebouché. Mais la communauté d'extrême gauche, qui habite à ce croisement de Rigaer et de Liebigstrasse, ne l'entend pas de cette oreille et rouvre occasionnellement ce haut lieu du Berlin underground.

Köpi

Köpenicker Strasse 137, Mitte – 030 2795916

Le plus grand et le plus connu des squats de la capitale est également un lieu pour sortir : concerts, DJ, projection de films, débats, mais aussi une salle de boxe et un mur d'escalade.

Kunsthaus Tacheles

Oranienburger Strasse 52, Mitte – 030 2826185

Pour combien de temps encore ? Cette institution du Berlin des squats et des artistes est menacée par un projet immobilier.

Kunstraum Kreuzberg – Bethanien

Mariannenplatz 2, Kreuzberg – 030 902981455

Lieu hybride qui ressemble de moins en moins à un squat. L'une des meilleures adresses de cinéma en plein air.

Red Stuff

Waldemarstrasse 110, Kreuzberg
www.antifa-versand.de

Le « supermarché » antifasciste, avec tee-shirts à slogan et brochures pour préparer la révolution. Tous les bénéfices sont reversés à l'association Antifa, la plus active contre l'extrême droite en Allemagne.

Mère courage

T'es irresponsable de sortir ton vélo par ce temps !
T'es irresponsable de rester sur la piste cyclable !

Vache sacrée

Du jour au lendemain, j'ai changé de statut (et Facebook n'y est pour rien). Des anges se sont mis à chanter ma gloire, des rais de lumière sont partis de sous mes bras et mon visage aux traits paisibles a dégagé une aura de plénitude. Je suis devenue une sainte. Je suis la *Heilige Mutter*, la « mère sacrée », version allemande de la vache sacrée des hindous.

Lanterne rouge de la natalité en Europe, avec seulement 1,3 enfant par femme, l'Allemagne chouchoute ses mères. Berlin tout particulièrement. Bars et restaurants avec des chaises hautes et parfois même des salles de jeu, horaires aménagés dans les musées, cartes de réduction dans certains magasins… « Je ne suis jamais autant allée au cinéma que pendant mon congé parental », rigole Julia, une journaliste aussi blonde que filiforme (même après sa grossesse !). Avec son fils Paul, elle avait pris ses quartiers au Babylon, qui réserve ses séances du mercredi matin aux mamans avec poussette : pour 6,50 euros, le *Kinderwagenkino*, ou « ciné-poussette », propose des projections dans une demi-pénombre, avec les haut-parleurs en sourdine et évidemment sans image violente. Collés au sein, les nourrissons découvrent le monde à travers la bande-son ouatée de comédies sentimentales, pendant que les plus grands crapahutent entre les fauteuils sous le sourire XXL de *Pretty Woman* ou d'un diable habillé en Prada. En théorie, le programme suit les sorties du mois, mais comme on n'a pas toujours sous la main des films compatibles avec les sens délicats des nouveau-nés, le Babylon donne souvent dans les classiques. Qu'importe, en hiver, il fait le plein, avec plus d'une soixantaine de poussettes par séance.

Berlin, pouponnière de l'Allemagne ? À force de se mettre en quatre pour les familles, le *Land* capitale détient le record de naissances par nombre d'habitants (32 104 bébés en 2009 soit 9,3 naissances pour 1 000 habitants, c'est une de plus que la moyenne nationale). Pas de surprise, c'est aussi la ville qui compte le plus de places en crèches et en jardins d'enfants du pays. Dans les rues des arrondissements bobos de Kreuzberg, Prenzlauerberg et Friedrichshain, il est furieusement tendance d'arborer comme accessoires gros ventre, poussette ou titi en tricycle. Si t'as pas ton landeau Bugaboo ou ton porte-bébé Manduca, t'es out ! Et comme dans les trous laissés par les bombardements de la guerre, on a laissé pousser les noisetiers, les églantines et les lilas, l'été, les quartiers résonnent de cris d'enfants qui jouent pieds nus dans ces îlots de verdure. Ajoutons enfin, pour achever de faire crever d'envie les Parisiennes, qu'ici les trottoirs sont si larges que deux poussettes peuvent se croiser sans collision ni insulte et que le métro n'a pas de tourniquets. Bref, le paradis sur terre de la procréation.

Les ennuis commencent quand les saintes désirent croquer la pomme. En clair, sortir des sentiers balisés maman-bébé de la capitale. Déjeuner en terrasse d'un restaurant ordinaire, pas l'un de ceux qui proposent des espaces aménagés pour allaiter au calme ou laisser les petits jouer sur la moquette ? Les regards de vos voisins de table vous chassent en moins de deux, même le serveur vous recommande d'aller voir ailleurs : « Mais madame, vous seriez mieux dans un café adapté aux familles pour nourrir votre bébé. » Sans aucun doute, oui, mais voilà, aujourd'hui, je ne veux pas être mère uniquement, je veux profiter du soleil avec mes copines célibataires sur cette terrasse branchée, parce que ce restaurant était l'un de mes préférés avant… Eh bien oublie ! Maintenant, tu es mère. « *Jetzt bist du Mutter !* »

Bienvenue dans un monde parallèle, une sorte de quatrième dimension ! Ta vie, c'est désormais les bébés-nageurs, les « groupes d'allaitement » ou les « groupes de quatre pattes » (rendez-vous hebdomadaires avec d'autres parents, où l'on échange son point de vue sur les dernières couches lavables en couvant de l'œil les petits qui babillent sur le tapis), les horaires des musées réservés aux familles, les séances de sport maman-bébé… Et gare à celles qui s'affranchissent de ces règles ! « La maternité est vécue comme une profession », explique Barbara Vinken, auteur du livre *La Mère allemande, l'ombre d'un mythe*. « La mère allemande est prête, d'un jour à l'autre, à tout sacrifier. Elle se voit d'abord et avant tout comme une mère. » Une imagerie quasi religieuse (la fameuse « mère sacrée ») qui s'est diffusée dans toute la société. Hors mariage, seule la mère détient l'autorité parentale ; elle est alors l'unique interlocutrice des administrations, des médecins, des crèches, si tant est qu'elle ose se séparer quelques heures par jour de sa progéniture. Car la plupart du temps, elle ne travaille pas : sortir l'enfant du giron maternel risque de briser à jamais son « sentiment de confiance originel », le *Urvertrauen*. Une folie douce qui enferme peu à peu les jeunes femmes dans un carcan doré.

« Ah tiens, tu es là, toi !? » La copine me saute au cou entre deux bières lors d'une soirée. « Généralement, à Berlin, celles qui ont un enfant, on ne les voit plus pendant cinq ans ! Ou bien juste le temps d'un déjeuner rapide le dimanche, quand elles ont laissé le petit au papa, et alors c'est SMS sur SMS pour s'assurer que tout va bien. » Pour les besoins de son dernier livre, la psychologue Lieselotte Ahnert a quantifié, étude à l'appui, le temps que les pères allemands passent avec leur progéniture : 20 minutes par jour, week-end compris ! Tout le reste de la vie des *Kinder* est pris en charge par la mère, la mère, toujours la mère. La sainte maman.

Saison après saison, la tendance s'affirme : le pintadeau est à la mode. Mais l'accessoire se révèle vite encombrant. On a beau se penser femme moderne, épanouie, sûre d'elle, et vivre dans une capitale branchée et ouverte, le modèle social finit toujours par rattraper la jeune mère. « Tu vois, là, je culpabilise à mort, me raconte Diana alors que la prof de yoga nous demande d'adopter la posture du triangle. Je culpabilise parce que je me sens bien alors que mon fils est seul avec la nouvelle baby-sitter. Je culpabilise aussi quand je suis la dernière à le récupérer au jardin d'enfants, je culpabilise quand je le laisse le week-end pour aller chez le coiffeur, je culpabilise de lui mettre des couches jetables avec des produits chimiques, je culpabilise quand je lui donne des petits pots au lieu de cuisiner moi-même. Ma vie n'est que culpabilité ! »

« Résultat, je commence sérieusement à me poser la question de la maternité, reconnaît Cécile, une Française de 30 ans fraîchement mariée à un Allemand. En France, on se demande combien on fera d'enfants. En Allemagne, on se demande si on fera des enfants. » Parmi les femmes avec un diplôme universitaire en poche, 42 % préfèrent ne pas fonder de famille. Trop peur de perdre leur liberté chérie, dans un Berlin hédoniste où chacun vit au rythme qui l'arrange. Trop peur aussi de devoir troquer leurs belles plumes de pintade, lustrées au sauna ou au cocktail terrasses-soleil-Bionade, pour celles, noires et rêches, des horribles « mères-corbeaux », les mères qui travaillent.

Quand la pintade devient corbeau

La langue allemande n'a pas de mot pour décrire la mère excessive, la mère-poule. Elle a en revanche choisi un autre volatile pour stigmatiser les mauvaises mères : *der Raben*, le corbeau. Le corbeau avec ses plumes sombres comme un tailleur-pantalon, ébouriffées comme la chevelure des femmes qui courent pour attraper leur métro, et son cri éraillé comme la voix de celles qui ne dorment pas assez. Bref, la mère-corbeau, c'est la mère qui travaille. La mauvaise mère par excellence.

Vous avez beau avoir allaité pendant des mois (une évidence ici, 92 % des mères le font), avoir même stocké du lait au congélateur (grands moments de solitude face au tire-lait et à ses petits sachets stériles), n'acheter que des vêtements en coton bio pour bébé, dès lors que vous reprenez le chemin du boulot, vous basculez définitivement du côté obscur de la force.

« Quand ma fille a eu 1 an, je suis retournée travailler. En quelques semaines, je suis devenue la paria du quartier, la femme égoïste qui abandonne son enfant au profit de sa carrière. On se retournait sur mon passage, je me suis même fait cracher dessus. » Treize ans après, ma voisine Talin en a encore les larmes aux yeux. Elle file désormais vers la cinquantaine, mène toujours de front une poignée de projets (écrire un livre de recettes, un guide sur Istanbul, finir sa thèse, créer son entreprise de bijoux…), mais sans véritable retour dans la vie active. « J'ai tenu quelques mois seulement. Trop de pression. Le pire, c'était en fait au boulot. Les femmes qui avaient fait le choix de ne pas avoir d'enfant m'ont savonné la planche. Soi-disant que je prenais leur place alors que la mienne était à la maison. Elles me disaient : tu n'as pas besoin d'argent, tu as un mari maintenant ! » Donner la vie ou gagner la sienne. L'alternative est sans appel. Et l'épanouissement personnel ? Le plaisir de travailler pour se sentir utile ? Pour avoir une vie sociale ? Pour sortir de temps à autre de son quartier ? Mais enfin, que de revendications futiles ! Tu es mère maintenant (ah, l'insupportable « *Du bist Mutter !* » qu'on te balance à la figure quasi quotidiennement), c'était ton choix, assume-le !

À regret, Talin s'est donc glissée dans le rôle de la maman de l'immeuble, qui cuisine pour tous les étages, reine incontestée de l'organisation des barbecues dans la cour et des après-midi gâteaux. Quand elle apprend que je cherche une place en crèche pour ma fille, elle m'invite à prendre un café turc dans son salon encombré de vieux journaux. L'heure est grave. Il s'agit de mettre en place ma stratégie de défense pour les prochaines années. En comparaison, les réunions d'état-major des généraux prussiens face à Napoléon aux portes de Berlin devaient ressembler à des goûters d'anniversaire. « Le mieux est d'avancer l'argument de l'intégration. Ta fille doit apprendre l'allemand le plus tôt possible, sinon elle risque d'être en échec scolaire plus tard. Toute autre explication est irrecevable dans ton cas. » Me voilà prévenue et habillée pour les trois hivers prochains : moi pas parler deutsch, gross problem, siouplait aidez bébé !

Pourtant, depuis quelques années, les mentalités évoluent. Même les mégères des services sociaux de la ville ou de l'Office de protection de la jeunesse l'admettent : alors que depuis des décennies, elles avaient pris le pli et engueulaient toutes celles qui comptaient se séparer (débarrasser ?) de leur enfant avant ses 3 ans, elles tolèrent maintenant la reprise du travail au bout d'une année. Tolérer est le mot. Car les visites de ces sorcières dans les maternités relèvent encore souvent de la torture psychologique. Quand elles se penchent sur le berceau de nos petits, et surtout sur notre vie privée, c'est terreur garantie : « Aha, vous comptez reprendre le travail dès cette année ? Le père s'arrête donc… Non ? Vous avez une jeune fille au pair ? Non ? Vous allez mettre votre bébé à la crèche ! Savez-vous que les psychologues recommandent de garder l'enfant à la maison au moins trois ans ? Enfin, comme vous voulez… » « Si j'avais pu me lever, je lui aurais fait bouffer son classeur, à cette vieille bique ! » hurle ma copine Anne. La grande brune habituellement si prompte à répliquer avoue même : « J'en pleurais de rage et d'humiliation. »

Officiellement, ces dames viennent aider les parturientes à remplir le formulaire du salaire parental, le *Elterngeld*, une allocation destinée aux parents qui s'arrêtent de travailler afin de biberonner quelques mois, et qui représente 65 % de leur dernier salaire net. Cette réforme, entrée en vigueur en 2007, a révolutionné l'idée de la famille en Allemagne, car elle sous-entend – c'est inouï ! – que maman reprendra un jour le chemin du boulot, mais également – miracle ! – que papa lui aussi a un rôle à jouer dans l'éducation des enfants. Enfin, et là on frôle la transgression, la limitation de la mesure à quatorze mois ne dit rien de moins que ça : désormais, laisser son enfant de 1 an à une nounou ou à la crèche n'a rien de monstrueux. Louée sois-tu, Ursula ! Ursula von der Leyen, ministre de la Famille du premier gouvernement Merkel, elle-même mère de sept enfants. Ursula, je te pardonne ta coiffure de communiante des années 50 !

N'empêche, pour celles qui décident de reprendre plus tôt, l'étiquette ne tarde pas à leur coller aux basques : mère égoïste ! mère-corbeau ! Un choix d'autant plus mal accepté que l'État nous rémunère désormais pour rester à la maison pendant quatorze mois. Et nos petits aussi sont stigmatisés, baptisés « enfants-clés », pauvres hères se promenant avec le trousseau de la maison autour du cou car maman n'est pas là pour leur ouvrir la porte quand ils rentrent de l'école.

Pourtant, admettons-le, dans Berlin-la-tolérante, les mères ont la vie plus facile qu'ailleurs. On ne fait pas facilement table rase du passé. Dans toute la partie Est de la ville, crèches et jardins d'enfants ont survécu à la chute du Mur et, depuis vingt ans, ont même colonisé l'ancien Ouest, tout en restant bon marché. Au temps du communisme triomphant, faire garder ses petits pionniers (« toujours prêts ! ») était gratuit, l'État fournissait même la culotte courte et le foulard bleu. Aujourd'hui, comptez 30 à 400 euros par mois dans les crèches publiques, en fonction des revenus. Les écoles restent ouvertes l'après-midi ou bien proposent un système de garderie. Enfin, Berlin ouvre la voie vers l'égalité face aux couches sales et aux biberons de 3 heures du mat : 29,3 % des pères berlinois prennent maintenant un congé parental d'au moins un mois (deux fois plus que dans l'Ouest du pays).

En quelques années, ils sont devenus les rois des bacs à sable. Ça tombe bien, Berlin a prévu des espaces pour amuser les grands. Par exemple, skate et escalade sur l'immense terrain vague de la Revaler Strasse, ou balançoires pour adultes de Mauerpark. Sans vouloir cafter, on a déjà vu des papas mettre à profit les quatorze mois payés par l'État pour dévergonder leur progéniture chez Dr. Pong, bar sombre de la Eberswalder Strasse, mais dont les tournantes de ping-pong, bière à la main, sont légendaires. L'hiver, on se replie sur les *Indoor-Spielplätze*, salles de jeu couvertes et bien chauffées. Avis aux amatrices, lors de ses fréquents passages à Berlin, Brad Pitt emmène sa tribu chez Pups, à Kreuzberg, ou Bambooland à Lichterfelde. Et puis, un jour, le papa-poule reprend la route du travail… On vante alors sa capacité à être un bon *Versorger* (celui qui entretient, soutient financièrement sa famille). De père-corbeau, point de plumes !

Mater dolorosa

À chaque nation de pintades, sa quête du Graal ? Quand leurs sœurs françaises entament, dès leur premier retard de règles, leur chasse à la nounou/place en crèche, les Berlinoises se lancent, elles, dans un autre défi : dénicher cette figure tutélaire de leurs neuf prochains mois, la sage-femme ! Ses services sont pris en charge à 100 % par la Sécurité sociale et, à part les trois échographies obligatoires, elle peut assurer le suivi entier de la grossesse. Naissance comprise. C'est bien pratique quand, comme 14 % des Berlinoises (données 2007), on décide d'accoucher à domicile ou dans une « maison de naissance », structures très chaleureuses, avec bougies, plantes vertes et coussins en coton bio, mais sans aucun médecin dans les murs ! Et, cela va sans dire, sans une aiguille, même une seule, allez, l'air de rien, pour une péridurale, une petite, juste comme ça, quand ça fait trente-six heures que vous êtes là, à suer toute l'eau de votre corps sur un ballon de yoga...

Mais ça ne décourage pas certaines. Bien au contraire, le nombre des accouchements non médicalisés progresse depuis quelques années. L'an dernier, on a enregistré autant de naissances naturelles à Berlin qu'en Rhénanie du Nord-Westphalie, le *Land* le plus peuplé d'Allemagne. Proportionnellement, c'est dix fois plus qu'ailleurs en Allemagne. À noter, cependant, que les adeptes des naissances non médicalisées se concentrent dans le centre de la capitale : 62,8 % des femmes qui choisissent d'accoucher naturellement vivent à Kreuzberg, Friedrichshain, Prenzlauer Berg ou Schöneberg. À l'opposé, les arrondissements du grand Est : en 2006, une seule femme avait accouché hors clinique à Marzahn, et aucune à Hellersdorf. Bref, accoucher dans la douleur, c'est la mode chez les riches, branchées et écolos du centre (46,7 % des voix pour les Verts à Kreuzberg-Friedrichshain lors des législatives de 2009). Mais comme ce sont elles qui tirent la natalité de la capitale, c'est cette image, biaisée, de la maternité à la berlinoise qu'on retient. En gros, on a l'impression de vivre entouré de sado-maso inconscientes, mais ce n'est qu'une impression !

Quoique... Alors qu'en France, 86 % des naissances se déroulent sous péridurale, en Allemagne, le chiffre tombe à 16 % ! Sans rire. Autant vous dire que moi qui ai fait le choix de l'hôpital (moche, gris, sombre, en un mot, formidable), de la perf avec le calmant et de la péridurale, je suis devenue une bête de cirque : parmi toutes mes connaissances berlinoises ayant eu un enfant récemment, une seule a eu recours à la « PDA » comme on dit en allemand. L'info circule dans les cercles d'expatriées, jusque dans les salons de l'ambassade de France, face à la porte de Brandebourg, entre coupes de champagne et toasts au foie gras : « PDA, Pé-Dé-A ! C'est le seul mot que tu dois connaître. Et tu le dis tout de suite en arrivant à l'hôpital, histoire qu'ils comprennent bien. Pééé-Dééé-Aaaaah ! » Petite mine angoissée de la primigeste tricolore, d'autant plus malheureuse qu'elle est privée de buffet de fromage au lait cru.

Même pour celles qui ont pris cette décision absolument incongrue d'accoucher dans une structure médicalisée, la sage-femme reste incontournable. Après la naissance, elle vous rend visite tous les jours pendant six semaines, surveille le nombril de bébé et vos cicatrices, vous assiste pour tout et bien sûr offre son épaule dès que le baby-blues vous rattrape. Ensuite, elle assure un suivi jusqu'au 1 an du lardon. D'où cette traque quasi mystique des premières semaines de grossesse : la chasse à la sage-femme !

« Certaines préfèrent une figure maternelle, un peu âgée, avec de l'expérience. D'autres veulent une femme de leur âge, une amie, une confidente. À chacune de voir si elle veut des massages, des cours de danse du ventre, des CD de chants de baleine pour se détendre… Ou bien quelqu'un de plus terre à terre, plus dans le concret, qui vous aiguille dans la jungle des biberons et des modèles de poussettes. » Bettina Schauss, gynécologue à Kreuzberg, a donc pris le parti de ne recommander personne. Elle renvoie ses patientes au site internet de la Fédération des sages-femmes de Berlin ou au catalogue édité chaque année. Vous avez l'embarras du choix : une hispanophone pratiquant l'acupuncture, une Germano-Croate spécialiste de la grossesse des diabétiques, une adepte des accouchements dans l'eau, une folle de yoga qui vous promet un périnée intact six semaines après l'accouchement, ou celle qui vous prépare à la naissance avec des cours de chant…

Point commun de toutes ces dames : la volonté très nette de ne pas médicaliser la grossesse. « Tu es enceinte ! Tu n'es pas malade ! » Le credo colle aux attentes des Berlinoises, pour qui le tout-naturel, avec l'option fusion mère-bébé, tourne vite à l'obsession, quitte à devenir un sacerdoce. Tu accoucheras dans la douleur, tu allaiteras au bas mot six mois, et à la maison, un an au moins tu resteras ! Résultat, les hôpitaux font maintenant leur pub en vantant leur faible taux de recours à l'épisiotomie, aux forceps et autres réjouissances.

« La péridurale ? Ça n'est pas notre concept », souligne George Clooney, ou plutôt son sosie, le chef du service obstétrique du Sankt-Josef Krankenhaus, un établissement dont la cote monte en flèche depuis l'arrivée du beau médecin. Ses réunions d'information, deux fois par mois, sont un must des grossesses berlinoises (je soupçonne certaines d'y être allées plusieurs fois). Dans un auditorium surchauffé par les hormones en pagaille d'une centaine de femmes enceintes, George fait son show (la sœur d'une copine, infirmière dans le service, m'a raconté qu'il sortait toujours les mêmes blagues au même moment), et voilà mes sœurs pintades qui se mettent à glousser comme des poules. N'empêche, il y en a toujours une pour lâcher la question qui tue : « Docteur, pouvez-vous me garantir que vous ne me ferez aucun acte médical ? » Mais t'es folle ou quoi ? L'idée de voir George se pencher entre tes jambes ne te fait pas changer d'avis ? *What else ?*

Eh bien non ! Ça fait chic d'accoucher naturellement, c'est perçu comme une épreuve sportive, comme si on escaladait l'Everest. Faut en baver ! Sinon, autant opter pour la césarienne de confort qui, du coup, a le vent en poupe depuis quelques années. C'est ce qu'a choisi ma copine Anna, qui avait trop peur qu'on lui refuse la péridurale. (Mais madame, vous y êtes presque ! Ouais, c'est ça !) Moi, j'avais fait promettre au papa qu'il casserait la figure de quiconque s'opposerait à mes demandes. Ils ont dû le sentir à l'hosto, ils n'ont pas hésité longtemps.

Cela dit, je ne le cache pas, jusqu'au moment fatidique, le rassurant voire cocoonant suivi de ma grossesse à la berlinoise m'a convaincue. Et pas seulement parce qu'un bon quart du cours de préparation à l'accouchement fut consacré à des massages ! Ma sage-femme m'a dorlotée du début à la fin. Acupuncture, homéopathie, bains relaxants… et plein d'autres choses très drôles. Voici les détails, mais surtout lectrice, ne pense pas que j'ai tout testé, j'ai mon honneur !

Au palmarès des méthodes douces farfelues, je vous offre donc en exclusivité le « foufigène » (je pense à déposer le nom), rien de moins qu'un bain de siège vapeur aux graines de foin ! Youhou ! Applaudissez ! Applaudissez surtout la performance de la pauvre pintade à terme, qui doit s'accroupir dix minutes au-dessus d'un baquet d'eau bouillante dans lequel, d'un geste au mieux sceptique, au pire dégoûté, elle a auparavant jeté deux poignées de graines de foin séchées, achetées en herboristerie. La vapeur est censée ramollir les tissus et ainsi favoriser le début du travail, en gros, on enfume bébé pour qu'il sorte. En moins de deux, tu as le ventre trempé, ça sent (trop ?) la campagne et pendant le reste de la journée, tu ne peux plus te sortir « Colchiques dans les prés » de la tête. Comme dit une de mes copines : « Si ma fille a le rhume des foins plus tard, je saurai d'où ça vient ! »

Dans le même esprit, pour préparer ton corps au sprint final de l'accouchement, il y a l'option noie-toi-dans-la-tisane-de-framboisier. Interdite avant le dernier mois de grossesse pour éviter les naissances prématurées, elle te promet un périnée en chamallow fondu, si souple que l'épisiotomie ne passera pas par toi. Les Berlinoises enceintes consomment des litres de cette mixture à la surface de laquelle flottent des résidus de feuilles. Goût convenable, heureusement. À condition de ne pas rajouter de cannelle, autre ingrédient favori des Berlinoises en fin de grossesse, car elle déclencherait des contractions. Le clou de girofle aussi, paraît-il. Si bien que celles qui dépassent leur terme vont jusqu'à porter des tampons hygiéniques imprégnés d'huile essentielle de clou de girofle, dans l'espoir de la délivrance. Et si celle-ci ne vient toujours pas, en dernier recours, c'est cocktail vodka-ricin, ou la fameuse recette de Stuttgart, qui remplace la vodka par du champagne, avec un zeste de nectar d'abricot. Pour la faire courte, ça te retourne le ventre, tout le ventre... *Happy hour !*

Kinder as-de-pique

Ma gamine est la mieux habillée de toute la crèche. Ce n'est pas moi qui le dis, mais Mme Wagner, la directrice. Alors, il faut la croire ! En même temps, rien de plus facile : les autres enfants déambuleraient drapés dans des sacs à patates que ça ne contrasterait pas avec leurs tenues quotidiennes. Les *Mäuse* berlinoises (ici les ptits loups et autres puces deviennent des souris) sont mal fagotés. Au point que Mme Wagner prend la garde-robe de ma fille pour de la « haute couture *von* Paris, *ja ja* ! ». Je ne vais pas la contredire, quand même…

En fait et lieu de haute couture, la vérité c'est que ma fille n'arrive pas tous les matins en pyjama ou en sur-pyjama, comme les autres bébés. Elle est habillée, et différemment de la veille. Ses vêtements sont vaguement assortis et elle a plusieurs paires de chaussons. Les enfants plus âgés, eux, traînent en collants et sous-pulls ; autour du cou, l'inévitable foulard à bave : un triangle en toile à mouchoir, qui fait aussi réceptacle à morve et à vomi, humide en moins de deux, noué à la Lucky Luke, un Lucky Luke qui se serait parfumé au Rantanplan mouillé. Miam. Mais bon, c'est confortable et pratique (on enfile juste la combinaison de ski par-dessus et zou, on sort !). *Gemütlich und praktisch* : les maîtres mots de la penderie des petits Allemands – et bien souvent, horreur, malheur, de leurs parents !

Un détour au rayon enfants des grands magasins suffit à confirmer la tendance. Dépressifs, épargnez-vous cette vue : au Kaufhof ou au Karstadt, même combat, c'est uniforme, ringard, sans charme. En revanche, certes, facile à enfiler, solide, avec des magnifiques empiècements aux genoux, et con-for-ta-ble. « Comment peux-tu mettre des pantalons à ton bébé ? Ça lui serre le ventre, enfin ! » s'étonne ma voisine Maria, qui, elle, a choisi de ne faire porter que des pyjamas à son fils. Le pauvre enfant a traîné en combinaison de laine bouillie pendant huit mois – jusqu'à ce que la douceur de l'été ne l'en libère.

Pour la défense des Berlinoises, précisons tout de même que Maria est une militante acharnée de la cause naturelle. 100 % bio. Après son accouchement, elle est restée couchée trois semaines pour préserver son plancher périnéal,

« comme dans les cultures traditionnelles » (elle n'a jamais su me dire lesquelles). Évidemment, elle a langé son bébé et a renoncé au coton le premier hiver. « Rien ne vaut la laine ou la soie, jamais trop chaudes quand il fait chaud ; c'est autorégulant, tu vois ! » Je vois surtout que ton fils, enrobé dans ses Damart thermolactyl de papy, est écarlate. Autorégulant, dis-tu ?

D'une manière générale, les petits Berlinois sont extrêmement couverts : body, collants, pyjama, sur-pyjama ou combinaison en laine, manteau, sans oublier la peau de mouton glissée dans la poussette (un hit des cadeaux de naissance). Le tout dans des couleurs fadasses, parce que « 100 % naturelles », nous promettent les étiquettes dans les magasins. Résultat, quand l'un d'entre eux sort un accessoire un poil fantaisiste, tout en répondant aux standards nature-confort-pratique, tous les gamins du quartier s'en trouvent affublés. Dans le quartier autour de la Graefestrasse, le must-have, c'est le bonnet à canards de chez Vincente. Sur Kollwitzplatz, les robes Bubble.kid et leurs plastrons à fleurs.

Les designers berlinois commencent à sentir le filon : dans le quartier de Prenzlauer Berg (2,1 enfants par femme, record national !), les boutiques de prêt-à-porter pour enfants poussent comme des champignons, égayant lentement les jardins publics et les sorties d'école. Mais il faudra encore du temps avant qu'elles ne détrônent le sacro-saint marché biologique du samedi, où shopper chandails en laine bouillie, moufles en lama et chaussons en peau reste un incontournable des mères branchées de « *Pregnancy Berg* ». Exception de taille dans cette ambiance « retour aux sources à la Heidi petite fille des montagnes » : l'écharpe de portage, que les Berlinoises ont presque toutes remisée au placard depuis qu'il existe des porte-bébés dits ergonomiques (l'enfant est en position fœtale). Certes, ils te coûtent un œil (100 euros) mais au moins tu t'épargnes les séances strangulation avec les pans de ton écharpe, et des années de psy sur l'air du « Argh, docteur, j'ai fait tomber mon bébé ! ».

Dans la volière immigrée, les codes sont à l'opposé, mais pas forcément plus esthétiques. Couleurs clinquantes, imprimés camouflage, matières synthétiques : les pintadeaux turcs, iraniens ou brésiliens sont à la pointe de la mode… entendez la mode vue à la télé. En clair, les filles en chanteuses de variété, doudounes roses et pulls à paillettes, les garçons en footballeurs, crâne artistiquement rasé et diamant à l'oreille. Très tendance également, les tee-shirts avec portraits de stars en application…

Ma voisine Talin, née à Istanbul et qui prépare depuis des années une thèse en sociologie politique sur la communauté turque d'Allemagne, avance une explication à ces fautes de goût caractérisées : « Mettre des tricots ou des chaussons en peau aux enfants représente une stagnation sociale pour ces populations souvent issues de régions très rurales. C'était ce que faisaient leurs aïeux. » N'occultons pas l'aspect financier : le chômage frappe 30 % des étrangers qui vivent à Berlin ; or bodys en soie, sur-pyjamas en laine vierge et autres pièces fétiches des mamans allemandes sont aussi chers qu'ils sont moches. (« Oui, 29,90 euros le body, mais c'est bio *et* équitable, madame ! ») Alors, quand même H & M demande trop, on se rabat sur Kik, le roi de la fringue discount, et ses jeans à 2,99 euros. Ici, tout est cheap, y compris le style. Mais on équipe la famille pour trois fois rien.

En revanche, pas question de lésiner sur les robes des mille et une nuits et les costumes lustrés des soirs de fête. Sur l'avenue centrale de Petit Istanbul, le quartier autour de Kottbusser Tor, les vitrines de mode dégoulinent de nœuds, de rubans, de jupons et de clochettes… C'est là qu'on vient chercher sa tenue des grands jours, y compris pour les enfants. Robes façon choucroute géante (du tulle, du tulle, du tulle !) ou ensemble de prince oriental, sceptre inclus, tout est bon, tant que ça brille. Pour une trentaine d'euros en moyenne, on a sa dose de clinquant. À côté, des minuscules échoppes de photographes accueillent les familles pour immortaliser l'essayage. Les clichés finissent en devanture, retouchés sur Photoshop avec en arrière-fond la grande mosquée d'Istanbul. Dans le cadre doré qui va avec.

Une robe de circonstance

Pour les femmes enceintes, la triplette bio, confortable et pratique dicte aussi sa loi. À vous donc les pantalons de yoga, les robes déformées qu'on se prête entre copines et la séance décalage de boutons sur un vieux manteau… C'est si douillet de s'y lover… Pour le reste, bonne chasse ! Pour une métropole de 3,4 millions d'habitants, dont selon toute vraisemblance la moitié de femmes, Berlin est particulièrement dépourvue de magasins de vêtements de grossesse. Dans une gamme de prix raisonnable, en dehors de H & M, guère de salut. Et encore, dans le centre, seuls trois magasins disposent d'un rayon grossesse (les autres sont en périphérie).

D'ailleurs, ici, on ne dit pas grossesse, on dit *Umstand-Mode.* Tout est dans l'expression… *Umstand*, littéralement, c'est la circonstance, le fait : « Bonjour, le fait est que je suis enceinte, avez-vous des tailleurs de circonstance, madame ? » On ne tourne pas mieux autour du bide.
La solution ? Faire ses économies et craquer dans les petites boutiques de Prenzlauer Berg. Elles sont une poignée et, du coup, ne lésinent pas sur les prix, mais, aaaah, enfin, une tunique à la mode… Et puis, oh, tiens donc, ici, on reconnaît vendre de la « mode pour femmes enceintes ». Bref, on allie maternité et féminité. Ouf !

J'ai testé… la salopette en ciré

Il était une fois une pintade française tout jabot gonflé, car on ne cessait de lui dire que sa fille était la plus jolie de la crèche, héhé… La mieux habillée, en tout cas. Il n'en fallait pas moins pour que j'extrapole sur le charme sans frontières de ma chère tête blonde. Là où je déchante, c'est quand elle rentre de la crèche. Les jolis ensembles parisiens raviraient n'importe quel archéologue – inutile d'analyser les fibres au carbone 14 pour établir avec certitude le programme de la journée de ma fille ! Gouache, sauce tomate, yaourt séché, chocolat (tiens, ils ont fêté un anniversaire ?), sans parler de la boue sur les genoux, les traces d'herbe sur les fesses, et un truc non identifié mais franchement puant près de la cheville… La honte intégrale au square. Ma gamine est la mieux habillée, mais aussi la plus crade ! Bref, j'ai fini par céder au sacro-saint principe allemand du « pratique avant tout » et j'ai filé acheter une salopette en ciré (prix variable en fonction des options – doublures, etc – de 7,99 à 20 euros). Trois gouttes de pluie sur le trottoir et paf ! les loulous berlinois sortent leur salopette. Rouge, bleu marine, ou jaune, avec des élastiques sous les bottes, comme nos fuseaux des années 80 : ça leur fait un cul de trois mètres de large (quasi) et une démarche de manchot empereur, mais au moins, les parents s'épargnent un infarctus quand Junior tente le 50 centimètres nage libre dans chaque flaque d'eau qu'il croise. Ma foi, pourquoi pas… OK, ton gosse pue le plastique et quand il se jette sur toi pour « un câlin maman, tout de suite, là », le contact est… comment dire… aliénant (froid, gluant… aaargh, les extraterrestres ont kidnappé mon môme !). Mais en dessous, ô miracle de l'esprit pragmatique allemand, elles sont impeccables, nos têtes d'anges ! Et ça dissimule les résidus de la journée à la crèche. Et ça fait avancer ton intégration, youpi !

Dans le magasin, à côté des salopettes en ciré, il y avait le même attirail, mais pour les grands… Comme il est bien entendu que nous ne jouons plus les Manaudou dans les flaques d'eau, les pantalons imperméables et autres coupe-vent sont là essentiellement pour faciliter notre vie de cycliste. La palme du bon-sang-mais-c'est-bien-sûr revient à la cape de pluie : ce long poncho est doté d'élastiques qui, passés au poignet, permettent que ton costume de fantôme urbain ne s'empêtre pas dans les rayons. Et sur le côté

de la capuche, il y a des petits pare-brise. Comme ça, quand on tourne la tête pour contrôler la circulation, on ne finit pas asphyxiée par le plastique de la capuche, on voit encore ! Formidable ! Extraordinaire ! Je dirais même : révolutionnaire ! « Quand vous l'aurez testée, vous ne pourrez plus vous en passer. Cela change complètement la vie des cyclistes! » Je vous l'accorde, chère madame la vendeuse… mais ce look de capote géante, est-ce bien raisonnable ? Quand il pleut, il y a toujours le métro, non ?
Bilan : OK pour la salopette en ciré. NON et archiNON pour le poncho de vélo.

Langer bio sans virer Mère Denis

Les couches jetables, c'est mal. On sait. Mal pour la planète (jusqu'à l'âge de la propreté, comptez une tonne de couches mouillées par gamin), mal aussi pour les fesses de bébé. Tous ces produits chimiques, beurk, beurk ! Les bobos-bio du centre de Berlin ont bien appris leur leçon et sont de plus en plus nombreuses à revenir aux langes.

Mais si ça implique soit de virer Mère Denis, soit de vivre dans les odeurs de caca (ben, oui, tu les stockes où, tes langes cradoques, entre deux lessives ?), est-ce vraiment si mal de courir au supermarché acheter des couches jetables ? Oui, répond le bon sens berlinois. Car ici, nous avons Lutz Nagel ! Dégaine d'ouvrier et accent populo, Lutz Nagel est le sauveur de ces dames. On l'aurait plutôt vu plombier ou carreleur ; pourtant, en 2001 (dans le quartier de « *Pregnancy Berg* », évidemment), il a eu l'idée lumineuse d'ouvrir une laverie spéciale couches en tissu. Ce teinturier de génie vient même chez vous une fois par semaine échanger panière à caca contre paquet(s) de langes propres : comptez 5,90 euros pour vingt couches. Je vous recommande le forfait illimité à 42,50 euros, très rentable les premières semaines.

En bonne Française, j'étais encore sceptique. Le service de M. Nagel a beau inclure le prêt d'un formidable réceptacle hermétique de 23 litres, je flippais sur les odeurs. Et j'avais des sueurs froides rien qu'à regarder les démonstrations de pliage de lange sur le site internet. Les origamis, ça n'a jamais été mon truc. Heureusement, M. Nagel a aussi en stock des couches jetables bio… 22 cents l'unité, pas données, certes, mais livraison comprise (ça a un coût, quatre étages sans ascenseur) et surtout, 100 % dégradables et fabriquées avec des résidus de l'agriculture. Visiblement, il n'y a pas plus absorbant que le thé vert et le maïs. Maintenant, quand mon bébé pète, ça fait du pop corn !

Maiers Windeldienst, Schivelbeiner Strasse 44 –
030 74756996
www.maierswindeldienst.de

Éducation antiautoritaire : un drame en cinq actes

Acte I

La scène se passe dans le U-Bahn, le métro berlinois. Sale Môme fait irruption dans la rame et illico, le voilà debout sur la banquette. Certes, elle est laide comme tout, en plastique souple genre skaï mal vieilli, imprimé rouge et bleu pseudo-psychédélique – c'était la mode un jour ? Mais tout de même, les après-ski de Sale Môme tout boueux, là, à côté de nos jupes, de nos manteaux, de nos gants, ça horripile tout le wagon.

Acte II

Une vieille dame en fausse fourrure et bonnet tricoté se penche vers la mère :

« Pouvez-dire à votre enfant de descendre de la banquette, s'il vous plaît ?

— Madame, j'élève mon enfant selon les principes de l'éducation antiautoritaire. Il doit découvrir par lui-même ce qui est bien ou mal. »

Aha, maman perpétue donc une tradition berlinoise très tendance dans les années 70, en réaction à la rigueur des principes familiaux prussiens puis nazis. Je vous fais un dessin ou vous saisissez seules l'ampleur du problème ? L'enfant découvre par lui-même le bien et le mal. Bien sûr…

Regards gênés. Silence.

Acte III

Monsieur Punk s'avance. Il était là depuis le début, debout devant les portes de la rame, voûté dans son perfecto de cuir avachi, avec ses deux chiens râpés et mouillés. En fait, tout est avachi chez lui, sauf la crête, bien sûr, hérissée à l'eau sucrée, à l'ancienne. À Berlin, *punk's not dead, punk's never dead*, on ne fait plus vraiment attention à ces êtres-passoires, troués de toutes parts… Mais à son entrée en scène, la tension monte dans le wagon.

Acte IV

Monsieur Punk lâche la laisse de ses chiens, farfouille dans sa bouche et extirpe un chewing-gum. Et d'un geste magistral, il l'écrase sur le front de la mère.

« Moi aussi, mon éducation a été antiautoritaire ! » Il reprend la laisse et sort du métro.

Regard gênés. Silence.

Acte V

Le gosse en bave des ronds de chapeau, et de lui-même s'assoit sur la banquette. À la station suivante, sa mère s'empresse de quitter la rame.

Regards satisfaits. Soupirs de soulagement. Le punk, notre héros.

Appendice

Pour s'épargner ce genre de scènes (ou des drames plus saignants encore : on a déjà vu des clients renverser, de rage, leur latte macchiato sur la tête des gamins), certains cafés interdisent désormais leur entrée aux enfants. *Eintritt verboten*, comme pour les chiens.

Précurseur de cette tendance, le café Niesen à Mauerpark, au cœur de *Pregnancy Berg*. Klaus Schulte, l'un des deux propriétaires, lui-même père, conçoit son bar comme « une sculpture sociale, un lieu où tout est possible, un peu comme dans l'univers de Joseph Beuys. Chacun doit avoir une place ici. Les enfants, dans leur espace jeu derrière, et ceux qui veulent être au calme, dans le salon interdit aux gosses ». Je ne sais pas ce qu'aurait dit Beuys. Les clients du Niesen, en tout cas, plébiscitent cette nouvelle ségrégation. « Les fumeurs sont tenus à l'écart. Pourquoi pas les enfants ? Reconnaissons qu'ils représentent clairement une nuisance sonore ! »

Faux, rétorque le législateur… En 2010, le *Land* de Berlin a modifié sa loi en faveur de nos chers bambins. Désormais, faire du bruit est officiellement considéré comme un besoin intrinsèque à l'enfance. Cela aide les petits à s'épanouir. Mieux, cela les accompagne dans leur développement, précise le paragraphe 3 du texte législatif. Sortez les trompettes et les sifflets ! Les voisins grognons peuvent toujours aller voir ailleurs. Berlin, huit fois plus vaste que Paris, et dont un tiers du parc immobilier est vide, permet toujours de prendre le large. L'espace est le vrai luxe de cette ville.

J'ai testé… traverser quand le feu est vert

Un indice de plus que j'ai changé de vie. Désormais, quand je traverse alors que le petit bonhomme est rouge, les remarques pleuvent sur ma tête et dans mon dos. « Vous montrez le mauvais exemple à votre enfant. » Certes, mais mon bébé n'a que quatre mois, messieurs-dames ! Généralement, Berlin (alléluia tralalala !) fait la nique à la discipline allemande. Voilà des années qu'on traverse au gré de ses envies. La nuit, faute de moyens et toujours en quête de nouvelles économies, la ville éteint même certains feux signalétiques. Bref, sans virer Paris ou Rome, Berlin la permissive se joue des codes – à commencer par celui de la route (que celle qui n'a jamais roulé à vélo sans lumière la nuit lève le bras ! Sans compter qu'en théorie, on est sobre en reprenant sa monture, n'est-ce pas ?). Bref, coup d'œil à gauche, à droite, et vlan je traverse. Fin de la tolérance dès qu'il y a un gamin en vue, le sien ou un autre. Les piétons te tombent dessus comme la vérole sur le bas-clergé, et ce n'est pas joli à voir. À la française, j'ai bien tenté d'esquiver cette chaîne de plus qu'on accroche aux pieds des mamans allemandes… Non, je résisterai ! Et puis un jour, la remarque est montée directement de la poussette : ma gamine, qui confondait encore les mots papa et maman, agitait son petit index en faisant « Nnn, nnn, nnn » pour bien me signifier que non, il ne faut pas passer, enfin, le bonhomme est rouge ! Embrigadée, la mouflette ! Pour la première fois, j'ai songé à renoncer à ma place en crèche à 100 euros par mois pour une jeune fille au pair française hors de prix, qui inculquerait à ma fille les bons principes (et les règles de survie) de la vie parisienne !

Mon cousin, mon mari

J'ai rencontré Nesi et Asena lors de l'Euro de football, en juin 2008. Jean blanc et petit haut serré rouge vif, elles encouragent l'équipe nationale turque. Elles ont 19 ans, un diamant dans la narine et la cigarette au coin de la bouche, glossée, la bouche, évidemment. La Turquie joue contre l'Allemagne pour une place en finale, et des fêtes ont été organisées dans ce quartier de Kreuzberg qu'on appelle « Petit Istanbul », avec retransmission du match en plein air. Ça hurle à tout-va et les filles ne sont pas en reste. Asena et ses yeux vert d'eau, Nesi et sa gouaille. Deux pintades turques à la sauce berlinoise. Ou l'inverse.

Je les retrouve quelques jours plus tard, dans un café du quartier. Au calme, cette fois, on sirote thé à la menthe et Coca light. Nesi porte son jogging taille très basse, elle cambre les hanches, joue avec les paillettes qu'elle a brodées elle-même sur sa besace et lâche l'info : ça y est, la date de son mariage est fixée ! Elle part le lendemain en Turquie pour apprendre l'allemand à son amoureux. Depuis 2007, les candidats au rapprochement familial doivent se soumettre à un test de langue pour obtenir leur visa. Touchée par tant de dévouement, je la questionne : « Tu l'as rencontré pendant tes vacances ? » « Non, non, c'est mon cousin, on sait qu'on doit se marier depuis qu'on est enfants. Je suis heureuse, car je l'aime depuis toujours ! » Les yeux pétillent, les joues rosissent. Nesi-la-grande-gueule est sincère, c'est clair. La gamine de Berlin, née ici, élevée ici, a tellement intégré le modèle traditionnel qu'elle est capable de développer des sentiments. Mariage arrangé ne veut pas dire mariage forcé.

Le mariage consanguin est pratique courante dans la communauté turque d'Allemagne. Évidemment, aucune statistique à disposition. Mais il suffit de passer une matinée dans le cabinet du docteur Kilavuz, toujours à Kreuzberg, pour comprendre l'ampleur du phénomène. Parmi les couples turcs qui viennent consulter ce spécialiste de la médecine prénatale, un sur quatre est endogame. Résultat, il diagnostique deux fois plus de malformations fœtales que ses collègues des autres quartiers. « Un quart des enfants nés de parents cousins encourent des problèmes musculaires graves, comme des atrophies. » Et la liste des maladies est longue : cécité, hémophilie, myopathie, diabète… Mais les familles sont prêtes à prendre le risque, au nom de la tradition et de l'honneur.

Yasemin Yadigaroglu s'étrangle : « Quand on sait qu'elle se perd là-bas, la tradition, à grands coups de campagnes d'information ! Sauf dans les coins les plus reculés d'Anatolie. Le problème, c'est que c'est de là que viennent la majorité des Turcs d'Allemagne ! » La sociologue de 28 ans est l'une des rares en Allemagne à oser donner de la voix contre cette pratique. Grâce au bouche-à-oreille, les filles de Berlin commencent à la connaître. Yasemin fait mouche, surtout quand elle évoque les dégâts humains. « On dit qu'il vaut mieux épouser quelqu'un qu'on connaît plutôt qu'un étranger. Comme ça, s'il y des histoires, on les règle en famille…, racontait récemment une jeune femme à la sortie de l'école. Mais quand on ne peut pas les régler, ça déchire la famille à jamais. Je le sais, maintenant. » Vingt-cinq ans, déjà trois enfants et un mari-cousin absent, elle en pleurait, la pauvre, sur l'épaule de sa copine.

En 2005, en plein cœur de Berlin, un crime d'honneur a soulevé les cœurs et réveillé la colère. Foulards sur la tête ou cigarettes aux lèvres, les pintades de Kreuzberg, de Neukölln et de Wedding (les trois arrondissements ayant la plus forte population turque) ont défilé à la mémoire de Hatun Sürücü, abattue par son frère qui la trouvait trop occidentalisée. Attablées à leur petite table en cuivre bien astiquée, Nesi et Asena en ont encore froid dans le dos. Asena grattouille le coin de ses ongles, écaillant au passage le pourpre du vernis bon marché : « Moi, je fais ce que je veux. Mais je sais que ça ne va pas durer. Dès que je me marie, je mets le voile. Mon copain, il s'en fout, mais moi, je veux être une bonne mère turque. Alors le voile, c'est obligatoire. » « Carrément, et aussi la lecture du Coran le soir pour les enfants ! » Et Nesi rallume une clope.

À Kreuzberg, l'automne dernier, personne n'a été surpris d'entendre la chancelière Merkel reconnaître l'échec du modèle *multikulti* : tout le monde sait bien qu'il existe des « sociétés parallèles » au sein des grandes villes. On accepte cette réalité avec fatalisme, observant d'un œil presque amusé la farandole des « sommets de l'intégration », qui se succèdent depuis quelques années sans que rien ne change dans les quartiers. Pire, depuis peu, le face-à-face silencieux des communautés a cédé la place à une forme d'animosité. Les langues se délient : sorti en septembre dernier, un pamphlet dénonçant l'islamisation de la société (*L'Allemagne court à sa perte*, de Thilo Sarrazin) s'est vendu à plusieurs centaines de milliers d'exemplaires. Neuf Allemands sur dix estimaient que l'auteur n'allait pas trop loin ! À ce débat, la chancelière n'a apporté qu'une seule réponse : renforçons les valeurs chrétiennes !

Multikulti... mon œil !

Entendu au bac à sable dans la bouche de trois mamans qui donnaient qui le sein, qui un petit pot bio, qui des galettes de riz sans gluten à leur marmaille à quatre pattes (ladite marmaille préférant bouffer du sable à pleine poigne, soit dit en passant).

Une brune anorexique bâtie comme une môme de 8 ans (c'est d'ailleurs fascinant de voir qu'elle a réussi à mettre au monde un aussi gros bébé) : « Si tu veux une place à l'école primaire Montessori, il faut mettre ton enfant au jardin d'enfants qui en dépend. Aucune chance sinon… et il y a un an d'attente ! Moi, j'ai déjà inscrit Wanda. »

Sa copine, autre brune, aux mamelles géantes : « Nous, nous avons fait le choix de baptiser Jonas. Comme ça, ce sera plus facile pour avoir accès à l'école privée protestante. »

La troisième, en large pantalon indien, les cheveux pris dans un turban : « Sinon, vous avez reçu le tract du nouveau projet d'école libre ? Ils cherchent un groupe de parents pour monter leur dossier à la mairie. »

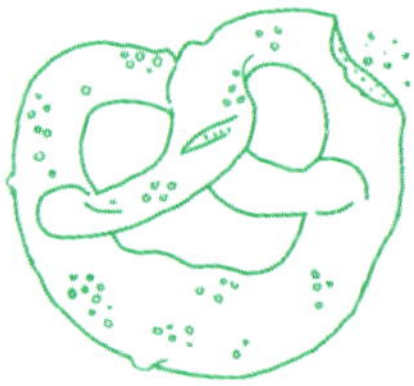

Pas besoin de relater cette conversation à Judith Holofernes. La charismatique chanteuse du groupe rock pop Wir sind Helden connaît trop bien le phénomène… D'ailleurs, ça lui fiche la nausée, ces histoires : « Merde à la fin, on est tous censés être des jeunes parents cool, engagés… et de gauche ! Et voilà qu'on se retrouve à débattre des heures durant du taux de non-Allemands (*Nicht-deustcher Anteil*) dans les écoles du quartier ! Ça laisse quand même un arrière-goût amer dans la bouche… » Judith Holofernes et son groupe, qui jouaient il y a encore quelques années en marge des manifestations altermondialistes anti-G7, ont vieilli avec nous. Et comme nous qui sautions dans tous les sens lors de leurs premiers concerts, ils ont des gosses. D'ailleurs, Judith, qui a l'air si fraîche à la télé, avec sa voix pointue qui lui donne des allures de petite fille, a, dans la vraie vie des vrais gens qui ont des vrais enfants, des yeux cernés et le popotin de celles qui n'ont plus vraiment le temps de faire du sport.

Pour ses gosses, c'est clair, elle veut le meilleur. Oui, mais Judith, elle veut aussi rester chez elle, à Kreuzberg, le quartier bobo-écolo-multiculturel de Berlin. Où le niveau dans les écoles est catastrophique. En cause, le taux d'enfants d'origine étrangère, qui, faute d'avoir été envoyés au jardin d'enfants (il n'y a pas d'école maternelle en Allemagne) déboulent en CP en parlant à peine allemand. Dans la plupart des classes de Kreuzberg, l'échec scolaire est programmé. Du coup, cercle vicieux, les parents allemands désertent leur éden urbain avant que Junior ne fête ses 6 ans. À l'école du méga-branché quartier Graefekiez, 92 % des gosses ne parlent pas allemand à la maison ! J'habite là, et c'est flagrant : des centaines de bambins blonds, répondant aux doux prénoms de Friedrich, Leonie ou encore Clara, disparaissent comme par magie dès que leurs premières dents tombent, et sont remplacés par Mohamed, Sila et Hilal. Même les parents les plus à gauche, qui croient dur comme fer aux bienfaits du multiculturalisme, finissent tôt ou tard par abandonner le combat. Comme cette mère, elle-même institutrice et volontaire pour enseigner dans une école de Kreuzberg, qui a finalement déménagé : seule Allemande de sa classe, sa fille de 8 ans était traitée d'infidèle par les autres enfants et systématiquement tenue à l'écart.

« Mais moi, je ne veux pas vivre dans un quartier avec uniquement des médecins, des avocats et des hommes d'affaires ! Je ne veux pas fuir Kreuzberg, c'est là que je me sens chez moi. » Judith y est née, y enregistre ses albums, y a vécu longtemps en colocation avec les trois garçons du groupe, avant de former une coloc plus *private* avec le batteur seulement – puis leurs deux jeunes enfants. Mais le problème semble insoluble. En faisant part, au hasard d'une interview en marge de la sortie de son dernier album, de son dilemme de jeune mère de gauche, la star de la chanson a contribué à la médiatisation du problème. Judith Holofernes, qu'on porte depuis toujours dans nos cœurs, grâce à ses mélodies punchy et à ses textes poétiques, est la coqueluche d'une génération. Elle colle aux attentes mais aussi aux maux des trentenaires berlinois. Mais elle joue les modestes : « Je ne dénonce pas cette situation. Je raconte juste ce qui se passe pour moi. Je ne suis qu'une mère parmi d'autres. Et je n'ai pas de solutions. »

Elle a vite écarté l'option caté/baptême, trop à l'opposé de ses convictions politiques, mais qui a de plus en plus la cote parmi les jeunes familles, assurées que leurs têtes blondes ne côtoieront ainsi pas trop de Turcs sur les bancs de l'école. Ça « sent vraiment trop mauvais », selon elle. Une piste à étudier (son fils n'a encore que 3 ans) est celle des écoles privées dites « libres »… Cogérées ou qui suivent la pédagogie Montessori ou Steiner-Waldorf, elles ont le vent en poupe dans tous les quartiers, et plus particulièrement à Kreuzberg. Pour attirer les clients, certains projets immobiliers le long du canal incluent des écoles indépendantes qui seraient réservées aux gamins de ces résidences de standing. Au cœur du quartier métissé, mais bien séparés. Judith en a gros sur la patate : ça se voit dans ses yeux bleus d'habitude si rieurs. Elle secoue la tête de dépit. Cerise sur le gâteau, dernièrement, quelques amis lui ont proposé de se regrouper à plusieurs familles pour former une « classe-île » à l'école du quartier, une classe seulement pour les petits Allemands ! Et pourquoi pas reconstruire le Mur, tant qu'on y est ? Mais, éternelle optimiste, la chanteuse garde l'espoir d'une solution politique. Et elle a été entendue. Après son cri de détresse à la rentrée dernière, la municipalité a annoncé que les trois dernières années de jardin d'enfants seraient désormais gratuites. Les futurs élèves de CP de Kreuzberg devraient donc mieux maîtriser l'allemand.

Sociologie de la poussette

Berlin louvoie entre les tendances. C'est d'ailleurs l'un des aspects les plus reposants de la vie sur les rives de la Spree : pas de furie quand H & M invite des couturiers à lancer une collection dans ses boutiques, pas de hordes de shoppeuses hystériques au pied des rideaux de fer en début de soldes, pas de buzz fashion, pas de phénomène de mode éphémère. On laisse à d'autres capitales le soin de vivre la samba endiablée du « it-bag, it-phone, it-hair, sinon t'es rien » ! Une diversité follement rassurante, finalement !

Énorme exception : la poussette ! Dans les quartiers bobos, c'est la Bugaboo ou la vie ! Légère, en aluminium élégant, pimpante et surtout extrêmement chère (800 euros), elle est un marqueur social, voire un signe extérieur de réussite. « Tu habites Prenzlauer Berg, tu fais un enfant, tu achètes une Bugaboo. C'est la règle. Que dis-je : la loi. Tu ne te poses même pas la question », explique Carola, une Romaine qui a posé ses plumes Helmoltzplatz. Nina en a fait les frais, avant de se couler dans le moule : « Avec ma poussette à 200 euros, j'étais dévisagée. Dans mon quartier, une famille sur trois voire sur deux roule en Bugaboo. Dans leurs regards, c'était presque du mépris. J'ai fini par craquer la moitié de ma paie dans un modèle sans option, minimaliste, mais ça fonctionne. On m'adresse beaucoup plus souvent la parole, maintenant ! » La Rolls des jardins d'enfants a acquis ses lettres de noblesse grâce à sa réputation de maniabilité. Quatre roues motrices, comprenez capables de pivoter à 360 degrés ! « Tu parles ! rétorque Carola. Plein d'autres marques le permettent. Et en plus, quand il y a de la neige, ce n'est vraiment pas la Bugaboo la mieux… Non, non, c'est juste du snobisme ! » L'ultime preuve : l'ouverture, l'année dernière, d'une boutique spécialisée dans le tuning de Bugaboo (Unique Stoffe, Solmstrasse 18). Tu as peur de confondre ta poussette dans la jungle hostile du supermarché bio ? Pour 69 euros, on te refait la capote ! C'est la customisation BD à la Roy Lichtenstein qui marche le mieux.

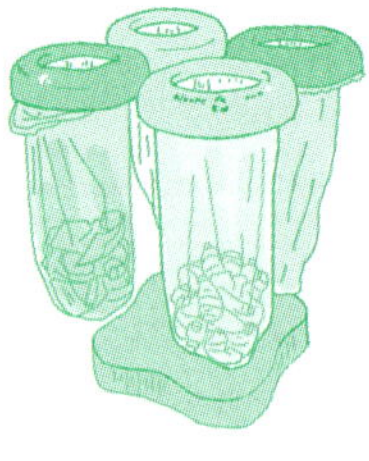

Autre quartier, autre mode. À Neukölln ou à Wedding, les deux arrondissements ayant la plus forte population étrangère, la star des trottoirs a une allure bien différente. Plus question d'en faire un objet pour parader, il faut du pratique, avec un grand panier en dessous et/ou un filet. La voiture transporte un enfant, parfois le frère ou la sœur à califourchon sur la capote, les courses de la semaine et plein d'autres choses, fourrées à la va-vite dans des sacs en plastique… La poussette des pintades étrangères se reconnaît à son éternel accessoire : une couverture en acrylique bon marché, couleur pastel ou imprimé nounours kitch, pour couvrir les jambes de bébé ou le protéger du soleil. Enfin, elle doit être légère et maniable. Le top du top actuellement : la poussette-canne Esprit et ses soufflets en caoutchouc pour amortir les chocs. Rose pétant pour les filles. Noire ou kaki pour les petits gars.

Des arrondissements du centre, c'est Kreuzberg-Friedrichshain, finalement, qui offre le plus de diversité… mais disons, une diversité dans l'uniformité ! Ici, on veut du pratique ! À la poussette, on va préférer la carriole fixée au vélo, avec un petit fanion orange phosphorescent pour éviter les accidents. Mieux encore, le vélo-charrette, sorte de tricycle pour adultes avec un grand coffre devant ou derrière, dans lequel jusqu'à quatre enfants peuvent prendre place. « Quand tu vois ça, tu sais que tu es à Kreuzberg ! Zéro style, mais ça a l'air pratique ! » plaisante une copine de Prenzlauer Berg de passage sur la rive Sud de la Spree. Les Kreuzbergeois plébiscitent aussi la Teutonia, poussette qu'on dit la plus solide du monde ; un panzer qui, en tout cas, fait ses preuves chaque fois qu'il neige : il passe partout… Mais pour l'allure, on repassera. Elle ne s'appelle pas Teutonia par hasard. On l'imagine assez avec des nattes blondes !

Grossesse

Association des sages-femmes berlinoises
Erkelenzdamm 33, Kreuzberg – 030 6946154

www.berliner-hebammenverband.de

Le site internet permet de trouver facilement la sage-femme de nos rêves, avec un moteur de recherche qui combine plusieurs critères.

www.geburt-in-berlin.de

Site qui recense tous les lieux de naissance de la capitale, ainsi que la plupart des sages-femmes.

Sexy Mama
Lychener Strasse 52, Prenzlauer Berg – 030 54714338

Magasin de vêtements de grossesse, féminins et sexy.

Element *elle*
Knackstrasse 6, Prenzlauer Berg – 030 40301154
Kopernikusstrasse 18A (angle avec Simon-Dach-Strasse), Friedrichshain – 030 40301154

Vêtements de grossesse sympas (marques Mamalicious, Esprit...). De quoi aussi équiper bébé avec goût.

9 Monate
Schivelbeiner Strasse 10, Prenzlauer Berg – 030 44036604

Vêtements de grossesse : énorme choix, prix variés.

S'équiper avant l'arrivée de bébé

Rundum
Müllenhoffstrasse 4, Kreuzberg – 030 61671949

La boutique très « nature » de la maison de naissance de Kreuzberg. Que du bio, du non-traité, des peaux de mouton… À noter qu'une fois par semaine, on peut y prendre des cours de porte-bébé (pour toutes celles qui s'étranglent avec leur écharpe !).

A-baby
Schönhauser Allee 180, Prenzlauer Berg – 030 28030925

Tout pour s'équiper en attendant le jour J, dans une boutique à taille humaine avec du personnel qualifié pour répondre à toutes les questions anxieuses.

Klein Holz
Mannheimer Strasse 31, Wilmersdorf – 030 86421278

Fabuleux magasin de meubles d'enfants tout en bois. Possibilité de louer des berceaux pour les premières semaines avec bébé.

Baby Walz
Knesebeckstrasse 56-58, Charlottenburg – 030 8871680
Landsberger Allee 117, Lichtenberg – 030 20089250
Lil-Dagover-Gasse 1, Hellersdorf – 030 23607460

Le grand magasin des produits pour bébé.

Mini Berliner Stoffe
Solmsstrasse 18, Kreuzberg – 030 69041302

Boutique de tissus pour customiser sa poussette Bugaboo.

Chaîne de droguerie DM

Elle dispose du meilleur assortiment de produits pour bébé (petits pots, couches, vêtements, biberons…) de tout Berlin. L'accent est mis sur le bio, et les prix sont cassés ! Exemple : 79 cents le petit pot de 200 g bio. En prime, une table à langer, des lingettes et un stock de couches gratuites pour les situations d'urgence.

Activités pour le jeune enfant

Pekip *(Prager Eltern Kind Program)*

Une bonne mère berlinoise participe à un programme « Pekip », sorte de cours d'éveil moteur pour les bébés, par petits groupes de huit enfants maximum. Il y fait 27 °C et les gosses sont à poil. Pour en trouver un près de chez soi : www.pekip.de

Musique, bébés nageurs, yoga, massage...

www.kidsgo.de
www.himbeer-magazin.de

Ces deux magazines recensent toutes les adresses et tous les cours de la ville, mais aussi tous les bons plans autour de bébé, dont des rencontres de soutien psychologique pour parents débordés ou des unités médicales spécialisées pour les bébés aux pleurs incessants… Des mines d'or !

Où sortir avec son enfant

Babylon

Rosa-Luxemburg-Strasse 30, Mitte – 030 2425969

Séances de cinéma spéciales parents avec bébé le mercredi matin.

Deutsche Oper

Bismarckstrasse 35, Charlottenburg – 030 3438401
www.deutscheoperberlin.de

Komische Oper
Behrenstrasse 55-57, Mitte – 030 47997400
www.komische-oper-berlin.de

Staatsoper
Unter den Linden 7, Mitte – 030 20354555
www.staatsoper-berlin.de
(Actuellement en rénovation, l'Opéra s'est installé jusqu'au 3 octobre 2013 dans les locaux du Schiller Theater, Bismarckstrasse 110, Charlottenburg.)

Les trois Opéras de Berlin proposent au moins une fois par mois des spectacles pour les petits à partir de 6 ans, souvent des versions simplifiées des grands classiques de l'Opéra ou de la danse.

Théâtre de marionnettes Firlefanz
Sophienstrasse 10, Mitte – 030 2833560
www.puppentheater-firlefanz.de

Kindermuseum MachMit
Senefelderstrasse 5, Prenzlauer Berg – 030 74778200
Laboratoire de savant fou, labyrinthe de glaces, miroirs déformants et des milliers d'expériences à réaliser soi-même.

Zoologischer Garten
Hardenberg Platz 8, Tiergarten – 030 254010

Le plus vieux zoo d'Europe dispose d'une petite ferme où caresser les animaux. On peut aussi y organiser l'anniversaire de Junior.

Tierpark
Am Tierpark 125, Lichtenberg – 030 515310

Le grand zoo de Berlin-Est, très vaste et très vert, donne l'impression de se promener dans un parc. Notez que les deux zoos proposent une Baby Card pour un nombre illimité d'entrées pendant les treize premiers mois de l'enfant (20 euros).

Cassiopeia Club
Revaler Strasse 99, Friedrichshain – 030 47385949

Cette friche industrielle a tout ce qu'il faut pour occuper nos titis pendant qu'on sirote une Bionade au *Biergarten* : une halle de skate et de rollerblade, un mur d'escalade…

Dr. Pong
Eberswalder Strasse 21, Prenzlauer Berg
www.drpong.net

Parfait pour occuper les ados les dimanches après-midi de pluie : ce bar s'organise autour d'une table de ping-pong unique où l'on joue tous ensemble.

Salles de jeu couvertes

Souvent bondées, mais ô combien salutaires quand les grands froids tombent sur la ville.

Pups
Kochstrasse 73, Kreuzberg – 030 25942910

Jolos Kinderwelt
Am tempelhofer Berg 7D, Kreuzberg – 030 61202796

Limpopo
Schönhauser Allee 161A, Prenzlauer Berg – 030 44017616

Bambooland
Goerzallee 218, Lichterfelde – 030 8620388

Conclusion

Berlin n'est pas une jolie ville. Mais elle saisit l'âme ! Je ne parle pas des claques historiques qu'on se prend à chaque coin de rue, ces tumultes du siècle dernier sur lesquels on trébuche encore en flânant – une ligne de pavés qui marque l'emplacement du Mur, une plaque en laiton dorée devant la maison d'une petite fille juive déportée en 1943, des impacts de balles dans les façades... Non, je pense aux herbes folles qui s'emparent des ronds-points, aux batailles de boules de neige organisées entre les habitants de quartiers limitrophes, aux cotonneuses pluies de pollen d'acacia du mois de mai qui recouvrent des rues entières et entrent dans les appartements, aux barbecues sur les balcons, à ce territoire parsemé de lacs et de forêts, au ciel si vaste au-dessus de l'ancien aéroport de Tempelhof transformé en parc...

En 1989-90, les spéculateurs ont eu le rêve fou de poser ici les fondations d'une nouvelle Babylone qui aurait été la capitale informelle de l'Europe centrale capitaliste, sorte de plate-forme entre les marchés de l'Ouest et de l'Est. Vingt ans après, c'est un naufrage économique. Aucune entreprise cotée au Dax, l'indice de la Bourse de Francfort, ne s'est installée à Berlin. Même refrain pour les grands groupes internationaux... Sony a bien tenté l'aventure mais, découragé par l'absence de vols directs avec le Japon, la major nippone a vite plié bagage.

Alors, qui vit ici ? Des chômeurs, des étudiants à rallonge, des chercheurs, des retraités, des femmes au foyer… Des fonctionnaires, depuis que Berlin a retrouvé son statut de capitale. Et des milliers d'artistes, attirés par l'espace de cette ville et ses prix modérés ! Berlin, moins cher que Varsovie, Prague et Budapest, est l'eldorado des « clochards urbains » (« *urbane Penner* », dit l'expression consacrée), qui y puisent l'inspiration plus qu'ils n'y créent. Quels que soit le jour et l'heure, les cafés sont pleins. Capitale de la première économie d'Europe, du champion de l'exportation, de cette Allemagne laborieuse et disciplinée, Berlin savoure sa langueur, prend le temps d'errer, de jouir… Berlin, capitale à la croissance zéro, fait la nique aux marchés.

« Je vous emmerde ! Voilà la devise de notre ville ! » me disait récemment une amie, toute fière de sa trouvaille. D'ailleurs, faire des doigts d'honneur à la pensée unique, aller à rebours des modes et des diktats… voilà belle lurette que c'est ce que font les Berlinoises ! Prenez Marlene Dietrich, la provocatrice en costume d'homme et fume-cigarettes, mais aussi Rosa Luxemburg, la révolutionnaire jetée dans le canal un matin de janvier 1919, ou les femmes de la Rosenstrasse, qui, au cœur de l'hiver 1943, ont veillé nuit et jour sur l'immeuble où étaient retenus leurs maris juifs. Elles ont finalement fait plier Goebbels. Alors, certes, Berlin n'est pas une jolie ville, et les Berlinoises ne sont pas les plus élégantes du continent. Mais avec leur histoire et leur fougue, leur passion et leur authenticité, qu'elles sont attachantes !

Remerciements

En vraie Berlinoise pragmatique et gouailleuse, j'aurais tiré ma révérence brutalement. Nous avons tous autre chose à faire, non ? Alors *tschüss* ! À peine un *mach's gut*, « portetoi bien », toi qui m'as lue ! Mais je ne suis qu'une fille adoptive de la cité des bords de Spree. Alors voici, bien sincères, quelques remerciements.

À Layla Demay et à Laure Watrin, pour l'enthousiasme et les conseils, l'accompagnement régulier et constructif pendant cette aventure, pour avoir eu l'idée un jour de donner vie aux pintades.

À Ségolène, pour avoir partagé avec tant d'engouement son envie d'en savoir plus sur la volière berlinoise et pour avoir joué les entremetteuses.

À Saskia, dont l'amitié m'a donné le virus de ce pays. À sa famille à l'accueil infaillible.

À mes parents, qui m'ont collée d'office au cours d'allemand première langue d'un collège de banlieue.

À Gorbi, qui n'a pas envoyé les chars quand le Mur est tombé.

Aux « femmes des ruines » qui ont rebâti cette ville (j'irai mettre une fleur devant la statue du parc de la Hasenheide).

À la bande de yogi-girls de mon Kiez, inépuisable source d'inspiration.

À toutes les copines pour les anecdotes, mais aussi les moments passés à me changer les idées, les soirées pour décompresser qui débouchaient inévitablement sur une petite chronique.

À toutes celles qui m'ont ouvert leur porte, leur histoire et leur cœur, nourrissant ainsi ce livre (spéciale dédicace à Ellen Allien et à Julia de Angeli, total respect à Tatjana et à Ines).

À Julie, pour son aide précieuse, son travail de fourmi et son aventure à l'entrée du Berghain.

À Nane, qui fait un métier formidable.

À David, pour tout.

Table des matières

table des matières

Introduction 9

La cage est ouverte 13

Sortez les plumes ! 15
La gouaille de l'Ange bleu 21
La reine de la nuit 22
Les femmes de l'ombre 26
La porte la plus stricte du monde 27
Les Incas font danser Berlin 31
Clubbers au berceau 32
Dress (dé)code 33
Fußball, mon amour 36
No Go area 40
Tatort, et t'as raison 40
Volutes rebelles 44
Symphonie pour poules perlées 46
J'ai testé les lunchs-concerts de la Philharmonie 50
J'ai testé le Yellow Lounge 51
Peter Pan est berlinois 53
« J' dois être caissière » 58
L'anti-bulle immobilière 59
Glandeur en free-lance 62
ADRESSES 66

Fashion victim ? Fashion coupable ! 77

Stil in Berlin 79
Toquées du pratique 84
Firmament vintage 85
Le plat soulier qui est le mien 87
Les chaussons de madame la comtesse 90
Ont-elles toute leur tête ? 90
Brushing, le bec dans l'eau... 96
Berlin sur Bosphore : les coquettes de Kotti 97
La loi sur le voile 102
Cindy de Marzahn 103
Petite leçon de berlinois 110
Nouvelle vague 110
Choses vues au marché des designers 116
ADRESSES 118

Pintades en amazone 125

Les hommes ? Pour quoi faire ? 127
Silke a la bosse des maths 132
La reine des pintades 134
Comme-ci quotas 135

table des matières

table des matières

Imperturbables vigies 137
Tatjana Sterneberg,
dans la mousse des souvenirs 137
Ines Geipel court encore 140
Les seins de Vera Lengsfeld 142
Féministes, tendance émasculatrices. 144
Femmes fortes ou hommes mous ? 147
Lesbian Pride 149
La candidate 153
Déchets triés sur le volet 154
ADRESSES 155

Madame sans-gêne 157

Zones humides. 159
La culotte reste au vestiaire ! 162
Badeschiff désapée. 167
Mamelles au vent. 169
Berlino de Janeiro. 170
La crème de la crème 173
Couleur *Kaffee*. 177
T'as ton *tattoo* ?. 179
Body Art 183
Ich véliebe dich 184
Pédale dure 187
Yoga, transe, sports 190
Largage de calories à l'aéroport Tempelhof 191
Allô docteur ?. 193

Guide de survie hivernal 195
ADRESSES 202

Knödel de pintades 211

Du pragmatisme dans les assiettes........................ 213
Une virée au supermarché........................ 216
... ou à la Kaufhalle ? 217
À la recherche de la cuisine berlinoise 219
La « Weltküche » 221
Mon royaume pour une saucisse........................ 221
Souvenirs d'enfance 225
Asperges *forever*........................ 226
Les ayatollahs du concombre 230
Ère glacière 233
Brunch conventionné 235
Et vous buvez quoi ? 238
Comme des trous........................ 241
ADRESSES 242

Les pintades s'envoient en l'air 255

Berlin, pauvre et pas sexy 257
Aurélie........................ 261

table des matières

Comment draguer un Berlinois.................... 262
Ensemble ou séparé ?............................ 267
La misère sexuelle des jeunes parents berlinois ... 269
Toys & company 271
Viva la vulva !................................. 274
Fontaine, je ne jouirai pas de ton eau, quoique...278
Open relationship 279
ADRESSES 284

Berlin extrême 287

Berlin délurée 289
J'ai testé... l'ami travelo..................... 293
Gode-pipi et réceptacle à caca.................... 295
Le sexe, un travail comme un autre 297
La nouvelle garde néonazie 301
Les Renées 305
Punkettes, hippies et compagnie.................. 306
Squats institutionnalisés....................... 313
Les *outlaws* de la cannette...................... 314
Suivez le guide !............................... 316
Christiane F. et ses petites sœurs 317
Zoo 320
ADRESSES 321

table des matières

Mère courage 323

Vache sacrée 325
Quand la pintade devient corbeau 329
Mater dolorosa 333
Kinder as-de-pique 338
Une robe de circonstance 342
J'ai testé… la salopette en ciré 343
Langer bio sans virer Mère Denis 345
Éducation antiautoritaire : un drame en cinq actes 347
J'ai testé… traverser quand le feu est vert 349
Mon cousin, mon mari 350
Multikulti… mon œil ! 353
Sociologie de la poussette 357
ADRESSES 360

Conclusion 367

Remerciements 371

Photocomposition Nord Compo

Achevé d'imprimer en mars 2011
par Mame
pour le compte des éditions Calmann-Lévy
31, rue de Fleurus 75006 Paris

N° d'éditeur : 15087/01
N° d'imprimeur : 11022147
Dépôt légal : mars 2011
Imprimé en France.